EL BARDO THODOL

EL BARDO THODOL

LIBRO TIBETANO DE LOS ESPIRITUS DEL MAS ALLÁ

Guia espiritual de iniciación en lo desconocido

Traducido por primera vez al español
prologado y anotado por

JUAN B. BERGUA

TERCERA EDICION

CLÁSICOS BERGUA

APARTADO 8.085 — MADRID

© de la presente edición
   del 2026:

Editorial Gráficas Maxtor
   Fray Luis de León, 20
   47002 Valladolid (España)
   +34 983 090 110
   info@graficasmaxtor.es
   www.graficasmaxtor.es

I.S.B.N. 978-84-1171-136-4
depósito legal: DL VA 17-2026

CUANDO Y POR QUE TRADUJE EL BARDO THODOL

Empezando octubre de 1911 llegué a París por primera vez. Iba pensionado por el Gobierno español. Mi propósito era estudiar cuanto pudiera relacionado con las cuestiones sociales. El año anterior había pasado varios meses en Burdeos adiestrándome en el francés, y en esta población escribí la memoria necesaria para obtener la beca e incluso desde allí la solicité. Esta beca era de 350 francos mensuales. Mi padre me enviaba otros 350. Un empleado del Credit Lyonnais venía invariablemente el primero de cada mes a pagarme. Siempre me preguntaba si quería billetes o luises. El oro corría entonces por casi toda Europa con la misma abundancia que hoy el níquel, y yo le respondía que luises, porque las agradables monedas hacían bonito a través de unos bolsillitos de malla de plata que entonces estaban de moda para los hombres.

Setecientos francos eran en aquel tiempo una pequeña fortuna. Tenía un amigo, un tal Guimbal, empleado en el Ayuntamiento, que no sé si llegaba a ganar ciento. Los maestros de escuela tampoco cobraban más. Yo, cada vez que metía en mi portamonedas de plata los 35 luises me imaginaba que aquel mes no me los gastaría. No obstante siempre, al llegar el día 20, el bolsillo estaba tan vacío como repleto el día primero. Tan escasas eran ya las moneditas doradas que me tenía que someter a un régimen de economía forzosa. Y es que no sé cómo, empecé a calcular mal desde el primer mes, puesto que aquel octubre mismo recuerdo que la señorita Lyon, a quien forzoso me fue confesar el día 26 ó 27 mi "détresse", es decir, que estaba en la "dèche" total, lo que se dice sin un céntimo, me tuvo que hacer un préstamo para que no tuviese que declararme en huelga de hambre forzosa. Más tarde era Bharati (¡ay!) quien venía en mi socorro cuando no me atrevía a sablear a mi padre.

La señorita Josefa Lyon era la dueña de dos apartamentos, como ahora se dice, derecha e izquierda, del piso segundo de la casa número 39 de la calle Delambre. Era una francesita muy morena, muy viva, muy franca, muy independiente, muy simpática. El falso pudor hipócrita inglés la hubiera sublevado (como a la mayor parte de las francesas); nuestra no menos falsa moral de sacristía, lo mismo. Había nacido en Cavaillon (la mejor tierra de melones de Francia); había sido cantante, y aún conservaba restos de una voz que no debió ser mala y todo el repertorio de óperas que había cantado y que le gustaba recordar entonando trozos en el silencio de la noche, cuando cruzábamos el jardín de Luxemburgo volviendo de la Taberna del Panteón. Creo recordar que me dijo haber perdido la voz (a lo mejor digo un disparate, de tal modo parece alejada la causa del efecto) por obra de un mal parto. Cuando yo la conocí tendría unos 35 años, un pelo muy negro, grandes ojos pardos, mucha alegría en todo el cuerpo y un amigo, el señor Gerard, arquitecto, que la quería mucho, con el que seguramente acabaría por casarse, y que, por lo visto (mejor debiera decir por lo oído, pues lo escuché de su boca) no fue el autor del accidente que la hizo perder la voz.

El señor Gerard era todo lo contrario que ella: largo y delgado, también muy simpático, y tenía además de una amiga, la señorita Lyon (que supiéramos, al menos), un enemigo de cuyas trastadas fuimos a veces víctimas no tan sólo la señorita Lyon, sino Bharati y yo: un automóvil de aquellos de entonces que marchaba (o no marchaba, más bien esto que lo otro) no con gasolina, sino con carbón, como una locomotora, bien que con menos regularidad. Un domingo que amaneció con sol y acabó lloviendo, nos dejó a mitad de camino entre Versalles y París, y cuando al fin nos decidimos a abandonarle por no pasar en él la noche, ¡cómo nos pusimos tras una caminata, bajo la lluvia, de cinco o seis kilómetros, hasta alcanzar el primer coche que nos llevó a la rue Delambre!

Entre los cursos que empecé a frecuentar y el más grato de todos, era uno sobre las Sociedades cooperativas de producción que daba un profesor tan sabio como amable: el señor André Gide. El señor Gide era autor, además de una porción de tratadítos relativos a las Sociedades Cooperativas, en las que era seguramente la primera autoridad no ya de Francia, sino de Europa, de una de todo punto excelente Economía Política, y asimismo de una magistral Historia de las Doctrinas Económicas, ésta en colaboración con otro profesor, el señor Rist.

El señor Gide tenía ese don o arte especial de los profesores latinos, muy particularmente los franceses, de exponer lo mucho que sabía de modo tan claro como ameno, por lo que desde el primer día acudí a sus clases con verdadero agrado. Tanto más cuanto que aquel hombre tan amable como culto y simpático (había ido a verle a su casa con una carta de presentación que me había dado el señor Palacios de aquí, y a pedirle permiso, bien que naturalmente no hiciese falta, para asistir a sus cursos) no solía pasar día (las clases eran bisemanales) sin que al acabar me llamase para señalarme tal o cual conferencia que podría interesarme, y hasta para darme, si era preciso, la tarjeta necesaria para entrar.

Una tarde, pasadas las vacaciones de Navidad y ya en pleno enero, acabada la clase iba a buen paso por la "rue des Ecoles" hacia el bulevar San Miguel decidido a tomar el metro, cuando una grata voz femenina, previo el indispensable "pardon", me hizo detenerme. Era ya muy entre dos luces y caía una lluvia fina, menudita, pero que iba arreciando por momentos; de esa llamada en España, según las regiones, calabobos, sirimiri u orbayo, que parece que no es nada y pone al que la desafía como una sopa. Al volverme, vi lo poco que pude en el primer momento: una joven cubierta con abrigo-impermeable de piel negra, y un sombrero a la moda de entonces, de lo mismo, más unos ojos también negros en una cara que me pareció muy blanca.

—Perdóneme. Vengo a usted de parte del señor Gide.

—¡Ah! Usted dirá. Pero si quiere, vamos a cruzar, nos meteremos en aquel café y allí podremos hablar tranquilamente. Porque esta lluvia parece que no, pero cala. ¿Galopamos hasta allí?

—Vamos.

—¡Cuidado con escurrirnos!

La cogí del brazo para protegerla, esperando que la suerte me protegiese a mí, y un momento después estábamos al abrigo de la lluvia. Una vez dentro me quité el impermeable y el sombrero y ella hizo otro tanto. Entonces pude verla bien. Era más bien alta. Casi de mi estatura. Yo, con mi metro setenta entonces, nunca fui un buen mozo, pero en mujer una talla que pase de uno sesenta y cinco es otra cosa. Aquella tenía los ojos negros, como he dicho, "en amande", rasgados y hasta me parecieron un poco achinados pero muy hermosos. Es extraordinario el encanto, la vida, la expresión que los ojos pueden dar a la cara. En muchas personas lo son todo y no hace falta más. El pelo rubio, la tez, de un color ideal, muy blanca y sonrosada y en toda la cara un gesto que más bien se adivinaba que se veía de enigmática sonrisa producida tal vez por el propio conjunto armonioso de las facciones; y digo enigmática porque en realidad era un curiosa mezcla de dulzura y de autoridad. Vestía de negro. Otro detalle me sorprendió también cuando al sentarse pude ver un poquito de sus tobillos (pues entonces se usaban las faldas hasta abajo): llevaba medias de color de rosa.

—¿Sabe usted cómo llaman a esta lluvia en mi país? Yo soy español. Ya lo notará por mi acento. Pues la llaman calabobos— Me apresuré a explicarle, como pude, lo que quería decir, pues había pronunciado la palabra en español—. Se decide uno a salir (lo digo porque he estado esperando un rato antes de echarme a la calle) creyendo que no es nada, y a los cinco minutos se está calado como un pato, como se dice aquí.

—No hay mal que por bien no venga. Si se va usted en seguida no hablamos hoy.

Se había acercado un camarero.

—¿Qué quiere usted tomar?

—Té.

—Pues traiga dos. ¿Lo quiere usted con leche?

—No.

—Dos tes y limón para mí. A mí me gusta poco el té, pero echándole limón me sabe menos a té. Pero creo que me ha dicho usted que la había mandado a mí el señor Gide, ¿no?

—Así es. He llegado hoy al curso por primera vez. Me ha parecido muy interesante. Y al acabar, me he acercado para preguntarle dónde podría encontrar lo que llevaba ya explicado y entonces, señalándole a usted que salía, me ha dicho: "Aquel joven seguramente le podrá facilitar a usted los apuntes que toma todos los días.''

—Pues con mucho gusto, pero vea usted—seguí mostrándole el cuaderno en que, en efecto, los tomaba—, los tomo en español, porque como acabo de decirle, soy español. Mi nombre es Juan. Juan Bergua.

—El mío, Bharati. Yo soy tibetana.

—¿Tibetana?

—Tibetana.

—¿Tibetana con esa cara de rosa, de nácar, de flor que tiene usted?—. En aquella flor de cara me pareció que la misteriosa sonrisa que parecía animarla continuamente, se acentuaba un poco más; pero si ocurrió fue un segundo, porque me replicó con la misma voz tranquila de antes:

—En todos los países hay flores seguramente y en el mío dos tipos de mujeres. En general tienen el tono de la piel oscuro. Y con frecuencia, las de tipo moreno tienen un ligero reflejo azulado malva en la piel que les da, en conjunto, como un suave matiz rojizo. Pero en las provincias centrales muchas son como yo, blancas y con las mejillas sonrosadas.

—Yo, si hubiera tenido que imaginarme a una tibetana hubiera pensado, qué sé yo, en las chinas. Pero nunca hubiese imaginado que las hubiese como usted. Quiero decir no tan sólo blancas de un blanco perfecto, sino con el pelo de oro.

—No, con el pelo como el mío no las suele haber; todas tienen el pelo negro. Si yo tengo el pelo rubio es porque mi padre era inglés.

—¡Ya! De todas maneras, que hubiese mujeres blancas allí no lo hubiese creído nunca. Por supuesto, todo lo que sé de su país lo podría decir en cuatro palabras y seguramente, además, decía cuatro inexactitudes.

—A ver.

—Pues que el Tibet es una especie de gran meseta situada al norte de la India...

—Al noroeste más bien.

—Bueno, al noroeste. De su extensión y población, la verdad, no tengo ni idea.

—Un millón doscientos mil kilómetros cuadrados. Habitantes, sólo tres millones.

—Que a causa de su altitud media de 4.000 metros...

—Mejor tal vez 5.000.

—¡Pues una friolera! ¡Más que el Mont Blanc!... es llamado el techo o terraza del Mundo. Que la vida debe ser casi imposible a causa del frío. Que la ocupación de los hombres—a lo mejor sigo diciendo tonterías—es el pastoreo; el régimen político una teocracia presidida por un Dalai Lama, verdadero "papa" de allí; y que este papa vive misteriosamente, considerado y reverenciado como un dios, en cierto monasterio-palacio adonde por lo visto es muy difícil acercarse, en Lhassa, capital, según parece, del Tibet. Y es todo.

—No es mucho, en efecto. Ni muy exacto. En lo que al suelo respecta, la Alta Meseta es, sí, una región desértica, desolada, silenciosa, muerta, de vegetación escasa, puesto que su temperatura media es de menos diez grados. Este páramo duro y casi deshabitado se extiende desde Khandjont hasta el curso superior del río Amarillo. Pero luego, yendo hacia el Sur, la tierra empieza a descender, aparecen ya las aguas corrientes (arriba predominan los lagos) y el aspecto de suelo y paisaje se va modificando y dulcificando poco a poco hasta llegar a los valles profundos del Sur, donde el clima es templado suave y la vegetación exuberante y hasta en ciertos sitios tropical. Y que el clima es dulce lo prueba que allí las casas tienen los tejados planos, como azoteas, donde las mujeres se reúnen para hacer labores y los hombres a conversar. En cuanto al Dalai Lama (monje-rey), es, en efecto, el soberano temporal tanto político como religioso, pero sus atribuciones en este último aspecto no son en modo alguno comparables a las de los papas católicos. Ni Tsong Khapa, primer abate del monasterio de Gahlden (cuna de los Dalai Lamas, situado a unos veinte kilómetros de Lhassa) ni ninguno de los doce Dalai Lamas que ha habido a partir de él, fueron considerados como infalibles ni fueron investidos del poder de imponer creencias a los fieles ni de excomulgar a aquellos cuyas opiniones se apartaban de las suyas. Tsong Khapa fue tan sólo un maestro religioso que, siguiendo la obra empezada por Atisa, un místico anterior, se propuso y se esforzó por reformar la disciplina monástica, muy relajada a la sazón en el Tibet.

—Como aquí entonces, cuando hubo que reunir el Concilio de Trento, en el siglo XVI, con el mismo fin.

—Allí, Tsong Khapa lo consiguió de tal modo que sus discípulos fueron llamados gelugspas, "los que tienen costumbres virtuosas". Y para distinguirlos de los otros monjes, cuyos sombreros eran rojos, él se los puso a los suyos amarillos. Por eso sigue habiendo los "bonetes rojos" y los "bonetes amarillos".

—¿Y no hubo lucha entre ellos?

—Sí. La reforma de Tsong Khapa, bien que consiguiese traer a una parte del clero lamaísta a una vida más austera, no apagó la sed de bienes temporales y de grandeza mundana. Además, como no puede haber paz en un gallinero en que hay dos gallos, Lobzang Gyatso, el quinto de los Dalai Lamas, con la ayuda de un príncipe mongol que se había apoderado de nuestro país, deshizo mediante las armas el poder de los "bonetes rojos". Gran número de sus monasterios fueron destruidos, otros confiscados en provecho de los "bonetes amarillos", los monjes que los habitaban incorporados por la fuerza a los triunfadores, y la soberanía temporal del país dada a Lobzang Gyatso por su protector mongol; es decir, exactamente lo mismo que cuatro siglos antes otro mongol, Khubalai Khan, se la había concedido al Gran Lama de Sakya, el otro gallo que, esta vez...

—Se quedó cacareando pero sin plumas, ¿no?

—Si usted quiere. Y fue este Lobzang Gyatso quien en el mismo sitio en que el gran rey Strongbsten Gampo había construido en la colina de Potala, en Lhassa, en el siglo VII, una fortaleza entonces en ruinas, levantó el monasterio-palacio que engrandecido luego poco a poco con nuevas construcciones, constituye la residencia actual de los Dalai Lamas. Residencia grandiosa, sí, pero sin nada de misterioso ni tan siquiera de particular en lo relativo a los ritos que en él se celebran, que son los mismos que en todos los demás monasterios, bien que el marco, en Potala, sea mucho más grandioso. También se diferencia de ellos en su carácter aristocrático. O sea, porque tan sólo los hijos de las familias nobles y ricas son admitidos en él como monjes. Ni que decir tiene que el honor de ser trapa, es decir, monje en tal monasterio (monasterio se dice gompa, en tibetano) cuesta a las familias desembolsos enormes, pues ellos son los que aportan el dinero necesario no tan sólo para la conservación y enriquecimiento constante del monasterio, sino para el mantenimiento de sus huéspedes.

—¿Y los pajaritos qué hacen allí, comer y rezar?

—No, no. Por supuesto que comen y rezan, pero es que para estar allí, además de ser hijos de las mejores familias tienen que ser cultos, y suelen serlo. Teniendo como tienen a su servicio, pues los pagan, a los mejores maestros, acaban por poseer conocimientos, es decir, cierta erudición escolástica que aquí en Europa, claro, representaría poco, pero que allí es todo en estas cuestiones. En los monasterios de Sera, Gahlden, Depung, y sus anejos, que avecinan al de Lhassa, hay también, como en éste, junto a algunos lamas verdaderamente piadosos, otros de notable inteligencia, cultos, agudos, filósofos más bien escépticos, algo bastante epicúreos muchos, y a quienes, escuche usted con benevolencia y comprensión, se lo ruego—siguió con amable dulzura aquella criatura encantadora que por momentos me iba interesando más y más—no les inquieta demasiado la caridad, forma suprema de la piedad en nuestra religión; ni, por supuesto, la sed de soledad; ni buscar, como otros, el desierto como morada.

—Pero—dije admirado—, ¿a usted quién le ha enseñado todas estas cosas y a decirlas como las dice?

—He tenido también buenos gurús. Gurú quiere decir maestro. Director espiritual. A dos de ellos, los principales y a los que más quiero, tendrá usted tal vez ocasión de conocerlos si seguimos viéndonos.

—¡Pues no hemos de seguir! Siquiera no sea sino por hacer los cursos del señor Gide juntos. Pero, ¿están aquí entonces?

—Ellos son los que me han traído. Uno, el señor Walker, me ha enseñado el inglés, su lengua natal, el francés y todo cuanto sé sobre Europa y sus costumbres. El otro es un lama sumamente sabio, lingüista y orientalista de primer orden: el señor Yondgen. Este ha sido mi gurú en cuestiones religiosas.

—La religión de ustedes, el Budismo, es una religión curiosa. Una religión sin Dios.

—Es más bien un sistema filosófico. Y mejor aún una regla de vida.

—¿Y qué es lo primero que se enseña en ella?

—A mí Yondgen ante todo me hizo aprender de memoria estas palabras de Buda: "No creáis nada concediendo fe a la tradición, incluso aunque haga siglos que muchas generaciones y en muchos lugares hayan creído en ello. No creáis algo por el hecho de que muchos hablen de ello y lo crean o finjan creerlo. No creáis fiándoos en la fe de los sabios de tiempos pasados. No creáis en lo que vosotros mismos os imagináis pensando que Dios os inspira. No creáis algo tan sólo porque os parezca suficiente la autoridad de vuestros místicos o sacerdotes consejeros. Sólo tras maduro examen creed en aquello que hayáis experimentado vosotros mismos y reconocido razonable y conforme a vuestra conducta."

—Extraña religión que empieza por decir al que va a iniciarse en ella: ¡No creáis en nada! El señor Yondgen lo que le ha enseñado a usted en realidad ha sido a no tener religión.

—Si entiende usted por religión lo que como tal se entiende aquí en Occidente, así es. Pero tener una religión sí la tengo. La religión para nosotros los budistas no es culto rendido a un Dios, puesto que en esencia el Budismo es una creencia atea, con objeto de que nos proteja, sino un método enseñado por sabios, que nos ayuda a conocer el modo de librarnos de la ilusión y a alcanzar la liberación espiritual por nosotros mismos. Es, pues, religioso en el Tíbet no el que a nuestro juicio, pierde el tiempo en rezos que nos parecen vanos, que nadie recoge y que a nadie importan, sino el que se instruye en aquello que conviene saber en provecho propio y de los demás.

—Esto no dudo que sea bueno y hasta que constituya una noble enseñanza, pero de religión no me parece que tenga nada. En cuanto a esa liberación de ustedes, ¿en qué consiste?, ¿qué es para ustedes liberarse?

—Pasar a un estado en que todas las preocupaciones, nobles o bajas, espirituales o materiales, basadas en las concepciones producidas por nuestra ignorancia, dejan de existir.

—Le voy a decir a usted con toda sinceridad que, sin duda a causa de mi falta de preparación, esto me suena un poco a hueco. Me haría falta tal vez que el señor Yondgen me diese también a mí unas lecciones, siquiera para empezar a comprender. Más me interesaba lo que me estaba usted contando de los Dalai Lamas. ¿Quiere usted seguir un poquito, si cree usted que queda algo aún que valga la pena de ser referido?

—Tal vez, que si el quinto Dalai Lama se hizo célebre por su energía y su gusto por el fasto, el sexto también, pero éste por sus costumbres libres, su inteligencia notable y sus facultades extraordinarias como poeta. Si conociese usted nuestro idioma se deleitaría leyendo poesías suyas que allí siguen todavía corriendo de boca en boca.

Enséñemelo usted y yo le enseño a usted el español. Es más, aunque no dudo que su lama poeta...

—Tsang Yang Gyatso.

—Pues bien que Tsang Yang Gyatso hiciese poesías excelentes que, en efecto, me gustaría conocer, creo que si usted conociese a su vez las de ciertos poetas nuestros, casi olvidaría las suyas.

—No sé. ¡Son tas delicadas, tan bellas!

—¿Quiere usted recitarme alguna a ver si aprecio, al menos, la musicalidad?

Sin esperar a que se lo rogase de nuevo, me recitó las estrofas siguientes que me tradujo al punto:

Como se mira al melocotón apetitoso
colgado fuera del alcance en lo más alto del melocotonero,
miro yo a la muchacha de noble familia
encantadora y llena de vigor juvenil.

En pleno camino, habiéndome escapado,
he encontrado a mi amada la del perfumado cuerpo.
¡Divina turquesa azul! Pero la he encontrado, ¡ay!
para tener que separarme de ella.

Doncella hacia la que va mi corazón...
¡Si pudieras ser para mí
creería haber obtenido
la perla más hermosa del Océano!

Siguen otras estrofas y acaba:

Mi espíritu se ha ido muy lejos.
Mis noches carecen de sueño.
El día no me trae sino el ensueño de mi deseo...
¡Mi corazón está muy fatigado!

—Por supuesto, usted, claro, no puede apreciar toda la hermosura de estos versos porque la poesía no se puede traducir. Si lo he hecho ha sido por complacerle.

—Se lo agradezco a usted muchísimo. Tanto más cuanto que, mire usted qué cosa más curiosa, es decir, cómo algunas veces los poetas tienen inspiraciones gemelas cual si la misma musa les embargase. Escuche usted ahora los siguientes versos de una gran poetisa griega, Safo (Sapfo en realidad), que dijo algo semejante, en griego, muchos siglos antes:

¡Oh doncella deliciosa semejante
a la dulce manzana que se tiñe de rojo
arriba, muy arriba, en la rama más alta del árbol!
Los cogedores de manzanas la han olvidado...
No, no la han olvidado, ¡es que no han podido alcanzarla!

—¿Usted hace versos?

—Algunas veces. Cuando me haya enseñado usted el tibetano y yo a usted el español, los haré en ambos idiomas para usted. De modo que si acepta, empezamos cuando quiera las lecciones.

—La promesa es demasiado tentadora (pues aprender, como dice Yondgen, es enriquecerse) como para no aceptar.

—Le cojo la palabra. ¿Es muy difícil el tibetano? ¿Es como el chino?

—Sí y no. Más bien no. Constituye un paso del monosilabismo a la aglutinación. En nuestra lengua existe la derivación por medio de sufijos. Tenemos ocho vocales breves, ninguna larga y veintiocho consonantes.

—Nosotros, veintiocho signos entre vocales y consonantes. Me va usted a sacar, aprendiendo, una ventaja enorme.

—Ya veremos, porque la fonética nuestra es bastante sencilla. La morfología es semejante a la china; en cambio, la escritura deriva del alfabeto indio, importado en el siglo VII al mismo tiempo que el Budismo. Además, nosotros no dividimos las palabras al escribirlas, como ocurre en las lenguas europeas. Cada sílaba está uniformemente separada de la siguiente por un punto. Pero bueno, ya sabrá usted esto y lo demás, porque hoy es ya un poco tarde para empezar la primera lección.

Yo, no sabiendo qué hacer por retenerla, pues por momentos me interesaba más y más aquella criatura deliciosa, le dije:

—Tiene usted razón. Mejor será empezar mañana. Pero permítame usted aún una última pregunta: ¿Qué fue del lama poeta? Porque ¿no me ha dicho usted que era de costumbres algo libres?

—En lo que a sus costumbres afecta él mismo se lo explicará a usted en estos dos versos suyos:

En Potala soy Tsang Yang Gyatso, grande y noble cumplido.
En la ciudad un libertino grande y un... empedernido.

La palabra que falta no la digo porque creo que no sabría traducirla con la debida expresión. Y aunque supiera no me atrevería a hacerlo.

—Y los "bonetes amarillos", ¿siguen siendo austeros?

—Algunos tal vez no. En todo caso entre ellos no están permitidas las bebidas fermentadas ni el matrimonio. Entre los "bonetes rojos", sí, ambas cosas; salvo a los religiosos que han recibido el gelong, la ordenación mayor. En unos y otros está prohibido: comer fuera de las horas señaladas para ello, es decir, por la tarde; acostarse en lechos altos y cómodos; el canto, el baile, el adorno y los perfumes. En cuanto al pobre Tsang Yang Gyatso, sus contemporáneos, no obstante sus distracciones considerables, considerándole reencarnación de Lobzang Gyatso y avatar en Tchenrezig, siguieron creyendo en él. Pero los chinos, que entonces ejercían la soberanía efectiva en nuestro país, sobre deponerle le condenaron a muerte.

—Por un lado la fe haciendo milagros; por otro, la eterna plaga maldita de la intolerancia.

—En fin, para que tenga usted ya una idea algo más completa de nuestra jerarquía religioso-política le diré que, además del Dalai Lama, tenemos el Tachi Lama, segunda cabeza en importancia, bien que inferior al Dalai Lama, puesto que éste, además de avatara, es decir, encarnación de Buda, es el verdadero soberano temporal del Tibet. Los Tachi Lamas no se ocupan oficialmente de política y suelen vivir retirados (digo suelen porque a veces hay ambiciosos que conspiran) en su feudo de la provincia de Tsang. Su título oficial es el de "El precioso erudito de Tsang". Los Tsang Pentchens (penchen es la adaptación tibetana del sánscrito pandita o pandit, sabio) son los Grandes Lamas del monasterio de Tachi Ihumbo (montón de prosperidad), en Jigatzé. Y por ello su nombre de Tachi Lama.

—Es decir, que aquello es una teocracia en que no hay sino los lamas que viven sin trabajar y los pobres pastores, que lo hacen por y para ellos.

—Hay, además, los nobles.

—Entonces como en todas partes. Pero los más poderosos los lamas, ¿no?

—Es que son muy numerosos. Viene a haber uno por cada cinco habitantes, contando, claro, mujeres y niños. Es decir, unos 4.000.

Se me escapó un silbido.

—¡Y nos parece a nosotros que aquí en Occidente hay muchos curas!

—¿Quedamos entonces?

—En lo que usted diga. ¿Quiere usted que nos reunamos mañana mismo por primera vez?

—Si usted quiere. Y mejor por la tarde, porque por la mañana me tengo que ocupar en buscar una habitación. No quiero estar más en la Legación de mi país.

—En mi casa hay una vacía—me apresuré a decir—. La mejor. Son todas buenas, pero ésta de que le hablo además de la alcoba tiene un gabinete muy bonito. Pero claro, como son dos piezas es cara.

—Si me conviene, por dinero no he de dejarla—dijo sencillamente.

—Cuesta cien francos. Yo pago cincuenta y cinco por la mía.

—¿Cuándo la podré ver?

—Venga usted mañana por la mañana mismo.

—¿A qué hora?

—Eso usted lo dirá. A mí me encontrará usted a la que vaya y a la señorita Lyon, la propietaria, también.

—¿A las diez y media entonces?

—A las diez y media. La estaré esperando.

Llamé al camarero y pagué, impidiendo que lo hiciese ella como quería.

—¿Y adónde tengo que ir?

—¡Ah, es cierto! Rue Delambre, 39, segundo piso. Estaré junto a la ventana y la veré llegar.

—Entendido.

Salimos y aún fuimos juntos hasta el metro. Allí nos separamos porque íbamos en dirección distinta. La Legación del Tibet estaba, como luego supe, en un hotel particular en la rue Dupleix.

* * *

Bharati llegó al siguiente día a las diez y media en punto como habíamos convenido. La presenté a la señorita Lyon, vio las dos habitaciones de que le había hablado, le gustaron y se quedó con ellas. Luego dijo que aquella tarde misma haría la mudanza. Es decir, que traería sus trajes y demás. Después supimos que hacía

quince días que había llegado a París y que se había alojado en la
Legación de su país. El Tibet no tenía Embajada sino un Cónsul De-
legado General que hacía de Ministro Plenipotenciario. También nos
dijo que no quería estar más allí y hasta nos confesó él por qué con
su deliciosa seriedad ingenua: le desagradaba la compañía de Dagmedma, la mujer del señor Dadul, el Cónsul. Este mismo, que era
excelente persona, la soportaba también difícilmente. Pero callaba
y sufría porque ella le tenía completamente dominado. El matrimonio reduce a la condición de esclavos a los hombres buenos pero
sin voluntad. Como empujados por la Naturaleza a caer en la ley
de las compensaciones, gustan de cuanto a ellos les falta y suelen
caer en manos de lobas que hacen de ellos verdaderos peleles. Los
quince días que llevaba en París los había pasado recorriéndolo y
viendo museos y demás, en compañía del señor Yondgen y del señor Richard Walker, sus gurús.

Cuando se trata de fisgar, los ojos de las mujeres son cámaras
fotográficas. Una sola ojeada, ¡clic!, les basta para verlo todo, para
enterarse de todo. Se encuentran dos mujeres, o una mujer con un
hombre, es igual, y la primera mirada, de arriba abajo, es para
fotografiar mentalmente a la o a el que tiene junto a ella. Un instante después cada una puede decir de la otra no tan sólo y con
todo detalle cómo va vestida, calzada, peinada y alhajada, sino
incluso si tiene un punto en una media. Si se trata de un hombre
sabrá ya más de su traje, su camisa, su corbata y su sombrero que
él mismo.

Previa la mirada investigadora (que no pareció ser desfavorable
para una y otra a juzgar por la franca y animada charla que siguió), Bharati, mademoiselle Lyon y yo, en efecto, luego de visitar las dos habitaciones, charlamos un buen rato animadamente.
Por supuesto, nuestra patrona era en esto deliciosa: tenía siempre
lo que pensaba en la punta de la lengua, aunque lo que pensase
fuese picante. Pero como lo decía con tanta sinceridad como in-
genioso desparpajo, siempre caía bien.

Ni que decir tiene que, además de todo lo demás, vio al instante
que Bharati llevaba en la mano izquierda una sortija en la que yo
no había reparado. Cierto que yo no había podido pasar todavía
de su cara.

—Lleva usted una sortija muy bonita—Bharati se apresuró a

sacarla de su dedo y dejarla en los de la señorita Lyon, que la curioseó a su gusto—. ¿Es una esmeralda?

—Sí.

—¿Pero buena?

—Sí.

—¿Y estos dibujos? No había visto nunca esmeraldas cinceladas.

—Tal vez no sea frecuente cincelarlas por ser piedras muy duras —dije yo.

Aquella era, en efecto, una esmeralda magnífica, engarzada en un anillo de oro también primorosamente cincelado. Bharati nos hizo observar que estaba trabajada por ambas caras.

—Y esto, ¿qué es?

Se veía, en la cara principal, un signo con cuatro ramas cortas en forma de cruz, y todo alrededor como otros signos misteriosos.

—El Dorje. Es decir, el cetro-rayo crucial. Y estos signos que le rodean las sílabas sagradas por excelencia: Om-ma-ni-pad-me-hum. Por este otro lado, el Tilpú, una campanilla, como ven rodeada a su vez por símbolos fonéticos: S-A-Na-Tri-Pre-Hung, que representan los seis modos de la existencia samsárica.

—¿Y qué es eso?

—El Samsara es la rueda de la vida que gira sin cesar, llevando con ella la ronda de los nacimientos y de las reencarnaciones hasta que el alma obtiene el moksha, la liberación. Generalmente, en mi país, los lamas de cierta graduación llevan el dorje grabado en una sortija de oro, en la mano derecha, y el tilpú, en otra de plata, en la izquierda. Pero yo tengo derecho a llevarlos en un solo anillo.

—¿Y por qué llevar las dos cosas?—pregunté yo.

—Porque ambas forman el thabs-chesrab.

—¿Y qué es eso?—saltó la señorita Lyon.

Bharati, siempre con la mayor naturalidad, respondió:

—Para la gente vulgar, para los no letrados, los órganos de la generación masculinos y femeninos. Esotéricamente, místicamente, si prefieren ustedes, thabs es el yab, el padre, es decir, el "método", y chesrab, la madre, el "conocimiento". Para que la enseñanza sea eficaz hay que unir ambas cosas—. Luego, dirigiéndose a mí, añadió—: Cuando venga usted a mi país y vea las estatuas, en los monasterios, y lo mismo en la India, representando dos figuras de diferente sexo enlazadas, deberá interpretarlas en este sentido. Los

extranjeros suelen equivocarse considerándolas como parejas obs-
cenas. Pero hay que excusarles. No saben nada, claro, o muy poco,
de cuanto se relaciona con nuestras creencias.

Yo, cada vez más sorprendido oyéndola, le pregunté:

—¿Y estos signos fonéticos?

—Om es blanco y se refiere a los dioses, devas. Ma es azul y se
refiere a los no-dioses, asuras. Ni es amarillo y se refiere a los
hombres. Pad es verde y se refiere a los animales. Me es rojo y se
refiere a los no-hombres, pretas. Hum es negro y se refiere a los
habitantes de los purgatorios y de los infiernos.

—¿Y quiénes son los no-dioses y los no-hombres?

—Los no-dioses son los asuras; en tibetano, pues asura es palabra sánscrita, los Lha-ma-yin, es decir, una especie de titanes siempre en guerra contra los dioses, devas, a los que envidian, y cuyas
moradas se esfuerzan por conquistar. Los hombres gustan en todas
partes reflejar en los seres supraterrestres, tras inventarlos, sus
debilidades y codicias. Los no-hombres, mi ma yin, son los Yidags,
es decir, los pretas de la mitología hindú. Se trata de seres de cuerpo gigantesco, parecidos a montañas, pero cuyo cuello es filiforme.
Naturalmente, la ínfima cantidad de alimentos que pueden injerir
a través de semejante tragadero es enteramente insuficiente para
alimentarles, por lo que siempre están atormentados por el hambre
y la sed. Además, cuando se acercan al agua para beber, ésta se
les convierte en llamas. Para aliviar su sufrimiento los lamas les
ofrecen cada mañana agua consagrada que no se altera cuando los
yidags vienen a beber. En la categoría de no-hombres están también comprendidos los semidioses, los santos, los genios y los espíritus de las diferentes clases, maléficos o benéficos.

—¿Pero ustedes creen en todas estas cosas?—saltó mademoiselle
Lyon.

Bharati respondió con su dulce seriedad habitual:

—Allí, como en todas partes, el pueblo inculto cree, y los que
saben tienen la caridad de no quitarles sus ilusiones.

Yo, cada vez más interesado, pregunté aún:

—¿Y los signos que rodean el tilpú qué dicen o qué representan?

—S, sura o dios para el mundo deva. A, asura o titán para el mundo asura. Na, nara u hombre para el mundo humano. Tri, trisán
o animal bruto para el mundo bruto. Pre, preta o espíritu desgra-

ciado, para el mundo preta. Hung (de huan, caer), infierno para el mundo infierno.

Cuando la señorita Lyon salió, Bharati me preguntó que a qué clases iba. Se lo dije, así como que de todas, la que más me interesaba era la del señor Gide.

En adelante, ahora lo puedo ya confesar, fue a la única que continué yendo sin perder una, en compañía, por supuesto, de Bharati. Le dije también cuál era mi vida de ordinario e incluso dónde comía: Hasta el veinte de cada mes en un Duval cualquiera. Los Duval era una sociedad de restaurantes (los había en todos los barrios) donde por cuatro o cinco francos se comía, aun con una gazuza como la mía, francamente bien. A partir del veinte, como ya estaba casi sin dinero, comía en un restaurante no lejos de la rue Delambre, "chez Cause", donde por un franco, propina comprendida, se tenía derecho al cubierto y pan, un "saucisson-beurre" (tres rajitas de salchichón y tres montoncitos de manteca), un trozo de carne con patatas fritas y un plátano o una naranja. También le dije que de ordinario los dos o tres últimos días de cada mes tenía la señorita Lyon que prestarme algunos francos para que comiese, bien en casa de Cause, ya en cualquiera de los restaurantes (en el barrio Latino los había una puerta sí y otra no) donde por un precio de uno o dos francos se comía; o de tener un apetito como el mío, se jugaba al escondite con el hambre.

Como al oírme rio de veras por primera vez, de veras y de un modo delicioso, ahondé, con gran satisfacción suya, sobre mi apetito y sobre los equilibrios, por mejor decir, desequilibrios monetarios de fin de mes.

Luego tratamos de cosas serias: de nuestras lecciones tibetano-españolas, que decidimos emprender aquel mismo día por la tarde después de la mudanza. Y de común acuerdo decidimos también salir a comprar un diccionario francés-español y otro, si lo encontrábamos, francés-tibetano; y, en fin, cuanto nos pareció que íbamos a necesitar para las lecciones: cuadernos, lápices, etc. Luego nos iríamos a comer al Duval de la rue Rennes.

Pero antes de salir y cuando íbamos a hacerlo, ocurrió algo que no esperaba. En el momento de tomar la puerta sacó de su bolso unas preciosísimas alforjitas tejidas con seda la mitad de un amarillo-sol vivísimo y la otra mitad azul-turquesa, que se cerraban mediante dos anillas de oro trabajado, repletas de luises, y me las tendió del modo más natural. Y como yo, sorprendido, no hiciese nada por cogerlas, me dijo con la sencilla serenidad con que hablaba siempre:

—Si lo permite usted, puesto que ahora me he escapado, por decirlo así, de la tutela de mis gurús, me pongo bajo la suya. Pareciéndome que vamos a estar juntos casi siempre, ahórreme el trabajo de tomar decisiones. Como no hará usted nada que no sea bueno y conveniente, le seguiré contenta a todas partes. Usted pagará cada vez lo que gastemos. Cuando necesite algo para mí sola ya se lo diré para que lo apruebe.

Oyéndola me quedé tan aturdido, que apenas acerté a balbucear al cabo de un momento:

—Pero...

No comprendiendo bien lo que me pasaba, Bharati dijo entonces como entristecida:

—¿Le ha ofendido a usted, o le ha molestado lo que le he propuesto?

—¡No, no!—exclamé conteniéndome para no cogerla entre mis brazos y pagar su dulce, sincera e inocente sumisión con la única moneda digna de tanta dulzura—. Pero entonces haremos una cosa: Cuando se acabe el dinero de mi portamonedas empezaremos a gastar de las alforjitas.

—Bueno—respondió volviendo a tranquilizarse. Y sin más salimos felices.

Al llegar a la calle se cogió de mi brazo con la misma sencillez e ingenuidad con que me había ofrecido las alforjitas y empezamos, sin darnos cuenta, la primera lección. Yo le decía, en español, palabras sobre lo que veíamos, y ella las repetía una, dos, tres veces como para grabarlas mejor en su memoria, y luego las traducía al tibetano y yo hacía lo mismo. Y así fuimos entretenidísimos hasta la primera librería.

Por la tarde, cuando hubo acabado de poner su ropa en el armario, trabajamos un rato. Le dicté, en francés, la primera lección del señor Gide, y en francés también la pasó ella a su cuaderno. Al acabar fue al armario, sacó de él una primorosa cajita de laca roja con dibujos, en oro, de plantas (lotos) y dragones y me la puso en las manos.

—¿Qué es esto?

—El khadag. Se escribe, y me deletreó: khabtags. En el Tibet solemos ofrecer un khadag a *los maestros como anticipo a lo que* nos van a enseñar. Y usted ahora es mi maestro, mi gurú. Vea si le gusta lo que contiene la caja.

Lo hice. Dentro había un preciosísimo chal de seda blanca con dibujos amarillos representando pagodas y flores y dragones. Muy viejo está pero aún le tengo. Es para mí una reliquia.

Aquella noche invitamos a cenar a la señorita Lyon. Luego volvimos a casa y hasta pasadas las once estuvimos juntos tomando unas infusiones de tila muy buena, que ella tenía.

Ya en la cama no pude conciliar el sueño en mucho rato. ¿Que le compraría yo a ella que no tuviese inconveniente en aceptar? Jamás me había sentido tan feliz.

* * *

Una de las muchas cosas sabias y verdaderas que por lo visto dijo Buda (o será que yo empecé a admirar a Buda desde que empecé a adorarla a ella) fue: que los que hablan del Paraíso y del Infierno no mienten sino cuando los sitúan fuera de la Tierra.

¡Gran verdad! Yo disfruté de un paraíso insospechado, ¡ay!, junto a Bharati durante varios y brevísimos meses. Brevísimos, alados, fugaces, ¡pero de qué modo felices!... Fueron como la incomparablemente venturosa antesala del Infierno que me aguardaba. Pero no adelantemos los acontecimientos.

Al verdadero paraíso precedió un dulcísimo purgatorio. Desde la inolvidable mañana en que llegó a la calle Delambre no nos volvimos a separar salvo cuando ella, cada vez más de tarde en tarde, iba a la Legación de su país, y yo al Consulado del mío para dar fe de vida y que viniese la pensión al mes siguiente. Si entonces la dejaba (en general con la señorita Lyon, recorriendo algún gran almacén donde nos reuníamos una vez mi visita cumplida), era para que no tuviese que esperar caso de que por haber gente en el Consulado, me viese obligado a hacer antesala. También, claro, nos separábamos por las noches, cuando tenía que arrancarme de su lado y dejar su cuarto para irme al mío.

En general las noches las solíamos pasar los tres, la señorita Lyon, ella y yo (si venía el señor Gabriel, los cuatro) charlando y tomando unas tazas de tila con unas gotas de agua de azahar; o tal vez el señor Gabriel y yo un "grog" que yo mismo preparaba (agua caliente, limón, azúcar y ron). Otras veces íbamos al teatro (siempre había en el buzón de las cartas papeletas para entrar a mitad de precio) o a la Taberna del Panteón a pasar un rato y a tomar allí una infusión, tila o verbena, o el grog. Si a la Taberna, a la vuelta había concierto: cantaba mademoiselle Lyon trozos de Carmen o de Fausto, cantaba Bharati, a media voz, melodías tibetanas, e incluso me hacían destrozar a mí alguna canción española, pues la pareja Gabriel-Lyon aseguraba que "j'avais la voix juste" y Bharati, ¡ay!, a Bharati pronto empezó sin duda a paracerle todo lo mío como a mí todo lo suyo. Sólo que, claro, que a mí me pareciese celestial cuanto pensaba, decía o hacía ella era natural, porque... porque Bharati era ¡divina! Cuando más tarde supe al fin que en ella habitaba una Diosa, aunque era imposible me pareció natural. Así deben pensar, sin duda, los que creen en los milagros.

Y como el tiempo corría, pero, qué digo correr, ¡volaba!, nos lo robaban, llegó la primavera tras un invierno que por lo visto fue muy crudo. Las fuentes eran, sí, caprichos de hielo, fantasías de agua helada y el Sena casi dejó de correr por la superficie. Pero yo no sentí en aquellos meses otro frío que el delicioso de las dos azucenas que por manos tenía Bharati, cuando de vuelta al cuarto las metía en mi pecho para que se las calentase.

Esto, el tener que separarme de ella por las noches, y el no cogerla entre mis brazos y... ¡comérmela! a cada instante, constituía para mí el dulce purgatorio de que he hablado. Porque no era atrevido sino cuando estaba solo en mi alcoba. Entonces era, antes de dormirme, el forjar planes para el siguiente día calculando cómo iniciar dulces atrevimientos. Planes que se fundían, que dormían en cuanto estaba a su lado y que ni siquiera los honestos atrevimientos suyos eran capaces de despertar. Aquel: "como no hará usted nada que no sea bueno y conveniente, le seguiré contenta a todas partes", me detenía, aniquilaba todos los propósitos, hacía enmudecer mis más vehementes deseos, porque si se enfadaba y la perdía...

Una tarde salí para ir al Consulado. Bharati y la señorita Lyon se quedaron en casa porque tenían que coser no sé qué que se estaban haciendo. Apenas hecha la visita, volví a tomar el metro y llegué como una bala. Pero al entrar y no ver a Bharati pregunté a mademoiselle Lyon que dónde estaba.

—Pierda usted cuidado que no se la han quitado. Ha ocurrido

que como poco después de salir usted ha dejado de llover ha dicho: "Y si me fuese en un momento a la Legación, que hace cerca de un mes que no aparezco por allí..." Y se ha marchado. Pero esté usted tranquilo que no permanecerá allí mucho tiempo. Y si quiere usted oirla preguntar a ella también por su español apenas abra la puerta, no tiene sino esconderse apenas la oiga llegar. ¡Pero cómo están ustedes de locos los dos, el uno por el otro!

—¿Ella también?—dije yo ingenuamente. Con tanta ingenuidad que la señorita Lyon empezó a reír que no acababa. Cuando pudo hablar añadió:

—De todas maneras, el verdadero amor, ¡y este de ustedes es de los de calidad!, es delicioso.

—¿Pero usted cree que Bharati me quiere?

Tras un instante de contemplarme sonriendo, dijo:

—¡Delicioso, sí! Verdaderamente delicioso. En cuanto a usted, si estará usted enamorado que el amor, como hace siempre que aprieta de veras, le ha vuelto a usted ciego... y ¡tímido! Es decir, que no solamente no se ha dado usted cuenta de que ella está tan loca por usted como usted por ella, sino que están ustedes sufriendo los dos a causa del mismo deseo, y perdiendo en suspiros un tiempo ¡precioso! Preciso y mal empleado, porque lo que se pierde no se recupera—. Esto diciendo se levantó, se acercó a mí y mientras ella misma me quitaba el impermeable, pues yo, oyéndola me había quedado como alelado, siguió tuteándome cariñosamente—: ¿Pero qué ha sido, "espagnoulas", de tu antiguo atrevimiento?

Pero aquí voy a hacer un pequeño paréntesis para explicar por qué decía esto. Lo contaré, sí, pues además de ser pintoresco, me complacerá hacerlo porque como ahora soy ya viejo y las ilusiones han quedado atrás, vivo de recuerdos.

Meses antes, muy pocos días después de llegar yo, llegó a su vez y alquiló una habitación que quedaba libre en el piso del otro lado una muchacha, Jeanne Guilvard, muy guapa. Tenía una cara tan regular y tan bien dispuesta que ganaba la vida posando en talleres de pintura o de escultura. Sola en París (su madre vivía en Chartres), apenas llegó y nos conocimos, empezaron las tertulias nocturnas con la señorita Lyon, con la que, por supuesto, no tenía yo aún suficiente confianza. Quiero decir que aún no sabía cuán amplia era su generosidad y admirable tolerancia en cuestiones relativas al negociado del corazón. Total que una tarde, ardiendo tras un apre-

tado dúo de labios, le dije a Juana: "Esta noche, luego de la ve-
lada, me vengo a tu cuarto." Tras unos mohines de decorosa protesta
fingida, un beso muy largo cerró el trato luego de una última duda:
¡Y si la señorita Lyon se enterara... ¡Bah!, tomaría mis precauciones: primero, aguardaría a que estuviese dormida; luego, vendría
descalzo para no hacer ruido; incluso (como lo hice) tantearía antes el suelo para ver dónde la tarima del piso no crujía, o lo hacía
menos, al poner los pies en ella.

El cuarto de Juana estaba al otro lado del rellano de la escalera.
Allí estaba su habitación, dando, por un lado, con la del señor
Gaillard, un violinista que además del violín tenía una perrita, mi-
núscula muy mona y cariñosa, llamada Miguita ("Miette"); por
otro lado lindaba con la de cierta dama muy elegante que venía
un par de veces por semana a realizar una obra de misericordia:
a consolar a un triste. El triste en cuestión era un caballero asimismo
discreto y distinguido. Estaba además en aquel lado la habitación
de la señorita Lyon y una cocina. Yo tenía, pues, que dejar mi
cuarto sin ruido, salir a la escalera, cruzar, abrir sigilosamente la
puerta del otro lado, pasar como una sombra el rellanito crujiente
y alcanzar el codiciado paraíso.

Y así fue. Mejor dicho, así hubiera sido sin la... ¡pajolera
"Miette"!, que, cuando estaba a punto de alcanzar el deseado
refugio, empezó a ladrar desaforadamente. Aquel animal, que
cuando nos oía entrar y hablar a media noche no se inmutaba,
sin duda reconociendo las voces, por ruido que hiciésemos, oyendo
pese a mis precauciones lo que sólo un animal era capaz de per-
cibir y juzgando por la propia cautela que allí había fechoría,
dio la voz de alarma con un vigor sólo comparable al del rayo con
que yo la hubiese fulminado en aquel instante, de haberme sido
posible.

Naturalmente, me apresuré a hacer marcha atrás, pero como al
llegar al rellano de la escalera oyese la puerta de la señorita Lyon
que se abría aún más de prisa que yo escapaba, seguro de que no
tendría tiempo de alcanzar mi cuarto hice lo único que en mi pre-
cipitación y aturdimiento se me ocurrió: echar escaleras arriba y
quedarme tal cual iba, es decir, sin más ropa que la que llevaba
Adán antes del coqueteo de la manzana, en el rellano inmediato
superior. Es decir, donde me cazó la señorita Lyon tras cruzar el
otro como una centella, encontrar ambas puertas abiertas, asomarse

a mi cuarto, ver el nido vacío... Y hacer que se enfadaba mientras yo volvía a mi habitación con las orejas gachas.

Al día siguiente nos reímos mucho los tres acariciando a "Miette" (inútil maldecir: garantizo que las maldiciones no matan ni a hombres ni a animales). Sí, pero la noche anterior gracia hubiera hecho falta para hacer que mis labios hubiesen iniciado una sonrisa.

Pero vuelvo a mi narración. El "espagnoulas" estaba otra vez todo azorado delante de aquella simpática morenucha, sí que menos desvestido.

—¿Pero usted cree...?—volví a balbucear.

—Mire usted, no perdamos tiempo, no sea que vaya a venir de pronto. He hablado con ella porque también, sin darse cuenta, daba unos suspiros que levantaban lo que estábamos cosiendo. Y le he dicho poco más o menos lo mismo que acabo de decirle a usted; que por qué estaban ustedes perdiendo el tiempo, y por qué consentía que sufriese usted y sufría ella misma cuando tan fácil era evitarlo. Que hiciese algo por ayudarle a usted a echar por la borda la timidez que le embarga, hija del mucho y verdadero amor que le tiene, y que dejasen ustedes ya de suspirar... ¡qué diantre!, a no ser juntos.

—¿Y ella?

—He aquí exactamente lo que me ha dicho tras pagar el debido tributo a su ingenua honestidad poniéndose como una amapola: "Para mí no habría felicidad comparable a la de hacerle feliz, en vez de sufrir, como dice usted que sufre. Pero...

—¿Pero?—la atajé yo.

—... Que si me quedase encinta me mataría."

—¡Palabras, hija mía!

—¡Me tendría que matar!—exclamó con tal seguridad que casi me asusté.

—¿Qué dice usted?

—Me mataría, sí, lo que sería atroz para ambos... Y para mí, ¡ay!, no por morir sino... ¡por dejarle!

—¿Y entonces?—dije yo desolado.

—Entonces, ¡qué diablo!, le he dado la solución. Mire usted, la he dicho: un mal parto me perjudicó a mí mucho, como les he contado a ustedes. Pero después he aprendido. Lo de "creced y multiplicaos" es muy bonito, pero dar consejos es más fácil, siempre, que seguirlos. El exceso de multiplicación cuesta cada año millones de víctimas, por lo visto, allá en Asia, donde se mueren de hambre. Y es que la Naturaleza es implacable y con eso de la conservación de las especies nos juega unas partiditas serranas. Y total por hacer mal las cosas el que las haya hecho. Porque lo que yo digo: ¿por qué las mujeres, en vez de parir con dolor, no ponemos tranquilamente un huevo, cantando como las gallinas? Nos arrullaríamos sin miedo, como tórtolos, y luego, ¡tras!, un huevecito. Y entonces se decidía lo que convenía hacer: —Oye, Felipe, ¿qué hacemos? ¿Lo empollamos o decimos a mamá y a los del tercero que bajen y les convidamos a torrijas o a una buena tortilla de gambas? Y no que ahora o se queda uno en suspiros, lo que no es posible, o... Por supuesto, ha habido que ingeniárselas e inventar remedios; y acudir a la ciencia; y yo le he dado a ella uno de estos remedios en forma de pastillas, maravilla de la química alemana. Y ahora, a buen entendedor, acabo rápidamente... Porque me parece que sube por la escalera con el señor Gaillard. Y de lo que le acabo de decir, ¡ni una palabra! No lo vaya usted a estropear ahora. Deje que ella lo haga todo.

Un instante después, en efecto, Bharati y el señor Gaillard estaban allí. Y como las cosas como cuando se ponen a salir bien lo hacen tan perfectamente como cuando se empeñan en lo contrario, el propio violinista la venía animando para que fuésemos a Tabarin aquella noche donde, no sé con motivo de qué, habría una gran fiesta.

Saberlo y proponer yo que fuésemos los cuatro juntos fue todo uno y lo mismo. Pero, ¡oh alegría! (alegría que disimulé, claro), el músico no podía, tenía algo que hacer; y mademoiselle Lyon se excusó también porque tenía que salir con el señor Gabriel. Pero (aquella mujer era un ángel) nos animó mucho a que fuésemos nosotros.

Bharati dijo que ella no sabía bailar como se bailaba aquí en Europa. Yo me apresuré a asegurarle que era el momento de empezar a aprender. Total, que acordado quedó que iríamos a Tabarin y a Tabarin fuimos.

A una discreta seña de nuestra patrona yo salí con un pretexto. Entonces ella, como luego supe por Bharati, advirtió a mi amor que lo único que teníamos que hacer era tomar precauciones al regresar a causa de la portera, que era una "chipie" (una arpía, una mujer suspicaz y de mal carácter). En efecto, ella era la encargada de abrir la puerta de la calle cuando se llegaba después de cerrado el portal. Se hacía sonar el timbre, la "chipie" abría desde su cama y luego había que decir el apellido del que entraba, al pasar frente a la portería.

Un coche nos llevó allá después de cenar.

Fue una noche inolvidable. Yo hacía por estar discreto, y hasta encogido, bien que por dentro, tras lo que me había dicho nuestro ángel tutelar, me sentía el Bayardo de los enamorados. Ella, por su parte, estaba como siempre, serena, tranquila, dulce, sumisa, ¡infinitamente deliciosa!

En Tabarin tomamos una mesita y pedí una botella de Lanson. Luego le propuse bailar.

—No sabré.

—Aprenderás en seguida. Además, ¿quién se daría cuenta de si lo hacemos bien o mal con las parejas que hay?

Un instante después estábamos entre otros muchos, y como ellos, muy juntos. Era la primera vez que la tenía por la cintura y tan cerca de mí. Y loco, empecé a estrecharla contra mi pecho suavemente. Y junté mi mejilla con la suya. Luego la susurré muy bajito: "—¿Ves cómo lo haces muy bien? Un momento pensé que tal vez fuese mejor callar, pero no pude:

—¡Bharati!

—¿Qué?

—Te voy a decir algo que no te he dicho nunca... ¡Te quiero mucho!... ¡Mucho, Bharati!... ¡Más que a nadie!... ¡Como no he querido nunca!—y no mentía—. ¡Como no creí nunca que pudiera querer!... ¡Bharati!

—¡Mi dueño!...

—¡Bharati, yo quiero casarme contigo!... Nos casaremos, Bharati, ¡te lo juro!

Bailamos aún otro baile, y otro, y no sé cuántos más. Hasta que ella dijo:

—No quisiera, corazón, cansarte más por esta noche. La próxima vez que vengamos ya verás cómo lo hago mejor.

Y nos fuimos.

Un "fiacre" de los de entonces nos llevó hasta casa. El trayecto, muy largo, se nos hizo unos segundos. Como en Tabarin, íbamos ya metidos uno en otro y con las caras y las bocas, ¡al fin!, juntas.

Cuando estuvimos ante la puerta le dije:

—Ahora, para que la portera no oiga sino unas pisadas, me voy a descalzar y al pasar tú callas y yo diré sólo mi nombre.

—¿Descalzarte? ¡No! No, no. Estarán los baldosines helados—.
Y como yo la interrogase con los ojos, añadió quedito—: Lo mejor será que me cojas en brazos...

Llamamos, se abrió la puerta, entramos, cerré, la cogí en brazos, al pasar por la portería dije, tratando de que mi voz no denunciase mi triunfo: "¡Bergua!" Y subí con ella siempre en los brazos...

"Horas alegres que pasáis volando"..., que cantó el vate español. ¡Ay, noche venturosa! Cuando al fin salió de ellos al siguiente día, el Sol había ya alcanzado el centro de su gloriosa carrera por el horizonte.

* * *

Si antes el tiempo transcurría feliz, ahora corría, volaba, escapaba transformado en el más real y venturoso de los ensueños. Cada día era, sí, más dichoso y mejor que el anterior. ¿Luna de miel? Con otras mujeres tal vez. Con Bharati era ¡un sol, un sistema planetario entero, una galaxia y no de miel sino de ambrosía!

Finalizaba el mes de junio y sólo esperábamos a que julio con su brasero nos diese pretexto, por decirlo así, para alejarnos de París. Habíamos decidido irnos hacia el Sur. Hablamos del mar y de la montaña y Bharati prefirió el mar. Entonces se trató de escoger entre el Atlántico y el Mediterráneo. Yo le dije que en el Atlántico encontraríamos, cierto, playas elegantes y llenas de atractivos y de distracciones donde la vida nos sería grata y fácil, pero donde tal vez no pudiéramos bañarnos sino un día cada tres si, como con frecuencia ocurre a no ser en veranos excepcionales, viento y nubes entraban en rivalidad con el Sol. Entonces Bharati opinó acertadamente, como siempre, que la vida grata y fácil vendría con nosotros adonde quiera que fuésemos, y que puesto que el Mediterráneo era más constantemente acogedor y amigo del Astro que su hermano mayor, mejor sería que nos fuésemos a la Costa Azul y escogiésemos allí, para fijarnos, el sitio que más nos pluguiese. Lo que hicimos: después de recorrerlo todo desde San Rafael hasta Menton, acabamos por fijarnos, a causa sobre todo de un hotelito preciosamente situado al borde mismo del mar, en Jean-les-Pins.

Los últimos días, pues, fueron de preparativos. Aquella tarde fuimos al Bon Marché. Los grandes almacenes nos gustaban mucho y el Bon Marché más que los demás. Por supuesto, era raro que pasásemos junto a cualquiera de ellos sin entrar. Sin contar que en esta ocasión íbamos a propósito para adquirir algunas cosillas que nos pareció—habíamos hecho una lista—que podríamos necesitar durante el veraneo. Sólo el hacer la lista nos había entretenido deliciosamente un par de horas el día anterior. Cuando se es feliz cualquier cosa es placentera. Diríase que el espíritu se achica, se aniña, se dispone a verlo todo de color de rosa y a inclinarse a la generosidad y a la tolerancia. Hasta obedecer es grato cuando se obedece a quien se ama. El secreto y el éxito de los grandes maestros no ha sido siempre otro. Hasta en planos superiores los hombres pueden someterse a sacrificios que a los que no piensan como ellos parecen insensatos, pero que ellos, empujados por un amor que no hay que tratar de discutir ni siquiera de comprender, consideran no como sacrificio sino como providencial regalo. Yo, como todo el que verdaderamente ama (y ama verdaderamente aquel que cree en lo que constituye su amor, recaiga esta ilusión sobre algo real o puramente imaginario); como todo el que verdaderamente ama, decía, por el objeto de su amor, ¿qué no hubiera hecho por Bharati? Hay además un medio de medir el amor: la entrega más o menos total de la voluntad del que ama. Mientras no quiere sino lo que quiere aquel o aquella a quien ama y sólo le complace, y en grado máximo, lo que complace al ser objeto de su amor, ama verdaderamente. En cuanto el interés particular inicia, por tímidamente que sea, su cuarto creciente, estemos seguros de que ocurre porque el amor está ya en menguante.

Nos detuvimos en varias secciones y, por supuesto, en una de las que más nos atraía siempre: la de perfumería. En ella hicimos provisión de jabones, de una pomada que yo gustaba darme en el pelo (Aubigand: "Quelques fleurs"), de pasta para los dientes y de unas bellotitas preciosas; las había en madera labrada o en una pasta que imitaba al marfil, en las que al desatornillar la bellota propiamente dicha del pedúnculo, aparecía un frasquito mínimo con unas gotas de perfume concentrado que olía de una manera deliciosa. Se destapaba el frasquito y salía, formando cuerpo con el taponcillo de cristal, una barrita también de cristal que Bharati se pasaba por la parte posterior del lóbulo de la oreja, y a mí por el revés de la solapa. Acercarse luego a su cara era acercarse a la flor de las flores. Ibamos, ¡ay!, embalsamando las calles a nuestro paso...

Deambulábamos, pues, de una sección en otra comprando no tan sólo cosas que nos imaginábamos podríamos necesitar, sino otras superfluas, por el placer de comprar, cuando de pronto Bharati me dijo: "Ven", y echó a andar un poco más de prisa hasta un tinglado lleno de corbatas abundantemente distribuidas en los tres pisos de una armadura hecha exprofeso, de metal dorado. Y aunque ciertamente no necesitaba más corbatas que jabones o bellotitas, tras mirar y remirar escogió una, y ella misma me quitó el lazo que llevaba y lo sustituyó por el nuevo, que, como de costumbre, me hizo con sus propias manos. Me dejé hacer, pagué y luego, a indicación suya, salimos del almacén.

Una vez en la calle me dijo que parase un coche que venía hacia nosotros. Y como yo, un poco extrañado, pues del Bon Marché a nuestra casa había muy poco (bastaba salir a la rue Rennes y, subiendo un poco, en seguida estábamos en nuestra calle) añadió: "Cuando estemos dentro te diré por qué." Y, en efecto, tras decirle al cochero: "Al llegar a Felix Potin (propietario de una Compañía de todo lo relativo a la alimentación, que tenía por lo menos un almacén enorme en cada barrio) pare", me dijo a mí: "En el Bon Marché estaba Dagmedma, la mujer del Cónsul, con una de sus sirvientas. Para tener seguridad sobre si nos habían visto, es decir, para poder observarlas yo sin que lo advirtiesen, te he llevado adonde las corbatas."

—¿Y qué?

—Y que te prepares a recibir mañana la visita de mis dos gurús (a través de las corbatas las he visto cómo nos miraban y comentaban), el señor Walker y el señor Yondgen. Esta noche habrá gran sesión. Dagmedma, que tiene poco bueno y peor que lo demás la lengua, tratará de aturdirles a propósito de si me han dejado demasiada libertad, de si me ha visto muy entusiasmada con un joven (para dar pábulo a su murmuración te puse yo misma el lazo allí), de que ahora comprende el que mis visitas a la Legación sean cada vez más distantes, y, en fin, cuanto se le pase por la cabeza. Y a ella cuanto le pasa por la cabeza suele ser malo por dos razones: primera, por no llegar hasta ella del corazón; segunda, por carecer de verdadera inteligencia.

—¿Pero ellos qué van a decir? ¿Qué van a hacer?

—Decir, nada, porque me conocen y la conocen. A ella, pues, no le harán caso. En cuanto a mí, saben perfectamente que mi voluntad es soberana y que su autoridad sobre mí, autoridad que como sabes venero y respeto, no va, no obstante, más allá de donde yo quiero que vaya. Pero para que puedan responder cuando ella les conmine a venir a ver qué hago y con quién estoy, que ya pensaban hacerlo porque yo misma les he invitado a ello, ahora, mientras tú te quedas en casa de Potin yo, en este mismo coche, para llegar antes que ellas, iré a la Legación.

—Pero, bueno, yo ¿qué hago en casa de Felix Potin?

—Comprar media docena de botellas, las que te parezcan, de licores variados, sin olvidar una de Gran Marnier, que es lo que más le gusta al señor Yondgen.

—¿Es que quieres que los emborrache?

—Quiero, primero que puedas hablar con ellos. Y, sobre todo con Yondgen, no lo conseguirás fácilmente. A Yondgen no le sacas una palabra del cuerpo si antes no abres convenientemente el arca profunda de su espíritu. Y la mejor llave, mañana, que no te conoce ni le conoces, es unas copitas de Gran Marnier. Quiero, además, que les hagas buena impresión, y nada les dispondrá más favorablemente no tan sólo el que les obsequies con algo que les agrada, sino, si consigues emborracharles, el que se consideren obligados a ti no tan sólo por lo bebido sino porque hayas sido testigo benévolo de una de sus debilidades.

—Es decir, que estos dos hombres que me has descrito tan sabios, porque, ¿qué me dijiste de ellos?

—Del señor Yondgen que es un lingüista de primera magnitud. Conoce muchas de las lenguas orientales y un gran número de dialectos; y en cuestiones de religión, tanto budistas como hinduistas y lamaica, es una verdadera autoridad. Si le haces hablar ya le oirás. Sobre estas cuestiones o sobre lo que sea. Es además, no tan sólo sabio, sino como verdadero sabio, bueno. Bueno como el pan, como me has enseñado que se dice en tu país. En cuanto al señor Walker, intérprete jefe del Gobierno inglés de Calcuta hasta que le trajeron a Lhassa para que se ocupase de mí y me enseñase el inglés y el francés, ya verás qué amor a los libros, a todo cuanto sea saber y... a los buenos licores. Con él te harás en seguida. Solo ver las botellas se le encandilarán los ojos. Por supuesto, de ordinario, por no desmerecer del señor Yondgen que no bebe tampoco sino excepcionalmente, no lo hace él; pero si consigues que los dos empiecen y se les caliente la boca, como dice el señor Walker, ya no habrá medio de detenerlos.

—Y yo que creí, lo digo sobre todo por el señor Yondgen, que los lamas ni tomaban alcohol ni comían carne.

—Tal vez no te he dicho que hay dos sectas, los "bonetes amarillos", que pasan por abstemios, y los "bonetes rojos", más tolerantes. Pero en realidad, ¿no es fácil cambiar de color cuando se tiene sed que no se desea aplacar con agua, que es lo único que la quita?

—Sobre que para cambiar de color nada como empinar el codo. Por amarillo que se sea, después, rojo seguro.

—En cuanto a no comer carne, llégate allá, en mi país, a un funeral, en que la familia está obligada a mantener, mientras dura, a parientes, amigos y directores espirituales, y el funeral dura tanto más cuanto más rica es la casa, y verás la cantidad de animales que hay que sacrificar para calmar el apetito de todos. Sobre que en el Tibet, como seguramente en todas partes, hay dos clases de lamas: los verdaderamente místicos (y el señor Yondgen no es místico; es sabio, que vale más), los anacoretas que se apartan y se retiran a regiones que sólo el vivir allí es ya algo prodigioso si se tiene en cuenta lo duro e inhumano de los parajes y del clima, y los que en las ciudades se dedican a practicar los ritos llamados "de transmisión de poder", es decir, los diversos ankurs, a los discípulos hijos de las familias ricas que pueden pagar. Estos, aunque no carezcan de lo que allí se estima como conocimientos (un poco o un mucho de liturgia, conocimiento de las Escrituras y asimismo y también de magia), en realidad su lema, incauto haría falta ser para no darse cuenta, es lo que tan gráficamente me has enseñado que se dice en España: "Pasen días y vengan ollas."

—Bharati, eres... ¡divina!

—Lo que pueda tener de divina, en el modo de pensar, a mis queridos gurús se lo debo. A ellos, sí, que calculando como hombres inteligentes y desinteresados que su primer deber era enseñarme a ver y juzgar las cosas tal cual realmente son, no según parecen o según conviene a otros, cuidaron de no embotarme la inteligencia llenándola de fábulas, de mentiras y de prejuicios, sino inculcándome conceptos humanos, tolerantes y generosos acerca del bien y del mal, de lo moral y lo inmoral, de lo alto y lo bajo, lo justo y lo injusto, sobre lo que tenemos que conceder a los demás y lo que nos debemos imponer a nosotros mismos. De modo que mañana, inclínate siquiera una vez a lo que de débil hay en la naturaleza material de mis gurús y págales como puedas una mínima parte de lo mucho que les debo, haciéndoles pasar un buen rato, aunque luego les cueste estar tres o cuatro días con la "gueule de bois".

Poco después, mientras ella trotaba hacia la rue Dupleix, yo encargaba que me mandasen aquella tarde misma con qué alegrar no ya a mis futuros visitantes, sino a media docena de Budas y Bodisatvas: una botella de Marie Brizard, otra de benedictino, otra de crema de cacao, la de Gran Marnier, y aun otras tres de Dolfi, la gran marca, una de licor de mandarina, una segunda de pipermint y la tercera de licor de frambuesa. Mas dos botellas de champaña por si acaso. Ron teníamos en casa. En total siete de licor, siete, ¡el gran número búdico!; con las dos de champán y el ron, diez, ¡la década pitagórica! Inmortales hubiera sido necesario que fuesen, para no caer.

* * *

No haría media hora que Bharati y la señorita Lyon habían salido cuando llegaron los dos gurús. Al abrir la puerta me encontré ante dos caballeros ya de edad, uno pequeñito, vestido con buena ropa pero de cualquier manera: el hombre solo que sin alguien que le añada la coquetería que le falta, cuando necesita un traje compra buen género sin preocuparse luego del sastre; mucho pelo blanco que le asaltaba las orejas y que el peine, por las mañanas, no conseguía contener el desorden sino unos minutos; gran bigote blanco también y al cuello un cordoncito negro del que pendían unos anteojos de armadura de acero que se ponía, como vi luego, para leer o contemplar algo de cerca. El otro (los clasifiqué en seguida: el pequeñito, el señor Walker; el grande, el señor Yondgen), alto, seco, un gorro en forma de flanero color amarillo oscuro cubriendo la parte superior de la voluminosa cabeza enteramente calva; barba y bigote que jamás debieron ser inquietados cuando su aparición y luego durante su crecimiento, blancos, sueltos, ralos y cayendo, la barba, en larga punta. Sobre la nariz unas gafas de montura de concha, enormes; tras ellas unos ojos medio cerrados, pero no tanto como para que no se viesen unas pupilas negras muy

brillantes; el largo cuerpo, metido en una especie de caftán o le-
vitón de seda, verde oscuro, abrochado enteramente por delante, y
del que sobresalían por abajo, desde las rodillas o por más abajo
todavía, unos pantalones también oscuros y también de seda, nada
anchos, que le llegaban hasta las botas.

Como había quedado con Bharati en que no perdiese el tiempo
y les recibiera como a visitantes esperados y conocidos, apenas la
puerta abierta les rogué que entrasen, diciendo:

—No hay duda que son ustedes los señores Yondgen y Walker,
Richard Walker, los gurús de quienes Bharati me ha hablado tantas
veces y con tanto cariño; de modo que les ruego que pasen y, si
me consideran digno de ello, vean en mí también un discípulo y
un amigo.

Pareció sorprenderles un poco pero no desagradarles mi manera
abierta de recibrles; me tendieron la mano, que estreché sucesivamente con las dos mías, y entraron. El primero en hablar fue el
señor Walker:

—Pero usted, joven amigo, estaba sin duda escribiendo, ¿no?

—A mis padres, sí señor. Pero precisamente acababa. Me faltaban
un par de líneas y los abrazos.

—Pues háganos usted el favor de ponerlas mientras nosotros fis-
gamos estos libros.

—Ustedes hacen aquí lo que quieran. Cuanto hay es suyo y yo
dispuesto a servirles—añadí al tiempo que desembarazaba al señor
Walker de su bastón y su sombrero—. Miren, pues, y hagan lo que
gusten y, puesto que me lo permiten, acabo, firmo y cierro la carta—. Lo que hice rápidamente mientras ellos se acercaban a la
librería (cuatro estantes como de a metro y dos tablas laterales,
el todo sujeto a la pared), de la cual el señor Yondgen sacó un
volumen que, siempre sin despegar la boca, ofreció al señor Walker,
que, calándose los anteojos, exclamó al punto muy alborozado:

—¡Diantre! ¡Diantre! ¡Diantre! Tiene usted aquí la traducción
de Pierret, ¡rara avis!, del Libro de los Muertos egipcio.

—Sí, señor.

—¿Pero de dónde ha sacado usted esta joya?

—Pues verá usted, lo tengo desde los primeros días de mi llegada
a París en el mes de octubre pasado. Lo encontré en uno de los

cajones de la orilla del Sena. Había oído, mejor dicho, leído muchas veces menciones relativas a él, pero jamás lo había visto. Ni mi padre, que tiene una buena librería en Madrid.

—¡Como que es rarísimo, amiguito! ¡Rarísimo! ¿Eh, Yondgen? En francés no hay más que esta edición, agotada y archiagotada hace ya mucho tiempo, y en inglés tres, una de ellas, la de Le Page Renouf, inacabada por cierto. Y tampoco hay medio de dar con ellas. Y ni traducciones alemanas, ni italianas. ¿Cuánto pagó usted por este ejemplar? Y perdóneme la curiosidad.

—Pues el que lo tenía me pidió diez francos y se lo saqué ¡en tres!

—¿Tres? ¿Tres francos dice usted?

—Sí, señor.

—¿Quiere usted treinta? ¿Quiere usted trescientos? ¿Quiere usted...?—siguió, sacando una cartera de piel de Rusia, color granate, que embalsamaba.

—¿Es que tiene usted, señor Walker, verdadero interés por él?

—He dicho trescientos francos, pero ¡pida!

—Pues trato hecho. Ya es suyo—precipitadamente abrió la cartera, dispuesto a darme los trescientos francos, pero yo le detuve—. Es suyo, pero sólo por el favor de aceptarlo.

—Pero...

—Pero que ya es suyo, señor Walker. Permítame que me sume a lo mucho que le debe Bharati, que les debe a ustedes mejor dicho, a los dos, y hágame el favor de quedarse con él.

El señor Walker, sin poder contenerse, se lanzó a mí y me abrazó y me besó con todo cariño. Luego dijo, sin disimular su gozo:

—¿Pero oye usted esto, Yondgen? ¿Oye usted esto?

El señor Yondgen se acercó a mí, puso sus manos en mis hombros, me miró unos instantes sin despegar los labios y al fin, dijo, como hablaba siempre, con tono reposado y voz grave:

—De haber podido elegir, creo que no hubiéramos desaprobado, ¿eh Walker?, su elección.

No comprendí lo que quería decir, pero tampoco procuré averiguarlo porque el señor Walker volvió a hablar, mientras llevando el libro amorosamente hacia su pecho lo apretaba contra él con ambas manos.

—Bueno, bueno, pues... mil y mil gracias. Lo acepto, sí, pero, ¿qué podría hacer yo por usted?

—Hacer no tiene usted que hacer nada, pero para que no se preocupe le daré la solución. Como a mí me gustan también mucho los libros, regáleme usted otro y en paz.

—¡Aceptado! Sí, señor, aceptado. Pero—consultó al señor Yondgen con la mirada—, ¿qué libro regalarle que valga lo que éste?

—Un Bardo—replicó el señor Yondgen.

—¡Pues sí, señor! Idea excelente como suya Yondgen. Le daré a usted por este Libro de los Muertos otro libro de los muertos. El Libro de los Muertos tibetano. El Bardo Thodol.

—¡Ah! No sabía que hubiese también un Libro de los Muertos tibetano. Bharati nunca me ha hablado de él.

—¿Y cómo hubieran ustedes podido hablar de algo relacionado con la muerte siendo ambos, a su edad, todo vida? En boca de Bharati, aun refiriéndose a un libro, la palabra "muerte" hubiera sido inoportuna, casi indiscreta. Y ya habrá usted aprendido, puesto que hace tiempo que trata con ella, que es la oportunidad y la discreción misma.

—Sí, sí, cierto—dije—. Bharati es... ¡única!—y cada vez más entusiasmado seguí—: ¡Me casaré con ella, señor Walker!—. El señor Walker, al oírme, bajó la cabeza y cerró los ojos; entonces me dirigí al señor Yondgen—: Estoy decidido, señor Yondgen, ¿podría escoger mejor?, me casaré, ¡sí!, con ella.

El señor Yondgen dijo, era un hombre sin duda naturalmente grave y misterioso:

—El futuro no existe. Lo pasado son simples recuerdos gratos o ingratos, a veces experiencias provechosas. Sólo hay algo real que convendría no desaprovechar: el presente.

Yo, que iba a mi idea, insistí:

—¿No les ha hablado a ustedes Bharati de mí?

—Sabíamos simplemente esto—dijo el señor Walker—: que tenía un compañero de facultad con el que estaba cambiando lecciones de tibetano contra lecciones de español. Por eso la idea de Yondgen es doblemente acertada: sobre ser el Bardo un libro muy curioso el día que pueda usted leerlo sin dificultad será prueba de que sabe, sí, el tibetano.

—Pues sí, señor; lo traduciré al castellano y será para mí un ejercicio excelente.

—Si tiene usted tal propósito—dijo el señor Yondgen—, habrá

que darle Walker, una nota de libros que convendrá que lea previamente.

—Claro, claro. Dice el amigo Yondgen esto y tiene razón, porque si quiere usted que los lectores de su traducción saquen de ella algún provecho, tendrá usted que acompañarla de notas abundantes; y usted mismo, para no encontrarse perdido, pues hay muchos trozos abstrusos y otros puramente figurados, deberá documentarse debidamente antes de empezar a traducir. Pero ya le traeremos, sí, al tiempo que el texto, una lista de obras a leer y consultar.

—Pues aceptado todo y muy agradecido. Y ahora, permítanme que les ofrezca una taza de té, o de café, lo que quieran, y que les ofrezca también una copita de licor.

Y diciendo y haciendo, empecé por poner sobre la mesa unas copitas y todas las botellas de licor que había comprado y que incluso había descorchado. Y cogiendo primero la de Gran Marnier como por casualidad, llené bien llenas dos copitas y se las ofrecí antes de echar unas gotas en la mía.

—Yondgen, ¡Gran Marnier!—dijo el señor Walker.

—Perdonen ustedes que haya cogido el Gran Marnier lo primero, pero es que siempre hacemos igual: nos imaginamos que lo que a nosotros nos gusta les gusta también a los demás. Porque es que a mí el Gran Marnier me encanta. Por supuesto, en tipo dulce, el Marie Brizard lo encuentro también excelente. Pues, ¿y esa frambuesa de Dolfi? Dolfi, en licores de fruta, no tiene rival.. Y ahora les suplico que se sirvan lo que quieran y cuanto quieran, mientras les preparo lo que prefieran, té o café.

—Café, ¿eh, Yondgen?—El señor Yondgen aprobó con la cabeza.

Luego levantamos las copitas; yo, tapando muy bien la mía con los dedos para que no vieran que apenas me había servido.

—¿Me permiten ustedes que sea yo el primero que brinde?—. Obtenida su autorización seguí—. Pues, por ¡Bharati!... y por ustedes.

—Por Bharati, sí, y por usted—dijo el señor Walker—, y porque lo que más deseen se realice.

—Si no es absolutamente imposible y así lo ha dispuesto el Destino—añadió el señor Yondgen.

—¿Y por qué había de ser absolutamente imposible?—dije yo sin dar mucha importancia a estas palabras. Luego bebimos cuanto

tenían las copitas—. Lo dicho, señores; esas botellas, y todo cuanto
hay aquí, es de ustedes, y vengo al punto con el café—. Y salí
pensando: buen empiece. Cuando volví unos minutos después vi
que no habían perdido el tiempo; habían probado de todo. El
señor Yondgen seguía al parecer impasible. Se había sentado en
una butaca y parecía soñar paladeando lo que en aquel momento tenía en el vaso, que, a juzgar por el color, era pipermint.
El señor Walker, más locuaz, dialogaba al parecer con el Libro de
los Muertos, que no soltaba de la mano. Serví el café—. ¿Mucha
azúcar? ¿Poca?

—¿Azúcar?—dijo el señor Walker cual si hubiese escuchado una
maldición—. ¡Nada de azúcar, amiguito! ¡Puro, puro! Solo, los
dos.

—Pues puro—. Les pasé las tazas—. Creo que lo he puesto bastante cargado, pero si lo encuentran flojo, hago otro al punto—seguí empuñando la de Gran Marnier. El señor Walker lo probó, lo
saboreó y dijo:

—¡Excelente! ¿Eh, Yondgen? ¡Excelentísimo!

Mientras volvía a llenar las copitas de ellos, añadí:

—Y el Bardo ese de que me habla usted, señor Walker, ¿es tam-
bien un libro muy antiguo?

—Imposible, amiguito, hacer otra cosa que conjeturar, si es que
se quiere hacerlo, no tan sólo sobre la fecha en que pudo aparecer
la primera versión, sino sobre su verdadero origen; pues lo mismo
puede ser una adaptación tibetana de un original hindú, que una
adaptación búdica de una antigua tradición tibetana; o tal vez el
resultado de una mezcla de viejas tradiciones tibetanas. Todas estas hipótesis se han sostenido y es difícil decidirse con acierto por
una de ellas.

—La última parece la más probable—dijo el señor Yondgen—.
En todo caso es un libro anterior al siglo VII.

—¿Y su propósito es el mismo que el del Libro de los Muertos
egipcio?

El primero que apuró lo que acababa de servirles, es decir, el
señor Walker, fue el que me respondió:

—Sobre esto, en cambio, ninguna duda. Tiene un doble propósito y ambos son evidentes. El Bardo es, en primer lugar, una Instrucción para bien morir. Entendiendo por bien morir preparar
al moribundo, adiestrarle para que pueda enfrentarse debidamente

con lo que le espera una vez que fallezca; luego, guiar, dirigir al espíritu, el alma que decimos en Occidente, una vez separado del cuerpo, a través de las visiones que, a falta de una debida preparación, acabarían por extraviarle alejándole del fin supremo del Budismo, que, como usted sabe, es el Nirvana; lo que le sometería a una nueva reencarnación. Y como este destino futuro se decide precisamente en este estado intermedio entre la muerte y lo que ocurre después, como significa precisamente la palabra Bardo...

—Tal vez de bar, entre, y do dos, ¿no?

—Exactamente: entre dos estados. Y como en esta decisión interviene más aún que la conducta durante la vida del que acaba de fallecer, su entendimiento, es decir, su habilidad mental en lo que afecta a comprender y retener las enseñanzas que le da este libro, lo de Thodol.

—Creo comprender, sí: Liberación por el entendimiento o mediante el entendimiento.

—Es usted un excelente trapa, joven amigo.

—Diga usted más bien excelente gurú, pues es ella, mi gurú en esto, Bharati, a quien, de haber mérito, le corresponde.

—En todo caso, esto que acabo de decirle le dará a usted idea, ¿eh, Yondgen?, de la enorme importancia de este libro para los tibetanos. Varíe usted, hágame el favor. Ahora un poco de ese licor de frambuesa, que nos ha parecido antes ¡incomparable! A nuestro amigo Yondgen también—les llené las copitas de licor de frambuesa—. Es más, con lo dicho no tan sólo queda evidenciado el propósito de este libro, sino su psicología, por decirlo así.

—Y hasta su moral—sentenció el señor Yondgen.

—Muy bien, sí, señor: y hasta su moral. Y haciendo un inciso, querido Yondgen, usted, que lo sabe todo, dígame, ¿cómo es que si no se ha llegado a la saciedad, al repetir de una cosa que gusta sabe mejor que la primera? Lo digo—añadió dirigiéndose a mí— porque mientras usted, joven, estaba preparando el café, que, por cierto, ¡qué café!—y como yo empuñase la cafetera para servirle más, siguió—: Sí, con mucho gusto. Pues mientras usted preparaba esta delicia probamos la frambuesa. Pues bien, como esta vez la he encontrado aún mejor, de aquí el solicitar de este hombre eminente que es el señor Yondgen, que nos explique la razón del venturosísimo hecho.

—Las cosas al parecer sencillas suscitan a veces problemas difíciles, y ésta me parece que entraña una respuesta filosófico-fisiológica que no estoy todavía en condiciones de dar.

—Entonces le voy a servir a usted por tercera vez a ver si por lo menos se verifica aún la interesante apreciación del señor Walker.

—Torpe sería oponerme a su generoso propósito, joven amigo, pero mientras acude la adecuada respuesta a mi espíritu e incluso para estimularle, siga usted interrogando como lo estaba haciendo sobre el Bardo.

—Pues vamos a ver, en definitiva, según este libro, ¿qué va a encontrar el muerto al otro lado? ¿Uno o varios paraísos? ¿Uno o varios infiernos? ¿Dioses celestes o infernales que, como en las demás religiones, le procurarán goces inacabables o también inacabables tormentos?

Con noble gesto el señor Yondgen declinó en el señor Walker la respuesta:

—Verá usted: males y sufrimientos si, ajeno a las enseñanzas del Bardo, se deja embargar por las propias visiones de su espíritu; la liberación, de seguir las enseñanzas de este libro.

—¿Embargar por las visiones de su espíritu dice usted, señor Walker? ¿Quiere usted tener la bondad de aclararme esto?

Tendiéndome la copita vacía, replicó:

—De lo que usted quiera. No se tome el trabajo de elegir. Vaya cogiendo las botellas sucesivamente, pues el contenido de todas es delicioso. Gracias. Le voy a aclarar a usted la duda. Una y otra vez, como usted hace llenándonos estas copitas, constantemente, se insiste en el Bardo en que no hay dioses ni demonios, como es lógico que diga puesto que se trata de un libro escatológico budista; cielos ni infiernos, goces ni tormentos, a no ser en la imaginación, en el espíritu del hombre.

—Es decir, que fuera de él no existe ¡nada!—dijo el señor Yondgen saliendo un momento de la especie de éxtasis en que parecía haber entrado.

—Exacto de toda exactitud. Que las visiones que se le aparecen al difunto en el estado intermedio no son otra cosa que esto: visiones, alucinaciones obra de las formas-pensamientos nacidas...

—¡En lo mental!

—Eso iba a decir, del que las percibe.

—Formas personificadas de los impulsos intelectuales del vivo en su estado de ensueño tras las muerte.

—Imposible decirlo de una manera más precisa y acertada.

—O sea, que todo lo que verá—intervine yo volviendo a coger la botella de Marnier, lo que hizo que ellos, como dos autómatas, alargasen las copitas vacías—será simple ilusión, obra pura de su espíritu, ¿no?

—Exactamente. Las deidades apacibles o benéficas, simples formas personificadas de los sentimientos humanos más sublimes procedentes del centro psíquico del corazón. Las deidades irritadas —son palabras del libro, como el amigo Yondgen, si se digna, podrá confirmarle a usted—. El amigo Yondgen se dignó, aprobando con la cabeza—la personificación de los razonamientos procedentes, esta vez, del centro psíquico del cerebro. Pues así como un impulso nacido en el corazón puede transformarse en razonamiento en el cerebro, así las deidades irritadas no son sino las deidades apacibles bajo otro aspecto.

—Ya.

—Pero oigamos el texto mismo: "¡Oh noble hijo!, cuando tales pensamientos se manifiesten, no te aterres ni te espantes. Siendo el cuerpo que posees ahora (el cuerpo de después de la muerte, pues se habla a un muerto) un simple cuerpo mental de tendencia kármica, aunque fuese golpeado o cortado en pedazos, no podría morir. Y ello porque tu cuerpo es en realidad de la naturaleza del vacío..."

—¡Ah, este vacío búdico!—exclamó el señor Yondgen—. Pero siga usted, siga usted, Walker.

—"Luego no debes de tener miedo. Los cuerpos del Señor de la Muerte son también emanaciones, radiaciones de tu inteligencia. No están constituidos de materia. Y lo vacío no puede herir a lo vacío—al decir esto llevó su copita hacia la del señor Yondgen y las hizo, a las dos, sonar dulcemente. Yo, comprendiendo, las volví a llenar—. Fuera de las emanaciones de tus propias facultades intelectuales", habla siempre el Bardo, yo soy como si dijéramos un loro en este momento...

El señor Yondgen, imitando con rara habilidad la voz de uno de estos animales, dijo:

—Coco: Ported, ¡armes! Presanted, ¡armes!... Sigue Walker querido.

—Fuera de las emanaciones de tus propias facultades intelectuales...

—Eso ya lo habías dicho.

—¡Ah! ¿Sí? Retiro entonces un: fuera de las emanaciones de tus propias facultades intelectuales, "exteriormente, los Apacibles y los irritados, los Bebedores de sangre, los con cabezas diversas (entienda, joven amigo, los dioses y los demonios), los fulgores del arco iris, las formas aterrorizantes del Señor de la Muerte, no existen en realidad. Sobre esto no tengas duda alguna..."

—Walker...

—Yondgen...

—Advierte a nuestro excelente amigo que sigue hablando el Libro, no crea que le tuteas.

—Ya me doy cuenta, ya; no se preocupe usted.

—"Luego sabiéndolo, todo miedo y todo terror deben quedar disipados por sí mismos y, fundiéndose al desaparecer en un instante, obtendrás el estado de Buda." En otras palabras: que el que está seguro, ora por haberlo meditado en vida, bien por creer lo que dice el Bardo, que todo cuanto se afirma acerca de la otra vida es pura quimera, visiones sin fundamento, pasa, sin transición, de la vida que deja a la paz total, al reino del eterno silencio, al Nirvana, destino final...

—A creer al Budismo...

—A creer al Budismo, de la vida humana, donde, extinguido el karma...

—Walker...

—Yondgen...

—Si este admirable joven que parece haberse olvidado de que hablando se queda la boca seca...

—Perdonen ustedes, no me volverá a ocurrir.

—No sabe que el karma es, como si dijéramos, que cada uno recoge lo que siembra, o sea que todas nuestras acciones tienen una fuerza dinámica que se expresa en las existencias sucesivas en el curso de las edades, no te metas a explicárselo, pues me parece que ya no estamos para muchas filosofías. Mejor es que sigas diciendo lo que buenamente se te ocurra hasta que ya no te haga caso.

—Pero sí le diré que Nirvana, en sáncrito, significa extinguido.

—Bueno, esto sí, díselo.

—Por dicho y sigo: donde extinguido el Karma y con él las ignorancias, los esfuerzos y los dolores de la existencia...

—O de las sucesivas existencias...

—Exacto. Se llega, al quedar totalmente extinguida la personalidad...

—¡Ay! Esos voracísimos gusanos...

—Al estado de Buda, dios universal, al quedar fundido en el Todo.

—Es decir, que el Budismo viene a ser una especie de panteísmo.

—Joven, no se meta usted en complicaciones que no estamos ya para muchos distingos.

—Déjale, hombre; déjale, Yondgen, no seas así. Verá usted; sí, es una especie de panteísmo que conduce a un nihilismo, a un aniquilamiento total. Porque ya ha oído usted y luego lo verá en el texto, cuando se lo traiga, qué modo de hablar del Vacío. Con qué verdadera delectación, por decirlo así...

—Aquí, no seas pelmazo, no hay más verdadera delectación que la que causa el contenido de las botellas.

—Por supuesto, esto mismo demuestra que el lama, o los lamas autores del Bardo Thodol, pertenecían a la escuela Mahayana

—¡Buda nos valga!—exclamó el señor Yondgen elevando sus manos al cielo.

—Sí, señor, a la escuela Mahayana, que al revés de su rival, la Hinayana, que defendía que todas las cosas estaban en continuo y perpetuo cambio...

—¿Como Herakleitos en Grecia?

—¿Lo ves, Richard querido? Ya le has contagiado. ¿Adónde vamos a ir a parar?

—Lo mismo, afirmaba que lo que estaban eran vacías; es decir, que eran irreales y que sólo una cosa tenía realidad, y ésta, que era la plenitud misma de ella, es el Nirvana.

—¡Bravo, Richard! Bebe a ver si llegas al Nirvana temporal que produce el alcohol y te callas. No le abandone, joven amigo.

—No, señor. Ni a usted.

—Buda, o el profeta que usted quiera, le bendiga. A mí ahora de ese licor tan verdecito, pipermint.

—¿Y a usted, señor Walker?

—A mí benedictino, si me hace el favor. Pues sobre que de sabios es mudar de opinión, y un licor es una opinión plasmada en algo muy grato, del que lo fabrica, honremos a los benedictinos, estos excelentes lamas cristianos. Pero escuche usted aún al Bardo: "¡Oh noble hijo! Sea cual haya podido ser tu deidad tutelar, medita tranquilamente sobre ella y verás que no tiene más realidad que el reflejo de la Luna en el agua, reflejo cuya apariencia no tiene más existencia real que una ilusión producida mágicamente."

—Luego entonces—dije yo—, para los lamas tibetanos, señor Yondgen, los dioses son una pura ilusión del espíritu. Obra tan sólo de la fantasía de los hombres, ¿no?

—¿Y a mí qué quiere usted que me importe lo que piensen allá los lamas tibetanos? Me basta con que los de aquí prueben mediante licores como éste que hay cosas que, bien que ilusiones, están muy lejos de ser ilusión y sí, por el contrario, exquisitas realidades.

—Pues, ¿y esos benditos monjes que fabrican el "chartreux", o "chartreuse", ora verde como la maravillosa primavera, ora amarillo, ¡verdadero Sol líquido! ¿No tiene usted chartreux?

—No, pero para la próxima vez que vengan no faltará. Aparte de lo que ven no tengo más que ron.

—¿Y qué hace usted que no nos lo ofrece? Es de otra latitud, pero también sumamente apreciable y gustoso—. Fui a buscarlo mientras él seguía—: Pero decíamos que para aquellos excelentes pero perturbados lamas todo es ilusión. ¡Figúrese usted! Pero hasta qué punto, que hay un texto tibetano que se llama: Dden-ned-sgya-maltabú. No dudo que habrá comprendido usted.

—Si no me equivoco mucho: "No verdadero y semejante a la ilusión."

—Muy bien. O si se quiere...

El señor Yondgen alargó su copita diciendo gravemente:

—Sí se quiere.

—"Lo Falso y lo Ilusorio". Texto que trata ampliamente de la no realidad de los fenómenos. Pero escuche aún el Bardo y hágame el favor de llenarme la copa de ron hasta el borde mismo sin derramar ni una gota—. Lo hice, la apuró de un trago y luego, levantando el cristal vacío, siguió con tono enfático—: "¡Sí! La Pareja, el Padre y la Madre, la lluvia negra, las ráfagas, los sonidos escandalosos, las apariciones aterradoras y todos los fenómenos son, por naturaleza, simples ilusiones. Son como ensueños y apariciones. Impermanentes. Sin fijeza alguna. ¿Qué ventaja habría, pues, en interesarse por ellas? ¿Qué en sentir a causa de ellas temor o espanto? Ello equivaldría a ver lo que no existe como existente. Todo no pasa de alucinaciones de mi propio espíritu. Yo, por no haber comprendido esto tal cual es hasta hoy, he considerado lo no-existente com existente, lo irreal como real, lo ilusorio como positivo, a causa de lo cual he errado por el Samsara largo tiempo. Y ahora mismo, de no reconocerlas como tales ilusiones, voy a errar aún inacabables edades de nuevo por el Samsara. Y cierto puedes estar de caer en abismos de miserias. En verdad que todo ello es como ensueños, alucinaciones, ecos; como las ciudades de los "Comedores de olores"; como un espejismo puro; como las formas que se reflejan, sí, en un espejo...

—¿Pero callarás, Richard?

—"Como una fantasía; como la Luna vista en un lago, todo lo cual no es real ni un momento."

—Puesto que habla de lago, vea usted, joven, de ahogarle en lo que quede en las botellas o estamos perdidos.

Sin hacer caso el señor Walker siguió, como inspirado:

—¡Oh noble hijo, cómo está este ron! No, no, perdone usted. ¡"Oh noble hijo! El Dhyani y las demás ciudades han nacido del poder de Samadhi..."

—Samadhi creo comprender que es la meditación, pero, ¿a qué divinidad corresponde Samadhi?

—Imprudente sería ya, hijo mío, pedirme precisiones sobre cualquier cosa, y menos sobre fantasías, ya lo oyes, tan múltiples y cambiantes como las divinidades. Antes de esto prefiero tratarte de tú con el fin de rogarte, con más eficacia que cuando veas nuestras copas vacías las llenes de lo que quieras, todo nos gusta, sin que tengamos que suplicártelo. Es más, por si luego no tuviéramos ya tiempo de decírtelo, antes de caer en el Nirvana al que conduce el uso prolongado de los zumos de uva, escucha: si caemos, que presumo que sí, no nos lleves a la Legación, aunque sea en coche. No, más bien déjanos dormir en cualquier parte hasta que naturalmente volvamos a la monotonía raras veces grata de lo que se llama estado normal.

—A cambio de este gran favor, Richard, iníciale debidamente en el Budismo, la mejor de las reglas de vida, pero no tal cual ha sido prostituida por los que se han llamado sus seguidores, ¡que ésta ha sido la triste suerte de todos los grandes Profetas!, sino en su forma original perfecta y sencilla que enseñaba que la vida era dolor; que si el dolor era la regla universal era a causa del deseo. Que como el deseo jamás puede ser satisfecho, pues apenas uno calmado otro nuevo surge (ya ves, hijo mío, la inaplacable sed de que somos víctimas ahora), la paz y consecuentemente la felicidad no puede conseguirse sino renunciando a todo. Es decir, dejando de desear, único medio de que el dolor cese.

—¿Pero cómo conseguirlo, señor Yondgen? Si me lo enseñan ustedes bien pagado quedaré en verdad. Es más, si lo consiguen les brindaré aún algo en lo que ni sospechan.

—¿De beber?

—De beber.

—¿Y que esperas para brindárnoslo, hijo querido?

—A que acaben ustedes de iluminarme.

—Pues escucha; iluminación por iluminación. Para conseguir que cesase el dolor, Buda imaginó la regla de vida práctica que consiste en lo siguiente: Ideas rectas, intenciones rectas, palabras rectas, acciones rectas, vida recta, esfuerzos rectos, atención recta y recta meditación. Es decir, tender en cada uno de los momentos de la vida hacia el bien, la justicia y el desinterés.

El señor Walker, que de pronto había empezado a hacer pucheros, gimió:

—Yondgen, hermano querido, puesto que le estás poniendo en el camino de la virtud, cítale ya los diez obstáculos para que pueda apartarse de ellos y alcanzar la liberación.

—Muy justo. 1.º La creencia en el "yo". 2.º La duda. 3.º La fe en la eficacia de ritos y ceremonias. 4.º Los deseos sexuales. 5.º La cólera. 6.º El deseo de existir en un mundo menos grosero que el nuestro (el de la "forma pura"). 7.º El deseo de existir en un mundo aún mucho más sutil (el mundo "sin forma"). 8.º El orgullo. 9.º La agitación. 10.º La ignorancia. El 6.º y el 7.º de estos puntos creo que puede interpretarse, bien que no esté ya para muchas precisiones, como el empeño en aferrarse tontamente a llegar a estados superiores de existencia, pero no obstante a continuar viviendo, en vez de aniquilarse en el Nirvana.

—Hijo mío—añadió entre lágrimas y suspiros el señor Walker, perdido ya todo dominio de sí—, si sigues la regla de vida que acabas de escuchar y te apartas de los diez obstáculos, no solamente llegarás a ser un hombre perfecto sino tal vez, luego de un misticismo bien dirigido, al estado de santidad.

—¿Pero también hay místicos allá en el Tibet?—dije.

—Los hay, hijo mío—añadió el señor Yondgen—, pero en mucho distintos de los de aquí. Un místico aquí, joven querido, en Occidente, es un creyente de tipo superior cuyo estado religioso esencial es la contemplación y cuya suprema aspiración es unirse misteriosamente, una vez que consigue alcanzar el estado de éxtasis, con la Divinidad. Mientras que un místico en Oriente es, lo primero y ante todo un ateo, como se le llamaría aquí, puesto que el Budismo es una doctrina religiosa sin Dios. Luego, si él renuncia al Mundo y rompe con cuanto a él le une, así como a sus llamados "bienes", lo que en general es para el místico de aquí un verdadero sacrificio, para el místico de allá todo esto constituye en vez de dolor y sacrificio una verdadera liberación, un gran paso hacia la felicidad a causa de haber comprendido el Vacío, pues el que comprende el Vacío queda libre de la ilusión del Mundo tal cual este Mundo se suele concebir, y por consiguiente liberado de los renacimientos que provienen de esta ilusión. Y ahora, a ti, joven querido, el brindarnos lo prometido.

—Pues lo voy a hacer con mucho gusto y sin salirme por cierto de lo búdico, ya que hace poco, si no recuerdo mal, el señor Walker ha nombrado a propósito de no sé qué el arco iris. Pues bien, yo les voy a ofrecer a ustedes un arco iris material, pero delicioso.

Y diciendo y haciendo, saqué dos vasos grandes; dos vasos altos y no muy anchos que usábamos para los refrescos, y empezando por el licor de frambuesa, fui echando con cuidado por orden de densidades, para que no se mezclasen, de todo cuanto había allí: abajo la crema de cacao, luego la frambuesa del licor de este nombre, encima el amarillo claro del licor de mandarina, luego el verde del pipermint, al punto el tostado del ron, el blanco del Marie Brizard y el amarillo teñido del benedictino y, finalmente, el opaco del Gran Marnier. Y como copete y airón, un poco de champán, pues descorchando una botella colmé los vasos con la gracia y perfume de su espuma.

—¡Oh, qué maravilla!—gimió el señor Walker apoderándose de su vaso y levantándolo con sublime gesto de admiración.

—En verdad que esto no se nos había ocurrido nunca, Walker. Claro que si la vida vale la pena de ser vivida es porque nos permite aprender todos los días. Ven que te abracemos, hijo mío—. Luego de hacerlo ambos cumplidamente y de barnizarme bien el señor Walker con sus lágrimas, el señor Yondgen siguió—: Me parece que estábamos hablando de algo...

—Sobre el misticismo y el arte de bien morir—dije.

—Ya—bebió y luego siguió de este modo—: El arte de prepararse a bien morir es algo sumamente importante, como lo demuestra lo mucho y bien que se ocupan de ello las grandes religiones. Para nosotros los tibetanos tiene, en todo caso, una importancia excepcional...

El señor Walker, tras haber bebido de un trago la mitad del explosivo que acababa de prepararles, dejó torpemente el vaso en la mesa y abriendo los brazos y llorando a lágrima viva interrumpió al señor Yondgen para decir:

—¿Qué encanto quieres, joven querido, que nos ofrezca a los místicos tibetanos la vida, ni qué sus pretendidos placeres y engañadores goces, cuando leemos en nuestras Escrituras...? Bueno, en cuál de ellas me sería imposible decirlo en este momento

—Ni en los que seguirán—le cortó gravemente el señor Yondgen.

—Si leemos, sí, por ejemplo: "A los ojos de Tathagata todas las magnificencias de los reyes son semejantes a escupitinajos, ¡al polvo mismo!", animándonos en cambio a apartarnos de esta vida que sólo ofrece...

—Si vas a decir lágrimas y suspiros no mentirás en este momento.

El señor Walker siguió citando:

—"¡Llenos de encanto están los bosques solitarios! Allí donde los hombres vulgares no son felices, lo son los que han sabido liberarse." Esto dice la Prajna paramita...

—¡No!—sentenció el señor Yondgen.

—Pues si no la Prajna paramita será el Dordji tcheupa, "El Diamante que corta".

—¡Tampoco! Calla y bebe lo que te queda en el vaso, pero sentándote previamente en la cama si no quieres dar con tu apreciable e insignificante cuerpo en el suelo—. Luego, mientras el señor Walker le obedecía, siguió—: En general, nuestros errores en el modo de apreciar las cosas...

—Es que yo...—gimió el señor Walker.

—Bebe, llora y calla. No lo digo por ti. Nuestro error en la manera de apreciar las cosas y la falsedad de nuestros jucios proviene de que somos incapaces de comprender los fenómenos tales cuales son verdaderamente, haciéndolo en cambio a través de ideas preconcebidas de antemano que, naturalmente, los deforman. Así, toda creencia hace juzgar cosas y hombres a través de sus ideas y de su moral, añadiendo, al hacerlo, una especie de costra artificial a lo que ya por temperamento, por modo propio de ser, por idiosincrasia, cada hombre está inclinado a considerar respecto a hechos y fenómenos.

—El místico budista tibetano...

—Déjame a mí, Walker, si no quieres que te acostemos ya. Calla, que yo diré lo que tenga que decir, o te quito lo que te queda de arco iris.

—¡No! ¡Eso no, por el divino Dharma Kaya, vacío perfecto, estado primordial de lo increado y de toda la ciencia búdica supramundial! ¡Por los tres cuerpos, Shu-gsum, de los cuales él es el más elevado! ¡El Buda de todos los Budas y de los seres de iluminación perfecta!

—Ninguno tan iluminado como tú ahora. Bebe, Richard, que te va a llenar nuestro amigo el vaso de nuevo.

—¡Sí, sí! ¡Gracias, gracias! Pero dile al menos que los otros dos son el perfectamente dotado, Longs-speyod-rzogs-skú, y el Sorulpahí-skú o divino cuerpo de encarnación. Es decir, los Sambogha-Kaya y Nirmana-Kaya, respectivamente. Mira, Yondgen, querido, que si no lo sabe, su ignorancia no tendrá fin.

—Echale, hijo mío, un poco más para que caiga en el ronquido y nos deje en paz—. Y mientras yo lo hacía él siguió, ya también en punto de perfecta pesadez—: El místico tibetano, cuando se decide a apartarse del Mundo y se retira a una ermita, a una choza o a una caverna perdida en las inmensidades de aquellas soledades de mi país, ha renunciado ya a todo deseo y su espíritu está tan yermo como las soledades donde se instala, siendo su única aspiración el llegar al estado de Buda, es decir, al Nirvana, al vacío absoluto, pues gracias a la práctica del yoga durante muchos años, muertos están en él, como digo, todos los deseos tanto de cuerpo como de espíritu. Nada le atrae salvo su soledad y sus pensamientos. Nada le maravilla, no, nada le seduce a no ser sus propios éxtasis,

que, loco como una cabra, tendrán el poder de inmovilizarle día
tras día, meses tras meses, año tras año en la contemplación del
juego de sus propios pensamientos, que incluso se irán borrando
poco a poco a medida que los vaya reconociendo inexactos empujado por la chaladura total y por...

—¡Ay!—gimió el señor Walker—. ¡Una fe débil unida a una
inteligencia muy desarrollada, como juraría, si el jurar no fuese
cosa fea, que le ocurre a Yondgen, hijo mío, expone a caer en el
error y a convertirse en un simple hacedor de discursos! (Un hipo
solemne cortó aquí el suyo, pero rehecho, siguió): ¡Una gran fe
unida a una inteligencia débil, creo que me cito sin darme cuenta,
expone a caer en el error y a convertirnos en sectarios encerrados
en el estrecho sendero... (nuevo hipo) del dogmatismo! ¡Un gran
ardor, como éste que yo siento en mi estómago, sin una enseñanza
correcta (¡hoc!, ¡hoc!...) expone a caer, como este vaso (en efecto,
escapó de su mano y rodó por la alfombrilla), en el error y a adop-
tar puntos de vista enteramente falsos...

—Para que los suyos sean los que necesita hágame el favor de
echarle bien arrimado a la pared, para que me quede a mí sitio
cuando me toque el turno. Ya tiene bastante—. Luego, mientras
yo lo hacía sin que el manipulado protestase, él siguió—: A medida que los vaya reconociendo inexactos, decía, y hasta el momento
en que el razonamiento, por mejor decir togpa, el raciocinio, y aún
mejor todavía togspa, la percepción directa, los reemplace. Entonces,
muertas por decirlo así las olas de pensamientos que forjaban teorías y especulaciones, el océano del espíritu se vuelve tranquilo,
unido. Se encalma. Queda sin una arruga. Sin que nada le agriete,
rice o empañe su superficie. Y en este espejo perfectamente pulido
pueden al fin las cosas reflejarse sin que su imagn sufra defor-
maciones, y este es el punto de partida de una serie de estados que
no proceden ni de la conciencia ordinaria ni de la inconsciencia, y
menos, ni que decir tiene, del abuso de los licores. Es la puerta
de entrada a un estado diferente a aquel en que habitualmente nos
movemos, es decir, del estado propio del místico tibetano al que,
no estoy enteramente seguro, pero me parece que habría que atar
muchas veces, de no haber tenido la divina inspiración de escapar
a soledades donde a nadie perjudica. Y en todo esto que te digo,
hijo querido, puedes apreciar una vez más la diferencia entre el

místico oriental y el occidental. En los de por aquí, la gracia es un don divino. Allá la salvación es una áspera conquista producto de un verdadero entrenamiento psíquico largo, costoso y difícil. Por lo tanto, el conseguirlo no es obra de una iluminación maravillosa sino el resultado de una verdadera ciencia para imponerse a la cual hacen falta previamente sabios guías espirituales que somos nosotros, los gurús, palabra sánscrita admitida por el tibetano. He aquí, hijo mío, uno de los veinticinco motivos que me hacen considerar al Budismo como la mejor religión.

—¿Cree usted de veras que así sea?

—Y tú lo creerás también cuando leyendo el Bardo Thodol te des cuenta de su tolerancia, puesto que basta creer en uno mismo en vez de en las patrañas en que otros creen para salvarse. Y esto por grandes que sean los actos opuestos al interés de los demás que se hayan realizado en la vida. También apreciarás leyéndolo, su filosofía sana y verdaderamente consoladora, puesto que enseña a no temer la muerte ni lo que se dice que hay tras ella, desde el momento que los dioses son producto de nuestra imaginación. Claro que podrás decirme que esto no es verdad, pero ¿lo es más el que estén fuera de nosotros? Por todo ello, si hablas con los misioneros que van allá, todos te dirán que entre los hombres que menos éxitos obtienen es entre los budistas. Los tibetanos, como los hindúes, es decir, budistas y brahmanistas o hinduistas, ¡jamás cambiarán sus dioses por los de aquí!

—¿Pero no me han dicho ustedes veinte veces que en el Budismo no hay dioses? ¿O es precisamente por ello por lo que no los pueden cambiar?

Levantó el vaso, lo miró embelesado un momento, bebió luego lentamente y tras castañetear la lengua con delectación y pasársela cumplidamente por los labios, siguió, siempre con su tono grave y reposado:

—Hijo mío, no seas estúpido; o si lo eres por naturaleza, trata de disimularlo. Claro que tienes veinte años y que dominado por las pasiones compañeras de la juventud no has tenido tiempo aún para reflexionar sobre lo que te inculcaron de pequeño cuando aún eras un niño. Pero cuando lo hagas, a menos que seas de los que almacenan lo que se les ha embutido, sin someterlo a examen, te darás cuenta de dos grandes verdades: una, la enunciada por el Veda: "Lo mortal ha hecho lo inmortal"; la segunda, que si tal ha ocurrido siempre y en la India hubo que inventar a Brahma, Siva, Vishnu, Indra y demás caterva de dioses absurdos; en Grecia a Zeus, Apolo, Atena, Hermes, Afrodite y comparsas, y más tarde a Odín a Thor, a Balder y demás, fue, en todas partes, respondiendo a la necesidad que sienten los hombres aquí y allá de dioses, diablos, semidioses y héroes, para apuntalar su fanatismo y su ignorancia, como los niños tienen necesidad de hadas, enanos, duendes y trasgos para apuntalar sus ilusiones y la adorable candidez inocente de su fantasía.

Y ahora, hijo mío, si quieres que sigamos conversando durante el breve tiempo que estaré en condiciones de hacerlo, pues el exceso de bebida ha fatigado a un tiempo mi espíritu y mi cuerpo, permíteme que me quede a gusto adoptando la postura perfecta de reposo—. Y diciendo y haciendo se despojó de la especie de caftán oscuro que le llegaba hasta casi media pantorrilla, al punto de los pantalones, y luego, apoyando ambas manos en el suelo y flexionando sobre ellas con increíble facilidad, sobre todo dado su estado, es decir, lo que había bebido, quedó en estación perfectamente vertical, los pies hacia arriba, la cabeza reposando también en el suelo, enteramente rígido, inmóvil y sin otro atavío que aquel con que su santa y virtuosa madre le había traído al Mundo. Al punto, mientras yo le contemplaba asombrado, siguió con voz que parecía brotar de las enceradas tablas que cubrían el suelo—: Un postrer favor, hijo mío. Cuando oigas que yo también empiezo a resoplar fuerte, es decir, a emitir esa variedad de sonidos llamada ronquido, cógeme al punto y extiéndeme junto a Richard, y me evitarás un batacazo fenomenal. Y ahora, en pago a este servicio he aquí un último consejo: Sea lo que sea aquello en lo que te decidas a creer, como si te decides a no creer cual le ocurre a los dos, al tumbado y al vertical que tienes ante ti, entrégate a lo que escojas sin preocupaciones y, sobre todo, ten fe profunda en lo que hayas elegido. Pero no olvides que en todo caso te será sumamente conveniente, con objeto de liberarte del mejor y más rápido modo posible, tener una idea acertada de algo tan importante como es el concepto acerca del "yo", base, de ser mal interpretado, de incontables vanidades y no menos incontables errores.

—¿Se refiere usted al "conócete a ti mismo", de Sókrates? —aventuré.

De la invertida caverna salieron las razones siguientes:

—La palabra es algunas veces plata, el silencio siempre oro. Antes que decir inexactitudes o tonterías más vale callar. Ni el "conócete a ti mismo" era de Sókrates, puesto que dicen que estaba grabado en el frontis del templo de Delfos (y si eres snsato no creerás jamás nada de cuanto te digan que no puedas comprobar por ti mismo), ni el "yo" tiene en realidad que ver con el conocimiento del yo. Conque calla y escucha que ya me queda poca cuerda.

Aquí en Occidente, aun los que no creen en el alma, continúan imaginando que el hombre en sí mismo es una entidad homogénea que dura por lo menos desde el nacimiento hasta la muerte; mientras que nosotros los místicos lamaístas (y conste, guárdame el secreto, que a mí me sale todo por una friolera) negamos la existencia del "yo", considerando tan sólo al hombre como un encadenamiento de transformaciones, como una agregación de elementos (no pongas esa cara de idiota que me cortas el chorro de la elocuencia), tanto materiales como mentales, obrando y reobrando unos sobre otros y en intercambio continuo con los agregados vecinos. La fe, para nosotros, no tiene poder por sí misma independientemente de aquello en que recae. En el Bardo, libro en que como obra de hombres se mezclan lo digno de ser escuchado con lo profundamente estúpido, se aconseja continuamente: "¡Ten fe!", como medio el mejor para llegar a la liberación. En efecto, sin fe imposible conseguir nada en este Mundo. Hasta cuando una cosa te cae por chamba, por poco que te fijes te darás cuenta al punto de que siempre has tenido fe en tu suerte. Y si eras pesimista, de que dejas de serlo en aquel momento. Y si esto que digo te parecen vulgaridades, piensa en lo que tú dirías si estuvieses bebido y cabeza abajo como yo. En cuanto a los místicos, el éxtasis les lleva a la adoración. Y como no se puede adorar sin tener a quién, a pensar en dioses aunque no crean en ellos.

—¿Y no es una pura demencia de los lamas caer en prácticas sabiendo que tales prácticas les harán creer en lo que no son capaces de creer?

—Pues no. Es simplemente tener profundo conocimiento de las influencias psíquicas y del poder de autosugestión. Para nosotros el rezo y la evocación de divinidades en las que no creemos es simplemente una gimnasia que no tiene otro objeto que producir ciertos estados de conciencia que los creyentes de otras religiones imaginan deber a la benevolencia de sus dioses, pero que en realidad es simple fruto de la práctica misma: el acto psíquico influenciando al espíritu. Esto tal vez te parezca a ti, hijo mío, que estás ahí mirándome con esos ojos de cretino total, una psicología rara. Como a cualquier mujer de las vuestras (y no niego que las hay que me harían al punto perder el equilibrio) que entrase ahora, al verme tal cual estoy, su moral tal vez la indujese a volver la cabeza ahogando una montaña de curiosidad. Pero no olvides que esto también, la moral, es simple cuestión de latitud. Y que varía con los pueblos, con los climas, con las costumbres y con el modo de apreciar las cosas, es decir, con las circunstancias y los tiempos. Tú mismo, hijo mío, excúsame si el espectáculo que ofrezco despierta en ti necios escrúpulos.

—No, por mí no se preocupe usted.

—Por supuesto que no me preocupo más que si fueses un saltamontes.

—Quería decir que en cuanto a tolerancia me siento tibetano, señor Yondgen.

—Te bendigo, hijo querido, con el pensamiento, pues de intentar hacerlo con la mano daría con mi sublime cuerpo en el suelo. Pero cierto, una de las muchas excelencias del Budismo, especialmente del tibetano, es su gran tolerancia. Sin ir más lejos, en el Bardo encontrarás múltiples pruebas de ella. Salvarse gracias a esta sabia doctrina es mucho más fácil que en otras religiones. Esto tan sólo ya es consolador. Por tonto que seas, hijo mío, reconocerás que una religión en la que no hay dioses que juzguen ni demonios que castiguen es ya un gran alivio. En nosotros todo el problema está en evitar la reencarnación, pues volver al Mundo es volver al deseo y por consiguiente al dolor; y alcanzar el Nirvana. Y esto se consigue con sólo estar seguros de que luego de la muerte no hay nada, es decir, librándose de temores ridículos hijos de la imaginación. Y para conseguir esto el Bardo es inapreciable. Sus consejos se extienden a todo. Incluso, como verás cuando llegues a la segunda parte, a impedir que por descuido o falta de preparación se caiga de nuevo en una matriz y se reencarne. Que esto es idiota, desde luego; pero como tú no debes estar aún enteramente alejado de la idiotez, te aconsejo que te fijes muy particularmente en el párrafo que empieza: "Para guiarte en este momento hay varias profundas enseñanzas vitales." Poco después podrás leer también:

"Los que no han recibido las enseñanzas de un gurú caerán en los precipicios profundos del Samsara, y de este modo sufrirán durante largo tiempo intolerablemente." Pero tú ni caso. Además, como yo te quiero, hijo mío, cual si dotado de matriz te hubiese albergado en ella, desde este momento dispuesto estoy a ser tu gurú, lo que te ruego no olvides y me recuerdes mañana cuando se me haya pasado la borrachera. Porque, ¿no te parece, joven querido, que estoy muy borracho?

—Muy borracho, muy borracho...

No mientas, hijo mío. Jamás se debe mentir a no ser que el hacerlo nos procure algún provecho, y a ti te tiene ahora sin cuidado la magnitud de mi borrachera. En cuanto a mí, la mentira me repugna de tal modo, en boca de los demás, que cuando veo determinados párrafos del Bardo encareciendo su lectura dirigida por un gurú, es decir, arrimando al ascua de la tontería humana la sardina de los que se llaman directores de conciencias, me indigno, y no puedo menos de sumirme en consideraciones sobre qué tipos de hombres son menos dignos de estima, si los tontos, entiéndase por tales los que creen ignorando lo que creen, los locos, y entiendo por éstos a los que se creen, a fuerza de excentricidades, en estado de ponerse en contacto con la Divinidad, o los astutos o sea aquellos que viven dorando y manteniendo la ignorancia de los demás. Y ahora te dejo meditar a ti sobre ello, porque siento que los ojos se me cierran. Si ves que ocurre del todo, hijo mío, acude en mi socorro como te he rogado antes.

Y en efecto, cual si estas últimas palabras hubiesen sido un sortilegio, le vi cerrar los ojos, abrir la boca y empezar a resoplar, al tiempo que su cuerpo iniciaba una suave pero decidida inclinación hacia adelante. Entonces acudí, le cogí como pude en brazos y le coloqué en la cama junto al señor Walker. Luego salí de puntillas, aunque hubiera podido hacerlo redoblando un tambor sin que despertasen, y me fui al cuarto de Bharati huyendo de aquel concierto de ronquidos a dos voces. Yo nunca he sido un gran melómano.

Cuando a la mañana siguiente, allá hacia las once, abrí cautelosamente la puerta por ver si necesitaban algo, ya no estaban. Habían escapado discretamente, sin duda por no comparecer ante Bharati.

* * *

¡Ay!, gran verdad es que nada existe en realidad para cada uno fuera de sí mismo. Es decir, que las cosas son para nosotros tal cual las vemos y las sentimos en cada momento, y por consiguiente, nunca las mismas. De otro modo: que no hay realidad fuera de nosotros, puesto que cosas y fenómenos no tienen efectividad para cada uno sino en la medida que nos impresionan. Para todo hombre, el mundo que no conoce y que no conocerá nunca tiene menos realidad no ya que su habitación o su ciudad, sino que sus ilusiones. Toda la Historia y todos los Imperios con sus glorias y sus crímenes, son menos para cualquiera que los hechos insignificantes que van jalonando su vida. Esto, lo que se relaciona directamente con él, o indirectamente, es lo que para él tiene efectividad; lo demás le es tan extraño, tan ajeno como su propio porvenir, que asimismo desconoce a excepción de una sola cosa: que tiene que morir. El propio pasado no es al punto sino un vago e impreciso jirón de recuerdos. Un pequeño mar de nubes en el que destacan apenas como cimas pronto brumosas los momentos culminantes de la vida.

Yo he vuelto varias veces a la Costa Azul y a París y, ¡qué diferencia entre el París y la Costa Azul que conocí con Bharati! Luego si entonces lo vi como ciento y luego como diez, es que el otro noventa era yo quien lo ponía. Y lo mismo poco más o menos podemos decir de la vida toda. Compárense las alegrías y las penas sentidas en las diferentes edades de la vida; lo que en un momento nos embelesó para más tarde dejarnos indiferentes, y se comprobará lo que digo: que todo está en realidad en nosotros; que lo demás, lo exterior, o no existe verdaderamente para nosotros, si no nos afecta, o de afectarnos, siempre lo hace en relación con nuestra manera de ver, sentir y juzgar las cosas en cada momento.

Yo no soy de los que abominan de la edad. Es más, creo que la vejez sin achaques excesivos es, en cierto sentido, la mejor época de la vida. Y ello, porque habiéndose apagado casi por completo las facultades emotivas, se llega a una paz de cuerpo y a una serenidad de espíritu que antes desconocíamos. Pero, ¿es que si pudiera cambiar la nieve serena de ahora por el fuego de aquellos tiempos pasados con Bharati, no lo haría? Sí, sí lo haría sin vacilar.

¡Bharati!...

¿Qué habrá sido de ti? ¿Vives aún y no me has olvidado como yo no te he olvidado, o estás ya en el Nirvana donde nos reuniremos, pero sin darnos cuenta, ¡ay!, un día?

Y si vives, ¿te acuerdas de que envueltos siempre en una nube rosa salimos de París en uno de los primeros días de julio? Cuál, tú seguramente lo sabes, pues las mujeres tenéis la memoria de las cosas pequeñas; si son gratas, doblemente. ¿Y de nuestra llegada a San Rafael, desde donde...?

¡Bah!... Además esto no le importa a nadie.

Los que no han alcanzado el "paraíso", como nosotros, las más brillantes descripciones no podrían darles ni una idea aproximada. Como tampoco del "infierno" en el que caímos poco después.

En todo caso tenías razón (tú tenías siempre razón, Bharati), cada vez lo comprendo mejor, cuando me decías en tu última carta: "... Inútil creo que sería tratar de oponernos a nuestro destino. Es más, si el dolor y la pasión no nos impidiesen pensar bien, ¿no nos parecería tal vez que lo que nos sucede, que ahora juzgamos lo peor, no es tan malo? Porque hemos sido infinitamente felices en unas circunstancias determinadas, pero, ¿quién nos garantiza que esta felicidad no se hubiese empañado al variar no tan sólo las circunstancias sino nosotros mismos con los años? Mientras que ahora una cosa inestimable es segura: que tú serás para mí, mientras aliente, ¡lo mejor que alguien ha podido conseguir en el Mundo! Y lo mismo yo para ti: ¡lo mejor! Y esta idea firmísima, ¿no será mientras vivamos un tesoro incomparable que nada podrá arrebatarnos?..."

A últimos de septiembre, sí, volvimos a París, bien ajenos a lo que nos esperaba. ¡Ea!, acabemos pronto, pues aun ahora, después de cincuenta años o algo más, cuando el puñal vuelve a la herida, escuece.

A últimos de septiembre volvimos a París cada vez más felices, pues nuestro milagro era éste: Que pensábamos: imposible ser más dichosos... ¡Y al día siguiente lo éramos todavía más!

Una mañana había yo salido a no recuerdo qué y volvía como si me faltase tiempo para llegar o como si el Mundo entero me esperase (y era verdad que el Mundo entero me esperaba, puesto que me esperaba ella), y llegaba ya a nuestra casa cuando vi cruzar la calle y venir hacia mí al señor Walker. Me desvié sonriendo para

Ir a su encuentro, nos juntamos, me tendió ambas manos que cogí feliz, y rápidamente, con voz preocupada y a modo de saludo me dijo:

—Anoche llegó Ghopa y en este momento está arriba con Bharati.

—¿Ghopa? ¿El lama? ¿El canalla que estaba enamorado de ella?

No había acabado de decirme que sí con un movimiento de cabeza y de añadir algo que ya ni escuché, cuando boté de su lado, alcancé el portal y entré como un huracán.

Los tribunales de justicia han juzgado siempre con la posible clemencia los crímenes pasionales. Yo, desde entonces, he pensado que hacen bien. Porque si no delinque el que carece de responsabilidad, si la locura exime de castigo, nadie más loco que el enamorado cuando, extraviado por los celos, cree en peligro su amor.

En menos de lo que he tardado en escribir estas líneas estaba en la puerta de nuestro departamento, que abrí con mano turbada, mientras martilleaban mi cerebro las palabras de Bharati la primera vez que me habló de Ghopa: "Otra de las razones de que me sacasen de allí, tal vez la principal, fue el apartarme de Ghopa." "¿De Ghopa? ¿Quién es Ghopa?" "El tercero de mis gurús. Un hombre muy estimado en el palacio de Potala, pero de carácter autoritario y violento. Pasaba por poseer facultades extraordinarias. Se aseguraba incluso que hacía milagros. En todo caso sí parece que gozaba de fuerte potencia hipnótica en la mirada y de un gran poder de sugestión. Todo lo que no impidió que yo, sin proponérmelo, pues me fue antipático desde el primer instante que le vi, fuese quien le sugestionó a él. Se enamoró de mí y hasta quería casarse conmigo…"

Apenas había abierto oí allá dentro, en las habitaciones de Bharati, lo primero un rotundo "¡no!" de ella, luego una voz dura, pero más bien suplicante que la instaba: "Pues será preciso que vengas, señora, piénsalo bien…"

No oí más porque no pude aguantar más. Como había subido y jadeando aún, cual una tromba, caí sobre la puerta y entré. Bharati estaba de pie, resuelta, con los brazos cruzados sobre el pecho, en actitud hostil. Ante ella, de espaldas a mí y profundamente inclinado había un hombre joven aún (¿cuarenta años?), de aspecto sólido, poco más o menos de mi estatura, la cabeza rapada, la cara enteramente desprovista de pelo, el cuerpo metido en un hábito color granate sombrío, el hábito de los lamas.

La escena de violencia que siguió tardó menos en producirse que lo que yo voy a tardar en recordarla. Ghopa, al ruido que hice entrando, se volvió tras enderezarse vivamente, pero antes de que pudiera evitarlo (de tal modo mi aparición fue imprevista para él y mi acometida rápida), caía hacia atrás a causa de un tremendo puñetazo que le di en el ojo izquierdo. Con increíble velocidad se incorporó, pero no con tanta como la que yo empleé para arrearle otro golpe semejante en el otro ojo, golpe que volvió a derribarle. Pero entonces, en vez de levantarse sólo hizo ademán de ello y cuando yo, ciego, caía de nuevo sobre él, poniéndome un pie en el vientre al tiempo que me agarraba por las solapas de la chaqueta, me volteó haciéndome caer brutalmente de espaldas. Como dos centellas estábamos un instante después de pie los dos, pero él, en vez de atacarme, quedó como esperándome, un poco inclinado y agachado el cuerpo, las manos separadas, dispuesto a hacer presa en mí del mejor modo, y sin hacer caso de la sangre que le caía por la cara, pues le había partido las dos cejas. Parecía un demonio. Yo, comprendiendo por lo que acababa de hacerme—luego me lo confirmaron Walker y Yondgen—que era diestro en jiu-jitsu, al atacarle de nuevo (debí ser más cauto pero no pude, impulsado como estaba por el peor de los consejeros, la cólera), para que no me agarrase y dispuesto a deshacerme de él como fuera, le tiré una patada que de alcanzarle donde me proponía hubiera podido ser definitivamente fatal; pero aunque le alcancé con enorme violencia no produjo el efecto que yo esperaba. El, por su parte, intentó coger el pie que le golpeaba, y si lo hubiese conseguido una llave me hubiese puesto a su merced, pero se le escapó y en la finta le machaqué aún con otro tremendo puñetazo en pleno rostro al tiempo que él me tiraba un golpe con el canto de la mano que de alcanzarme más de lleno entre la nariz y la boca donde me sacudió, me hubiera sido funesto, pues luego supe que era un golpe mortal. En fin, no sé cómo un instante después estábamos agarrados y en el suelo: él debajo, yo encima y con mis manos en su cuello. Y del mismo modo que él me hubiera matado si me coge bien el golpe en la base de la nariz yo le hubiese estrangulado a él a no haber sentido de pronto un pinchazo en la espalda y como algo cortante y frío que se me hundía en la carne con tan extraña sensación que me arrancó el sentido.

Cuando volví en mí, Bharati, el señor Walker, el señor Yondgen, la señorita Lyon y el señor Gaillard esperaban el diagnóstico del médico que estaba acabando de hacerme la primera cura. Este diagnóstico que yo oí como si lo pronunciase mucho más distante de lo que él médico se hallaba de mi, fue el siguiente: "Por fortuna, el puñal ha entrado un centímetro por encima del riñón izquierdo sin tocarlo. La herida tiene unos cinco centímetros de profundidad. Tal vez un poco más. Pero no ha lesionado ningún órgano importante. Como es fuerte como un toro creo que será cuestión de muy pocos días. Lo de la cara, nada. Una fuerte equimosis. No tiene rota la mandíbula. ¿Con qué le ha dado? ¿Con el mango del puñal?

—No sé. No creo. Yo no vi el puñal en su mano, pues de haberlo visto no lo hubiera empleado. Me ha parecido que le daba así, de medio lado con el canto de la mano derecha—dijo Bharati, haciendo desbordar en sollozos, que hasta entonces había contenido, la alegría que le causó el diagnóstico.

—Es un golpe clásico de jiu-jitsu—dijo el señor Yondgen—. Un golpe mortal. De los cuatro o cinco golpes mortales de esta lucha. Si le coge bien no hubiera neecsitado emplear el puñal. Por fortuna debía de estar un poco aturdido por los golpes que había recibido él, pues sobre ser un hombre muy fuerte, es un maestro en este arte.

—¿Qué van ustedes a hacer? ¿Van a dar parte de lo ocurrido?

El señor Yondgen y el señor Walker interrogaron a Bharati con la mirada. Esta, al cabo de un instante, respondió:

—No, si no es absolutamente indispensable. ¿Está usted, doctor, seguro de su diagnóstico?

—Creo que sí a menos de complicaciones imprevistas.

—Que se presentarían, ¿en qué plazo?

—¡Oh!, de aquí a que venga a curarle de nuevo esta tarde a última hora. Pero no creo. Es más, si continúa bien, como espero, la cosa será, ya digo, cuestión de muy pocos días.

—Pues entonces vamos a esperar. De todas maneras, aunque no hagamos intervenir a la justicia de aquí, la nuestra intervendrá. Yondgen...

—Señora.

—Que le juzguen en la Legación—. Yondgen se inclinó en señal de asentimiento—. ¡Inmediatamente! Tenía derecho a defenderse, ¡pero no a matar como ha pretendido!

—Se hará, señora.

—Yo, aunque no le hable podré estar aquí a su lado, ¿verdad? —preguntó al doctor.

—Sí, sí. Que descanse, pero no hay inconveniente.

En efecto, Bharati no se separó ni de día ni de noche de mí. Por lo demás el diagnóstico había sido acertado. Tres días después casi tuvieron que enfadarse Bharati y la señorita Lyon para que no me levantara, pero lo hice al siguiente y durante mucho rato estuve sentado en un sillón, pues me encontraba muy bien. Hasta el dolor de debajo de la nariz que durante los primeros días me había molestado más que el escozor de la herida, habíase mitigado ya. Lo que me dolía más que lo mío era la angustia y la tristeza de Bharati, tristeza que en vano se esforzaba por disimular. Si me quedaba traspuesto un momento, o cuando abría los ojos tras haber dormido un poco de día o de noche, la veía llorando en silencio junto a mí. Y cuando muy apurado y angustiado yo también, al verla así, le preguntaba qué le ocurría, entre mil caricias me rogaba que la perdonase, pero que no lo podía evitar; que no podía remediar lo que le ocurría; que no hiciera caso, y que la disculpase.

Es más, llegó un momento, recuerdo, en que la dije:

—Bharati, amor mío, mi reina, perdonarte nada tengo que perdonarte, y que no solamente excuso sino que agradezco tus lágrimas y los suspiros que se te escapan constantemente, no hay duda. Pero es que me parece que tú estás peor que yo. Porque yo siento que me repongo por días, por momentos, pero tú estás triste, pálida, deshecha. ¿Adónde se han ido las divinas rosas que tenías en la cara? Es más, si no me sintiera cada vez mejor...

—Pero no te incorpores. No te muevas más. Ya que te sientes bien, no estropees por nada la mejoría. Ya sabes lo que ha dicho el médico: Hasta que te levante los puntos, reposo.

—Bien. Sí. Bueno. Pero escúchame.

—Te escucho, corazón. Habla. ¡Ay! Te escucho.

—¡Otro suspiro! Bueno, suspira, qué le vamos a hacer. Acércate. Dame un poco del mejor bálsamo... Te decía que si no fuera porque me siento como me siento, mejor por momentos, de tal modo que si me dejases me levantaría y nos iríamos despacito, pero nos iríamos a la calle, creería al ver tu actitud y la del señor Walker y la del propio señor Yondgen; es decir al veros tan tristes, que en vez de decir el médico, como ha dicho, que dentro de ocho días no quedará de esto sino el recuerdo, hubiese dicho: "De pronto se le saldrá el alma por entre las gasas y se habrá acabado todo..." No, no; calla, mujer, ya lo sé. Perdóname tú a mí ahora. Pero es que es así. Y que estáis tristes, tristísimos, se da cuenta todo el que os ve. No soy yo solo. Mira; ayer, cuando me quedé un momento, al salir tú, con la señorita Lyon, le dije a ella: "Dígame usted con franqueza si lo que noto es algo real o pura figuración mía. ¿No están, tanto Bharati como el señor Walker y el señor Yondgen como muy tristes, muy preocupados, muy... no sé cómo, pero fuera de lo ordinario?" ¿Y sabes lo que me contestó ella? Pues que sí. Que ya lo había notado ella también. Y que puesto que lo mío era evidente que no es nada, que lo que os ocurría tenía que tener por motivo algo particular vuestro. Y yo me pregunto, Bharati, amor mío: ¿no será aún por culpa de Ghopa? ¿De ese maldito Ghopa?

—No te preocupes por nosotros, corazón, y menos por Ghopa. A Ghopa no le volveremos a ver. Puedes estar seguro.

—¿Dónde está? ¿Qué hace ese hombre ahora?

Iba Bharati a responder cuando entró el señor Gaillard, y con ello cambiamos de conversación.

Al día siguiente me levanté por primera vez. Al otro estuve fuera de la cama casi todo el día sin que ello me causase la menor molestia ni fatiga. Y como cuarenta y ocho horas más tarde dijo el médico que desde el siguiente día podía empezar a hacer la vida ordinaria, me llené de gozo prometiéndomelas muy felices y seguro de que al verme entera y totalmente bien, la preocupación de Bharati desaparecería.

Pero el Destino tenía dispuesta otra cosa, ¡ay!, y su inmutable férula no debía de tardar en imponernos su inexcusable ley. Cuando dos días más tarde, por la mañana, hacia las once, nos disponíamos no tan sólo Bharati y yo, sino la señorita Lyon y el señor Gaillard, a quienes habíamos invitado a comer con nosotros para celebrar mi primera salida, a hacerlo, llegó un telegrama para mí. Era de mi hermana Elvira y decía: "Ven primer tren. Papá grave."

Hacia la misma hora, al día siguiente, tomaba el surexprés, que veinticuatro horas más tarde me dejó en la estación del Norte de Madrid.

Habíamos quedado en que vendrían a la estación a despedirme Bharati, la señorita Lyon, el señor Gaillard y los señores Walker y Yondgen, pero sólo los hombres pudieron acompañarme. Bharati, a última hora, deshecha, sin nervios (no habíamos dormido ni un solo minuto en toda la noche; la había pasado pegada a mí, llorando y sin escuchar, aunque trataba de hacerlo, las mil cosas que yo le decía: que en cuanto viese lo que ocurría en mi casa la llamaría; que vendría y nos casaríamos; que sería recibida por los míos como se merecía; que en España también se vivía bien...), fatigadísima, sin nervios decía, en el último momento, fue víctima de una especie de desvanecimiento que aprovecharon los tres excelentes amigos para arrancarme de allí, dejándola a ella al cuidado de la no menos excelente señorita Lyon.

* * *

Lo que ocurría en mi casa era muy grave. Mi padre, hombre hasta entonces de salud perfecta, sorprendido de pronto por ciertos fenómenos que al principio no dio importancia a causa de no ser dolorosos, pero extrañado al fin (el más característico era una frecuente necesidad de ir al retrete para sólo dejar en él unas gotitas de sangre), fue con mi madre a un especialista, que tras examinarle bien dijo a mi madre, cuando al siguiente día fue a por el tratamiento que exprofeso no quiso darles el anterior: que mi padre tenía un cáncer en el recto, inoperable ya; pero probablemente, y para evitarle cólicos dolorosísimos que no tardarían en presentarse, pues el conducto rectal estaba ya casi enteramente obstruido, había que hacerle un ano ilíaco (lo que en efecto, practicó el doctor Slocker tres o cuatro meses más tarde) pero que no viviría más de medio año. En efecto, la predicción fue hecha en septiembre y mi padre moría el catorce de abril del año siguiente.

Y he aquí cómo y por qué pasé de pronto del paraíso al infierno.

Aquella misma tarde escribí a Bharati una carta breve anunciándola lo que ocurría. Que me dijese que ella estaba bien y que se dispusiese a venir. Como tantas veces le había dicho, nos casaríamos en seguida y en paz. Yo me pondría al frente de nuestro negocio y ya saldríamos adelante.

La segunda carta, sin ninguna suya, al día siguiente. Poco más o menos le decía lo mismo: que estuviese tranquila, que mi madre y mi hermana serían felices conociéndola y con que entrase en nuestra familia. Y lo mismo mi hermano Pepe, que, como ya sabía, tenía poco más de diez años. Y que en escapadas iba a empezar a ver pisos en un barrio muy bueno de Madrid llamado de Salamanca. Que me anunciase cuanto antes: voy, para decírselo a mi madre y a mi hermana.

Al día siguiente, tras lamentarme de no tener aún noticias suyas, le anuncié que ya había visto rápidamente tres o cuatro pisos en casas nuevas. Uno particularmente bonito que había estado a punto de retener, en una calle muy buena: la calle de Goya.

La cuarta era toda impaciencia por no tener noticias suyas.

La quinta y por lo mismo, un lamento vivo.

La sexta una amenaza. Si al día siguiente no venía carta suya tomaría el tren y volvería a París. Aquella tardanza en escribir no podía obedecer a otra cosa sino a que estuviese enferma. Pero si tal ocurría, ¿por qué no me lo decían los señores Yondgen y Walker, o la misma señorita Lyon? ¿Tanto les costaba ponerme unas líneas?

Al día siguiente, cuando la impaciencia pasaba los límites de lo soportable y estaba decidido a volver a París con el pretexto de recoger el resto de mi equipaje y mis libros, llegó, no la esperada carta sino el señor Walker en persona.

¿Infierno he dicho?... No había hecho sino empezar.

Por supuesto, carta sí me trajo. Una carta de Bharati que no pudo darme ("Si seré distraído que me la he dejado en el cuarto." Había tomado una habitación muy cerca de nuestra librería, que estaba en la calle de Preciados, en el número 13, en el Hostal de la Paix, hotel que había entonces en la Puerta del Sol.) En efecto, sólo cuando estuvimos en su cuarto me la dio, pero sacándola de su bolsillo. La carta decía exactamente; decía y dice, pues la conservo. Mucho tenía que perder a causa de las vicisitudes de la vida, pero el Destino, clemente algunas veces entre tanta inclemencia, lo fue esta vez también permitiendo que no se extraviase: "Cuando recibas esta carta, si vivo aún, estaré cada vez más y más lejos de ti. Embarcada en la nave que me conducirá hasta Calcuta, desde donde pasaré a mi país. Porque me voy. Tengo que separarme de ti, ¡ay!, no obstante ser, como lo eres, ¡todo para mí y lo único que verdaderamente me importa y me retiene en el Mundo! ¿Por qué me voy? El señor Walker te lo explicará. Yo no podría. Cuanto me queda como energías lo estoy reuniendo penosamente para escribirte estas líneas. Una vez que hayas oído al señor Walker trata, si ello es posible (bien que si juzgo por lo que a mí me pasa no podrá ocurrir), de no sufrir demasiado. Por lo demás, inútil creo que sería tratar de oponernos a nuestro Destino. Es más, si el dolor y la pasión no nos impidiesen pensar bien, ¿no nos parecería tal vez que lo que nos sucede, que ahora juzgamos lo peor, no es tan malo? Porque hemos sido infinitamente felices en unas circunstancias determinadas, pero ¿quién nos garantiza que esta felicidad no se hubiese empañado al variar no tan sólo las circunstancias sino nosotros mismos con los años? Mientras que ahora una cosa inestimable es segura; que tú serás para mí, mientras aliente, ¡lo mejor que alguien ha podido conseguir en el Mundo! Y lo mismo yo para ti: ¡Lo mejor! Y esta idea firmísima, ¿no será mientras vivamos un tesoro incomparable que nada podrá arrebatarnos?

"Amor mío, mi amor para siempre, mi corazón, escucha: Tsang Yang Gyatso, nuestro gran poeta, ha escrito, seguramente embargado por esa inspiración divina que transforma algunas veces en profetas a los verdaderamente amados de las Musas, lo que te voy a copiar, adivinando tal vez que un día nos encontraríamos tú y yo en este que con razón llamáis vosotros Valle de Lágrimas:

Como dos mariposas arrastradas
por vientos contrarios
revolotean inútilmente hasta morir
sin poder encontrarse.
Como un loto rosa y otro azul
cada uno en un estanque, lejanos,
que suplican al viento junte sus aromas
ya que ellos no pueden juntarse.
Así somos tú y yo separados por un Destino adverso.
Pero también, como dos astros errantes por el espacio
infinito, pero seguros de que un día, cuando
el cataclismo final, ¡volverán a juntarse!

Cálmate, amor mío. Serénate, corazón. Tranquilízate. No sufras demasiado, pues en realidad no sabemos de qué está hecho ni qué nos reserva el mañana. Entre tanto y ocurra lo que ocurra, sobre todo si el destino sigue siéndonos contrario, piensa en mí seguro de que siempre que lo hagas yo estaré pensando en ti. Piensa, sí, piensa mucho, ¡mucho!, piensa siempre, pero no me escribas ni hagas nada por tu parte por saber de mí. Pues de estar escrito que no debemos volver a juntarnos, todo intento, sobre ser inútil, no haría sino causarnos, bien que imposible parezca que pudiera ocurrir, un nuevo, renovado y aun mayor dolor. Y males y peligros que no podríamos evitar.

Adiós, adiós, no puedo más. En este momento, como mañana y como siempre, mi corazón en tu corazón... ¡Mi alma en tu alma!—Bharati.

. . . .

Cuando al fin pude hablar dije al señor Walker, que más bien iba adivinando por el movimiento de mis labios que por el ruido de mi empañada voz, lo que decía:

—Pero... ¿Por qué se ha ido? ¿Pero es verdad que se ha ido?

—Sí, se ha ido.

—¿Cuándo?

—Anteayer. La condujimos hasta el Havre, Yondgen, una enfermera y yo. Una enfermera para que estuviese mejor atendida, pues tuvimos que transportarla en una ambulancia.

—¿Y adónde va?

—A su patria. Al Tibet.

—Cierto. Sí. Me lo dice en la carta... Pero, ¿por qué?, ¿a qué?, ¿por qué me ha dejado?

—Porque su tía, la abadesa del monasterio de Yamdok, que se encargó de ella al morir sus padres en un accidente cuando tenía apenas cuatro años, ha muerto y Bharati, según es ley allí, estaba destinada a ocupar su puesto. Hoy, en este momento, bien que en contra de su voluntad, es ya la Dama Lama, avatar de Dordji Fagmo, primera de las divinidades femeninas del panteón tántrico, es decir, diosa ella misma según aquella creencia, y tercera autoridad religiosa del Tibet luego del Dalai Lama y del Tachi Lama.

Al oír aquello comprendí muchas cosas que, en efecto, algunas veces me habían sorprendido, bien que no hubiese prestado especial atención, embargado enteramente como había estado durante tantos meses por su adorable y adorada imagen y por el incomparable embeleso de su presencia. Aquellas muestras de respeto profundo del señor Walker y del señor Yondgen, pese a ser sus gurús; su indiferencia en gastar dinero y la facilidad con que le bastaba acercarse a la Legación o mandar unas líneas para que pusiesen a su disposición cuanto pedía; la actitud de Ghopa, tan inclinado ante ella cuando entré en el cuarto un momento antes de nuestra lucha y, en fin, el propio modo autoritario de Bharati, contestándole, tan opuesto a su dulzura habitual; todo, todo ello quedaba ahora perfectamente explicado al escuchar que aquella criatura ideal, ¡mi compañera fiel, sumisa, deliciosa, incomparable durante varios, ¡ay!, brevísimos meses! para los demás era nada menos que una futura diosa. Y que cuando lo fue efectivamente, por muerte de su tía, Ghopa, en unión de otros dos lamas, fueron comisionados para venir a anunciarlo.

—¿Pero por qué, pese a todo, no persistió en sus negativas primeras a Ghopa, pues yo la oí decirle que no y que no repetidamente, y renunciando a todo no se quedó conmigo, puesto que éramos y hubiéramos sido siempre tan felices? ¿Vale más ser abadesa en un convento en el Tibet y falsa diosa que aquí mi mujer y la madre de nuestros hijos?

—En todas partes, muy particularmente en los pueblos aún no muy desarrollados como allí, es decir, donde la ignorancia es mayor, la tradición y todo lo religioso tiene una fuerza que es muy difícil contrarrestar. Sobre que la religión unida a la ignorancia pierde inmediatamente lo que de elevado y hasta de conveniente puede tener toda creencia que se apoya en una sólida moral, y degenera en fanatismo, es decir, en la caricatura de todas las ideas; en lo que las ideas tienen de falso, de bajo, de malo, de abyecto y, por supuesto, de peligroso. La Historia, ¿qué es en realidad sino la narración de los crímenes obra de los fanatismos tanto políticos como religiosos?

—Pero ¿qué tiene que ver Bharati con la religión aquella? Además, usted y el señor Yondgen, ¿no decían siempre que el Budismo es la religión menos religión y la más tolerante?

—Lo es, lo es; y se convencerá cuando un día, ya más tranquilo, lea el Bardo Thodol, del que le traigo el ejemplar prometido. Pero es que, como le digo, en todas partes la religión inteligente es una cosa y el fanatismo ignorante otra. Difícil es encontrar, como moral, algo más perfecto que el sistema de vida y de sana filosofía que es en realidad el Budismo, pero ¿qué ha hecho el fanatismo ignorante de esta religión sin Dios? Pues ya lo ve usted: desconocer su esencia y no tan sólo llenarla de dioses y diosas, sino hacer al Dalai Lama avatar de Buda, encarnación de Buda tras haber transformado una simple figura humana, por sublime que sea, en divinidad, sino, como le digo a usted, para completar el cuadro, a la abadesa de otro monasterio, a la Dama Lama, en encarnación de Dordji Fagmo, primera de las divinidades femeninas del panteón tántrico. Hoy, es decir, desde la muerte de su tía, Bharati para los fanáticos no es una mujer, es ¡una diosa! Y porque es una diosa, no una mujer, la mano de Ghopa se dispuso a matarle a usted, no lo olvide.

—Aquello fue una simple cuestión de celos—protesté—. Ghopa amaba a Bharati.

—No, no fueron celos. Esta planta no crece en el Tibet. ¿Celos en el Tibet, donde la poliandria es cosa corriente? Como hombre, Ghopa, estoy seguro y usted puede estarlo también, que no hubiera tenido inconveniente en compartir Bharati con usted y aun con algún otro. Como fanático, al darse cuenta por las negativas de Bharati y al punto por la propia actitud de usted, de lo que sus relaciones tenían o podían tener de ofensivo para la diosa Dordji Fagmo, usted tenía que morir. Si Ghopa no consiguió su propósito, otro fanático le hubiera sustituido. Y esta es la realidad, amigo mío; si estuviese aquí Yondgen se lo confirmaría; Bharati se ha sacrificado por salvarle a usted la vida. En el Tibet, como en todas partes, hay cientos, ¡miles! de fanáticos que midiendo a los dioses con el despreciable rasero de su fanatismo bestial, se creen que les honran y que les satisfacen cometiendo crímenes a los que sólo les empuja esto: un fanatismo bestial y una total ignorancia.

—¿Y ahora se dejará servir allí por Ghopa?—dije; porque si en el Tibet no había celos, en mi corazón sí, tantos como amor y éste me llenaba por completo.

—No. Ghopa no la volverá a ver, ni ella a él. Ghopa no era quién para tomarse la justicia, o lo que creía justicia, por su mano. Bharati le ordenó partir... ¡y que no llegase! Y no llegará.

En efecto, en la primera de las cartas que me escribió el señor Walker desde París (pues sólo estuvo en Madrid los días que juzgó suficientes para tranquilizarme un poco), al tiempo que me anunciaba que partía el también y que seguiría escribiéndome, como lo cumplió, me decía (conservo también todas sus cartas): "En cuanto a Ghopa—ya se lo predije—, no llegará nunca adonde Bharati se dirige y adonde me voy tras ella. Antes de que el barco que había tomado alcanzase Gibraltar, notaron que había desaparecido. La noticia llegó ayer a la Legación."

*   *   *

Me sostuve difícilmente en pie los cuatro o cinco días que el señor Walker estuvo en Madrid, y creo que tan sólo por hablarle de Bharati y porque él me hablase de ella. Cuando partió caí y durante cerca de dos meses estuve inútil para todo. Luego la vida siguió, porque además de tener que vivir para mí tenía que hacerlo para los míos, pues mi padre pronto empezó a acusar con dolores cada vez más implacables el terrible calvario y el fin que le aguardaba. Luego fue su muerte y al punto nuevas preocupaciones, entre ellas el servicio militar, que me amenazaba con tener que abandonar todo para cumplirlo, lo que en mis circunstancias era particularmente grave.

Pero pasó, porque todo pasa (menos, ¡ay!, lo que más deseamos, que, con frecuencia, suele no llegar nunca), y el tiempo siguió pasando también. Vuelto a la vida normal, me casé, convencido (seguía recibiendo cartas del señor Walker que insistentemente me quitaban toda esperanza) de que era inútil creer en lo imposible. Es decir, me casaron. Me casaron mi madre y mi hermana con una amiga de ésta que siempre me había querido y que, nuevo ejemplar de dulzura y de bondad femenina, no vaciló en unir su suerte a la mía aun sabiendo, pues no dudé en confesárselo, la gran amargura que me embargaba y que me embargaría durante mucho tiempo. Tan buena y tan dulce era (¡pobre Isabel querida!), que mi angustia no hizo sino estimular su propósito de hacerme feliz en lo que de ella dependiese. Y, en efecto, calladamente, prudentemente, inteligentemente, siempre disculpándome, siempre tolerante y comprensiva con todos mis errores y debilidades, fue poco a poco ocupando en mi corazón el hueco que poco a poco también iba dejando, al esfumarse dulcemente, fatalmente, el puesto que había llenado Bharati. Fueron un puñado de años de vida feliz, sin una nube, a su lado. Luego, el primer dolor, cuando llegado el 37 tuvimos que separarnos. El segundo, cuando supe que, lejos de mí, había acabado bendiciendo mi nombre...

¡Bah!... Poco a poco, sí, la vida volvió a cogerme en su engranaje unas veces duro, otras veces suave, hasta que, como digo, años después, en una de las andanzas de la revolución y a causa de ella, me encontré de nuevo, bien que esta vez obligado por las circunstancias, en Francia. Y allí fue donde un día, no sé cómo, me vino de pronto la idea (que al fin queda hoy plasmada en este libro) de traducir al español cosa que hasta ahora no se había hecho, el Libro de los Muertos egipcio, e incluso de poner a continuación el Bardo Thodol, verdadero Libro de los Muertos tibetano.

La traducción de éste la había llevado a cabo poco a poco más de veinte años antes a raíz de mi gran dolor. Es decir, cuando todo lo que me recordaba mi perdido bien, era a un tiempo puñal y bálsamo para mí. Es más; por fortuna, por grandísima fortuna, cuando cierto día Getafe (donde había vivido siempre con mi mujer y mis hijos en una finca que compró mi padre, y donde ellos vivían aún; yo había pasado ya a Francia); cuando cierto día Getafe, decía, fue cañoneado desde Madrid a raíz de ser tomado por las tropas que avanzaban hacia la capital, y mi casa alcanzada por los disparos, tuve la fortuna de que si bien el ejemplar del Bardo que me había regalado el señor Walker voló como otros tantos libros inestimables reunidos durante muchos años de librero amante de los libros, la traducción que había hecho pudo librarse no obstante no estar muy lejos de todo lo perdido.

Entonces, es decir, formado el propósito de dar juntos ambos libros, traté de hallar otro ejemplar del Libro de los Muertos egipcio como aquel que veinticinco años antes había dado al señor Walker (excelente amigo de quien seguí teniendo noticias, es decir, cartas hasta poco antes de su muerte, ocurrida en Calcuta en 1922; el señor Yondgen había partido también, en Lhassa, dos años antes); pero si entonces era ya rarísimo, para qué decir veinticinco años después. En el apuro acudí a mi paño de lágrimas en tales ocasiones, es decir, cuando necesitaba libros que no había manera de adquirir: al señor Juan Sarrailh, el rector de la Sorbona, con quien me unía y sigue uniendo una amistad fraternal nacida en los años mozos.

Y él me lo procuró y entre dos traducciones de Platón (autor al que había empezado a verter al castellano poco antes de tener que expatriarme, y que en el destierro acabé) y por aquello de que la variedad de trabajo descansa el entendimiento emprendí la traducción del volumen que me había enviado Sarrailh de la Biblioteca de la Sorbona.

Y estaba con él cuando una mañana recibí una circular del "Omnium Litteraire", sociedad a la que ya había adquirido algún libro, anunciándome una nueva traducción del Libro de los Muertos hecha por el señor Gregoire Kolpaktchy, diplomado de la Escuela Nacional de Lenguas orientales. Ni que decir tiene que media hora después había dejado una tarjeta en el buzón pidiendo la nueva traducción, y que cuatro o cinco días después la tenía en mi poder.

Entre la antigua traducción de Pierret y la nueva encontré bastantes diferencias. La de Pierret es sin duda más literal, pero la de Kolpaktchy más clara. Traducir literalmente libros como éste, o como el propio Bardo, provinientes de idiomas tan diferentes del nuestro, es decir, de nuestras lenguas de flexión, es punto menos que imposible a menos de interpretar más bien que traducir. Esto es lo que hay que hacer y lo que ha hecho el señor Kolpaktchy con todo acierto, a mi juicio, en cuantas ocasiones se ha visto obligado a ello para no extraviar enteramente al lector. Así como le ha orientado y ayudado mucho con una excelente introducción y gran puñado de notas.

Una cosa parecida me había ocurrido a mí cuando traduje el Bardo Thodol años antes; no obstante haber puesto el mayor cuidado en la traducción, pronto me di cuenta de que determinadas cosas del texto era imposible comprenderlas (como ya me habían advertido el señor Walker y el señor Yondgen) sin la ayuda de notas explicativas y comentarios aclaratorios. De modo que cuando el año 1927 decidí empezar a editar libros, lo primero que hice fue procurarme no sólo la traducción inglesa del Bardo Thodol hecha por un sabio de primer orden, el lama Kazi Dawa Samdup, profesor, primero, de la escuela de Gangtok, y luego, de tibetano, de la Universidad de Calcuta (traducción editada por un orientalista también notable, el Dr. Evans Wentz), sino unos cuantos libros cuya lista me había dado el propio señor Walker, tales que, entre otros, los siguientes: Three years in Tibet, de Ekai Kawagnchi; The Buddhis of Tibet, de L. A. Waddell; Sacred Books of the East, de G. Buhler; Indian Antiquary, de L. A. Thomas; Varieties of religious experiences, de W. James; The Tibetan Mysteries, de

Wolf; Mystiques et magiciens du Tibet, de la señora David Neel, e incluso una interesante novela tibetana, Om, de M. Talbot Mundy. Y con lo aprendido en ellos más muchas notas del señor Evans Wentz, espero que esta versión castellana no ofrezca dificultades al lector.

En fin, voy a exponer algo, por estar íntimamente relacionado con el texto, respecto a las ceremonias mortuorias de los tibetanos. *El señor Evans Wentz se ocupa con más extensión de ello en su excelente introducción a la no menos excelente traducción del Bardo Thodol del mencionado lama Kazi Dawa Samdup.*

* * *

Siempre y en todas partes, la primera fase del culto a los muertos ha consistido en una serie de prácticas y ceremonias en torno al cuerpo que acaba de quedar sin vida. En el Tibet, cuando esto ocurre, lo primero que se hace es extender un paño blanco sobre la cara del muerto, tras lo cual no se vuelve a tocar el cuerpo con objeto de que el proceso de la muerte no sea interrumpido. Este proceso no termina, según se cree, sino cuando entre el nuevo cuerpo que se forma en el Bardo, y el terrestre, la separación es completa. También se cree que el tiempo normal para que tal ocurra son tres días y medio o cuatro; más breve si se es asistido por un hpho-bo, sacerdote "extractor del principio consciente". No obstante, aun con sacerdote, el difunto durante tres o cuatro días no se da cuenta de que ya está fuera de su cuerpo humano.

El hpho-bo, por su parte, apenas llega se sienta junto a la cabeza del difunto, en una silla o sobre una esterita, hace que salgan de la habitación los parientes para que con sus lamentos no turben el silencio necesario para el buen cumplimiento de la ceremonia y hasta hace cerrar ventanas y puertas. E inmediatamente empieza a recitar una salmodia mística destinada a que siguiendo las instrucciones que en ella le da, el espíritu del muerto pueda encontrar el camino que conduce al Paraíso del Oeste de Amitaba, escapando, si su karma lo permite, al indeseado Estado intermedio. Tras ordenar al espíritu que salga del cuerpo y olvide cuanto hasta entonces le ataba al Mundo (sus parientes y amigos y sus bienes), examina la parte superior de su cabeza, es decir, la parte exactamente en que los dos parietales se unen (abertura de Brahma o

Brahmarandhra), para asgurarse de si el espíritu, cual ha debido hacer, ha salido por allí. Porque el espíritu, según el Pretakhanda de Garuda Purana, puede salir del cuerpo por cinco sitios distintos. Por ejemplo, y ya está bien, por encima del ombligo; pero la mejor salida es la indicada por la parte superior del cráneo. Para mayor seguridad, si el difunto no es calvo, le arranca los pelos que cubren esta parte. Los hindúes ortodoxos sobre todo, llevan en este sitio un mechón de cabellos como banderín en honor del señor supremo y de su emanación, la conciencia pura, que tiene en aquel lugar su habitación. Si por causa de accidente el cuerpo no ha podido ser recuperado, el lama se concentra, le imagina presente, llama a su espíritu y continúa la ceremonia, que suele durar una hora, cual si estuviese allí mismo. Mientras tanto, un Tsi-pa o lama astrólogo hace el horóscopo del muerto, que según la hora en que ha acabado, determinará qué personas deben tocar el cuerpo, el mejor modo de hacerlo y todo lo relativo al funeral y a los ritos. Luego el cuerpo es atado en la posición llamada embrioniforme (es decir, la más semejante a los fetos, antes de nacer, en el seno de la madre), puesto que el muerto renace a una vida nueva, y así atado se le coloca en un rincón de la cámara mortuoria que no sea el que corresponde al daimón o espíritu de la casa. Una vez el cuerpo fuera ya de ésta, es colocada en el mismo sitio que ocupó, una efigie del muerto, ante la cual se siguen poniendo los alimentos como poco antes ante el cuerpo mismo, alimentos que una vez que el difunto ha extraído la parte sutil, se tiran si el lama o lamas presentes no los quieren.

Los ritos funerarios propiamente dichos comprenden la lectura del Bardo (realizada en la casa del muerto o en el sitio en que haya perecido), para que sepa, por si no lo sabe o lo ha olvidado, lo que le va a ocurrir y lo que tiene que hacer, y los cánticos de otros lamas que, turnándose día y noche, dicen también al espíritu del muerto lo que tiene que hacer para alcanzar el Paraíso Occidental de Amitaba. Este servicio fúnebre es llamado De-wa-chan-kyi-mom-lam. Si la familia es rica, un servicio de difuntos semejante se celebra en el templo que solía frecuentar, cantado por todos los monjes. Naturalmente, el número de lecturas del Bardo, de cantos y de ritos varía según lo que se pague; de tratarse de un pobre, un lama es suficiente para iniciarle en lo que debe hacer, y muy breves días bastan para ello. De ser rico, asisten un centenar de lamas y el funeral puede durar los cuarenta y nueve días que habla el Bardo. Durante todo este tiempo, lamas, parientes y amigos comen y son alojados a costa de la familia del muerto.

Como acabo de decir, cuando ya no se puede guardar el cadáver en la casa, como lo que se trata en realidad (bien que no se confiese, como es natural, y que incluso se asegure que lo que se quiere es seguir protegiendo su espíritu) es de que los honorables lamas oficiantes puedan seguir regalando su cuerpo con comilonas y demás, se fabrica una efigie del difunto que sin oler mal ni molestar pueda servir para el caso. ¿Con qué se hace esta efigie? Pues con lo que se halla a mano, qué más da: con un taburete, con un leño o con lo que sea, y los vestidos del que se pudre, y poniendo a modo de cara y en lugar de ésta el mtshan-spyang o spyang-pu.

El spyang-pu consiste en un papel impreso en el que hay una figura central que representa al difunto (y a todos los difuntos, claro, puesto que una estampa semejante servirá para otro y así sucesivamente), colocado bajo un dosel, con las piernas cruzadas y en actitud orante. A derecha e izquierda se ven los cinco símbolos de las "cinco cosas excelentes de los sentidos". A un lado un espejo (vista), una caracola (oído) y un copón, como el de la Eucaristía, con los bollos sagrados (gusto y tacto); al otro lado una lira y un vaso lleno de flores (olfato). El orante está sentado sobre un asiento, elevado, cojín o trono formado con hojas, lotos o lo que se quiera imaginar. En el antiguo Egipto se hacía una cosa semejante, haciendo allí de spyang-pu la llamada "Estatua de Osiris", que se suponía igualmente representar al muerto. La fantasía de los hombres es limitada. Más limitada que su codicia y su apetito. En fin, al pie de la estatua está escrito lo siguiente a modo de oración funeraria: "Yo, que parto de este Mundo (aquí el nombre del difunto), adoro y me refugio en mi lama-director (como se comprenderá, no hay tibetano rico sin director espiritual), en todas las deidades amables (o apacibles) y en las furiosas (o irritadas; de las cien deidades superiores, cuarenta y dos se suponen amables, cincuenta y ocho, rabiosas; conviene que haya más deidades desfavorables que lo contrario, para que la acción de los directores espirituales sea más necesaria y esté bien justificada). Pueda el Gran Compasivo (antigua divinidad aborigen hoy identificada con Avalokitesvara) perdonar mis pecados acumulados y las impurezas de mis vidas anteriores, y conducirme por el camino que lleva a otro mundo bueno."

Terminados los funerales, el spyang-pu es quemado ceremoniosamente a la llama de una lámpara que arde con manteca, y se dirige al espíritu del muerto el adiós final. La suerte del difunto se conoce en el color de la llama y en la manera como arde. Por supuesto que el que bien paga tiene buena suerte y el que no se las arregla como puede. Con las cenizas del spyang-pu y arcilla se hacen minúsculas stupas llamadas sa-tscha, motivos simbólicos o letras sagradas. Una de estas stupas se guarda en el altar familiar y las demás en sitios a cubierto, ora en encrucijadas de caminos, ya en lo alto de una colina bajo una roca, bien en una gruta si por casualidad hay una próxima. Lamas benéficos y aprovechados se ocupan tanto de hacer los símbolos sagrados como de llevarlos allí donde convenga mediante, claro, limosnas que dan con gusto los familiares. Igualmente los lamas se quedan, para venderlas, con las vestiduras con que se confecciona la efigie del muerto, vestiduras que conviene que sean buenas para que el difunto sea bien recibido en el otro mundo.

Hago gracia al lector de otra porción de prácticas, pues ni que decir tiene que cuanto más se puede extraer a la familia del difunto con el pretexto de que éste tenga cuanto precise al otro lado, más duran los funerales y las ceremonias. Por ejemplo, cuando el o los lamas presentes en el momento de sacar el cuerpo, muestran a éste un chal de honor, al cual se dirigen como si fuese el muerto mismo colmándole de sanos consejos, animándole a que no se prive de los alimentos que más le plazcan ni en la cantidad que le plazcan (que naturalmente ellos retiran una vez que el difunto ha tomado las esencias que le son necesarias) rogándole y hasta conminándole para que no venga a inquietar a sus parientes, y, en fin, terminando labor tan importante con estas palabras que algún malintencionado podría, torcidamente, interpretar como interesadas: "Acuérdate del nombre de tu lama-director espiritual que es (aquí se nombra) y con su ayuda emprende el camino, recto, el camino blanco. Ven por aquí." Hecho lo cual se organiza la comitiva con gran acompañamiento de lamas y músicos (trompeteros y tamborileros). Tras los que conducen el cuerpo van los oficiantes del duelo (algunos de ellos llevando refrescos, parte de los cuales son vertidos en la hoguera funeraria, y la otra, la mayor, consumida por los que esisten), y finalmente la familia deshecha en lágrimas. El lama-director espiritual que preside todo, se vuelve de cuando en cuando para invitar al espíritu a que no se separe todavía del cuerpo, y para asegurarle que el camino que siguen es el que deben seguir. Advertiré que consejos y direcciones tan sólo se dan a los espíritus de los laicos, pues el de los lamas difuntos es juzgado suficientemente entrenado en las doctrinas del Bardo para no necesitar que le dirijan. En otras palabras, no juzgando decoroso los honorables lamas hacer pagar a los compadres, como aquí hacen los médicos, se asisten gratis unos a otros.

En el Tibet se conocen todos los métodos para hacer desaparecer los cuerpos de los difuntos y todos son puestos en práctica. Se considera como el mejor el quemar (como en la India) los cadáveres. Pero como en muchos sitios hay verdadera penuria de árboles, es decir, de materia mediante la cual quemar, por lo general son transportados los cuerpos a lo alto de una colina o de una eminencia rocosa, y allí, se despedaza el cadáver y se le deja para que las aves de presa (buitres) acaben con él, tal cual hacen, en Bombay y en Persia los parsis, en las Torres del Silencio. Es decir, que de no tratarse de un noble o de un rico que puede procurarse leña a no importa qué precio, no hay cremación. También se les entierra, esto de preferencia, cuando el paciente ha muerto de una enfermedad contagiosa. Pero en general los tibetanos no gustan de enterrar a sus muertos, temerosos de que el espíritu del difunto se empeñe en regresar a los lugares que ha abandonado y acabe por volverse vampiro. Otras veces los cadáveres son arrojados a ríos, torrentes o lagos. Los Dalai-Lama, los Tachi o Tashi-Lama y algunos grandes personajes, son embalsamados. Este embalsamamiento se practica de un modo muy semejante a como se hacía en el antiguo Egipto: se coloca el cuerpo en una caja bien recubierta de sal de pantano y en ella se le tiene tres meses poco más o menos, es decir, hasta que la sal haya absorbido todos los líquidos del cuerpo. Una vez el fiambre bien seco, es embadurnado con una sustancia semejante a un cemento, hecho con arcilla, madera de sándalo pulverizada, especies y drogas. Este cemento se adhiere y se endurece en las partes huecas o que presentan arrugas, como los ojos, las mejillas y el vientre, y el todo queda reducido al estado de momia. En fin, cuando la momia está ya bien seca se la recubre con una pintura de oro líquido y la divina mojama dorada es llevada a una especie de Abadía de Westminster tibetana. En Shigatze, donde reside el Tashi-Lama, hay hasta cinco de estos templos funerarios con doble techo dorado. Ni que decir tiene que estas momias reciben culto y que ante ellas arden lámparas y se quema incienso.

Aún podría dar muchos más detalles, pues como bien se comprende por lo dicho, las prácticas, su número y su lujo varían no tan sólo según las posibilidades de las familias de los muertos, sino según los lugares. Pero creo que con esto basta para dar una idea de cómo en el Tibet, como en todas partes, la ignorancia, el fanatismo y el interés se unen muchas veces poniendo como pretexto, la Tierra, si hace falta invocar la Tierra; si el Cielo, el Cielo.

En fin, como el lector encontrará continuamente ciertas palabras cuyo significado le interesa no olvidar para la mejor comprensión del texto, para ayudarle en esta tarea inserto estas palabras a continuación:

DHARMA. La palabra Dharma viene de la raíz dhari, en su sentido de soportar, sostener. Dharma es, pues, lo que soporta, tanto al Universo como al individuo. Como sostén de la Humanidad, Dharma representa la justa conducta resultado del verdadero saber; es decir, de acuerdo con su sentido en sánscrito: "lo que es obligatorio". En el hinduismo esta palabra designa de un modo general la religión, las leyes religiosas y las que deben regir la conducta. Los Dharma-sutras contienen las reglas destinadas a los cuatro estados de la vida de un brahmán.

DHYANA. Esta palabra, que en sánscrito significa "trance místico", en el Budismo se emplea para designar la meditación intensa concentrada en un objeto religioso. Es uno de los métodos más importantes para llegar al estado de reposo definitivo, es decir, al Samadhi.

KARMA o KARMAN. Esta palabra, que en sánscrito significa "acción", en el Budismo y en el Hinduismo representa una teoría según la cual todas las acciones (en realidad no tan sólo los actos propiamente dichos, sino las palabras y hasta los pensamientos) tienen una fuerza dinámica que se manifiesta influyendo en el curso de las existencias sucesivas (metempsicosis) en el curso de las edades. Es decir, que viene a ser como una especie de ley fatal según la

cual cada uno recoge en la vida (para los que creen en la metempsicosis, en el curso de cada vida) el fruto de lo que ha sembrado en
existencias precedentes.

MARA o MAYA es la Ilusión. Maya, que en el hinduismo ha
sido personificada y que juega un papel muy importante en su mitología, constituye en todos los Samsaras la servidumbre (ilusión
de las formas, inclinación y deseo de las formas) cuya emancipación es el Nirvana.

NIRMANA es el proceso de construcción en el pensamiento
brahmánico, así como el Dharma es la primera cosa necesaria.
Luego viene el Artha, prosperidad en la posesión; después el Sam-
bhoga y, finalmente, Moksha, la Liberación.

NIRVANA. El Nirvana. Vacío total es la meta o Paraíso final
del Budismo. El aniquilamiento inidividual; la ausencia absoluta de
deseo y, por lo tanto, de dolor; la entrada en el Todo. El estado
perfecto de Buda.

La verdad según el Brahmanismo es el Brahmán, la Liberación.
Sambogha es la vida de la alegría. La liberación, la salvación. Moksha, como ya he dicho. Nirvana, el propósito final de la vida humana: la extinción del Karma; la llegada al estado de beatitud;
el término de la larga serie de existencias, de la ignorancia, del
esfuerzo, del deseo y del dolor; en una palabra: la paz total.

El "Conocedor" es el principio consciente de las personas ordinarias, corrientes, vulgares; el "alma", como se dice en Occidente.

En fin, la palabra YOGA, que erróneamente suele ser considerado,
de ordinario, como un simple método de cultura física, es, en realidad, uno de los darsanas o sistemas ortodoxos de filosofía hindú,
atribuido a Patanjali (que vivió hacia el año 300 antes de nuestra
era). El fin de este sistema es alcanzar la unión completa con el
Ser supremo, es decir, como la ilusión de cualquier místico occidental. Como uno de los ocho medios para alcanzar la concentración mental indispensable para conseguir la unión deseada, consiste en la práctica de posturas especiales y en ejercicios respirato-
rios, de aquí el concepto del yoga extendido por Occidente.

Los dos libros escatológicos "tipos", por decirlo así, son El Libro
de los Muertos egipcio y el Bardo Thodol. Pero como la preocupación por la muerte y sus misterios ha sido constante entre los hom-

bres de los diferentes pueblos, que jamás se resignaron ni se resignan a que su ciclo de existencia acabe con la vida en la Tierra, esta preocupación se ha manifestado en diferentes obras, tales que La Bajada al Infierno Orfico, griego, el Pretakhanda del Garuda Purana hindú, el Ars Moriendi y demás tratados sobre la ciencia de la muerte de la Europa medioeval, el De coelo et de inferno, de Swedenborg y el De inferno, de Rusca, por no citar sino los principales. Algunos de estos tratados, por ejemplo el Garuda Purana, penetra audazmente en el dominio de lo desconocido tras describir los ritos para el agonizante, el momento de la muerte, los funerales y la construcción de un cuerpo nuevo; así, el rito del Pretashraddha remplaza el cuerpo del Preta o muerto, durante estados sucesivos, hasta su renacimiento terrestre.

En fin, como ya se indica en la nota correspondiente del texto, existe también en el Tibet un librito que a modo de breviario o extracto del Bardo se pone con el cadáver para que siga su suerte y le sirva de ayuda-guía en el Estado intermedio; este librito es el Tahdol, que viene por consiguiente a cumplir en el Tibet el papel que llenaba el Libro de los Muertos en Egipto.

LIBRO TIBETANO DE LOS MUERTOS

LIBRO PRIMERO

EL CHIKHAI BARDO Y EL CHONYID BARDO (281)

En los que está contenida la confrontación con la realidad en el estado intermedio: La gran LIBERACION por el ENTENDIMIENTO durante el estado que sigue a la muerte, causado por la profunda doctrina de la emancipación de lo consciente en virtud de la meditación a propósito de las Divinidades tranquilas y de las furiosas.

LAS OBEDIENCIAS

Al Divino Cuerpo de la Verdad (282), a lo Incomprensible la Luz sin límites.

Al Divino Cuerpo del Don Perfecto que es el Loto, las Divinidades de la Paz y las Divinidades de la Cólera (283).

A Padma Sambhava, encarnación del Loto (284), protector de todos los seres conscientes.

A los Gurús, a los Tres Cuerpos (285): a todo ello se debe obediencia.

INTRODUCCION

Esta Gran Doctrina de la Liberación por el entendimiento, que da libertad espiritual a los adeptos de espíritu corriente, consta de tres divisiones: los preliminares, el motivo y la conclusión. Primeramente, pues, los preliminares, esto es, los *Libros Guías* (286), que sirven para la emancipación de los seres y que, tras bien estudiados, sólo una práctica asidua y correcta ayudará a asimilar.

LA TRANSFERENCIA DEL PRINCIPIO CONSCIENTE (287)

Mediante los *Libros Guías* seguramente los espíritus elevados quedarán liberados, pero de no ocurrir así, entonces deberán, en el estado intermedio en el momento de la muerte, practicar la Transferencia que procura inmediatamente la liberación de conseguir acordarse de ella.

Los adeptos de espíritu ordinario deberán, en verdad, ser liberados de este modo, pero aunque no lo fuesen sino durante el estado intermedio, período de experiencia de la Realidad, deberían continuar escuchando la Gran Doctrina de Liberación por el entendimiento. Para ello los creyentes deberían, en primer lugar, examinar los síntomas de la muerte tal cual aparecen gradualmente en los cuerpos de los moribundos, continuando la Liberación Personal mediante la observación de los Síntomas de la Muerte. Entonces, cuando todos los síntomas de la muerte están completos, conviene aplicar la Transferencia que confiere la liberación a aquel que puede acordarse de ella (288).

LA LECTURA DE ESTE *THODOL*

Si la transferencia ha sido efectivamente realizada, no es necesario leer este *Thodol*. Pero si la Transferencia no ha sido efectivamente realizada, entonces este *Thodol* debe ser leído correcta y distintamente cerca del cuerpo del muerto. Si no hay cuerpo (289), el lecho o el sitio habituales del difunto deben ser ocupados por el lector que va a exponer la fuerza de la Verdad. Entonces, llamando al muerto, ha de suponer que está presente y atento, y luego leer. Mientras tal hace no debe permitirse a ningún pariente ni esposo preferido (290) llorar o gemir, pues esto no es bueno, hay pues que obligarles a guardar silencio. De estar el cuerpo presente, en el momento en que la última expiración cesa, el Lama que haya sido el *gurú* del muerto, o un hermano de la Fe que practicaba, o un amigo muy querido, poniendo su boca cerca de su oreja, pero sin tocarla (291), leerá el Gran *Thodol*.

MEDIO DE APLICACION DEL THODOL POR EL OFICIANTE

Si podéis reunir grandes ofrendas, haced un homenaje a la Trinidad. De ser esto imposible, tratad de reunir algunos objetos en los cuales poder concentrar vuestro espíritu y crear mentalmente, como adoración, una ofrenda ilimitada. Luego recitad siete veces, o tres, según las circunstancias, el "Sendero de los buenos Deseos invocando la ayuda de los Budas y de los Bodisatvas" (292). Tras ello, el "Sendero de los buenos Deseos que protegen contra el miedo en el *Bardo*" y el "Sendero de los buenos Deseos que libra de los lazos peligrosos en el *Bardo*" (293), así como "Las palabras fundamentales del *Bardo*" (294); todo debe ser leído distintamente con sus entonaciones propias. Entonces es el momento del Gran *Thodol* que debe ser leído o siete veces o tres (295). En primer lugar, viene la confrontación con los síntomas de la muerte, tal cual se producen durante los momentos de la muerte; en seguida la llamada viva, la confrontación con la Realidad durante el estado intermedio, y finalmente los métodos para cerrar las puertas de las matrices cuando, en el estado intermedio, el muerto trata de renacer.

PRIMERA PARTE

EL BARDO DEL MOMENTO DE LA MUERTE

INSTRUCCIÓN SOBRE LOS SÍNTOMAS DE LA MUERTE O LA PRIMERA PARTE DEL *Chikhai Bardo:* LA CLARA LUZ PRIMORDDIAL VISTA EN EL MOMENTO DE LA MUERTE

En el momento de la primera confrontación frente a frente con la Clara Luz, durante el estado intermedio de los momentos de la muerte, puede ocurrir que muchos hayan escuchado las enseñanzas religiosas sin no obstante reconocerlas, mientras que otros que las han reconocido están no obstante poco familiarizados con ellas. Pero todos cuantos hayan recibido la enseñanza práctica de los *Guías* serán, si merecen que se les aplique, puestos frente a frente de la Clara Luz fundamental y, sin ningún otro estado intermedio, obtendrán el *Dharma-Kaya* sin nacimiento por la Gran Vía Ascendente (296). He aquí el modo de aplicación: lo mejor es contar, si es posible, con un *gurú* que dé al difunto las instrucciones directivas. De no poder contar con un *gurú,* entonces hay que llamar a un hermano de la fe. Si ninguna de estas personas puede venir, entonces hay que acudir a alguien capaz de leer claramente el Thodol varias veces. Esto recordará al muerto lo que había oído decir a propósito de la confrontación, podrá reconocer la Luz Fundamental y, sin duda alguna, obtener la Liberación. He aquí cuándo y cómo es preciso proceder: Una vez que la expiración ha cesado, la fuerza vital habra caído en el centro nervioso del Saber (297) y "El Conocedor" (298) experimentará la Clara Luz de la condición natural (299). Entonces la fuerza vital siendo proyectada en forma de corriente descendente a lo largo de los nervios psíquicos a derecha e izquierda, el alba del estado intermedio se levantará momentáneamente.

Estas directivas deben ser aplicadas antes de que la fuerza vital se extienda por el nervio izquierdo, luego de haber atravesado los centros nerviosos del ombligo. El tiempo normal necesario para este movimiento de fuerza vital dura mientras la respiración existe, poco más o menos, el tiempo necesario para hacer una comida (300). El modo de aplicación es el siguiente: Cuando la respiración está a punto de acabar es preferible que la Transferencia haya sido hecha; pero si ha sido ineficaz, entonces habrá que pronunciar estas palabras: "¡Oh noble hijo! (aquí el nombre del moribundo). El tiempo ha llegado para ti de buscar el Sendero. Tu aliento va a cesar. Tu *gurú* te ha colocado frente a frente de la Clara Luz. Y ahora vas a conocerla en su Realidad, en el estado del *Bardo* en que todas las cosas son como el cielo vacío y sin nubes y en donde la inteligencia desnuda y sin mancha es como una vacuidad transparente sin circunfrencia ni centro. En este momento, conócete a ti mismo y permanece en tal estado. Yo, a mi vez, ahora, te establezco en esta confrontación."

Leído esto, hay que repetirlo varias veces junto a la oreja del difunto, para que antes de que la respiración cese, quede bien grabado en su espíritu. De estar la respiración a punto de cesar, hay que volver al moribundo hacia la derecha, en la posición llamada del león acostado. El latido de las arterías (a derecha e izquierda del cuello) debe ser comprimido. De tener el moribundo tendencia a dormir, o si el sueño llega, hay que evitarlo, y para ello hay que hacer presión, dulcemente, sobre las arterias, dulce pero con firmeza. Con ello la fuerza vital no podrá volver al nervio medio y partirá seguramente por la abertura brahmánica (301). Entonces es cuando debe ser hecha la real confrontación. Y es en este momento cuando la primera percepción en el *Bardo* de la Luz Clara de la Realidad, espíritu perfecto del *Dharma-Kaya,* es sentida por todo ser animado. El tiempo del intervalo de la cesación de la respiración y de la inspiración es aquel durante el cual la fuerza vital permanece en el nervio mediano. Se dice corrientemente que es entonces cuando el conocimiento se desvanece. La duración de este instante es incierta. Depende de la buena o mala constitución de los nervios, y de la fuerza vital. Incluso entre los que no han tenido sino una muy pequeña experiencia práctica del estado firme y tranquilo del *dhyana* y en aquellos que tienen los nervios tranquilos, este momento dura bastante (302).

Para establecer la confrontación, la repetición de las palabras, dirigidas al moribundo, señaladas hace un momento, debe ser hecha hasta que un líquido amarillento empiece a aparecer en las diversas aberturas del cuerpo. En los que han llevado una vida mala, o en aquellos que tienen los nervios mal equilibrados, el estado del que ha sido hablado no dura más de lo que dura un castañetear de dedos. En los demás puede durar el tiempo necesario para hacer una comida. En diversos *Tantras* se lee que este estado de desvanecimiento dura alrededor de tres días y medio. Muchos otros tratados religiosos dicen que cuatro días, durante los cuales esta puesta frente a frente con la Clara Luz debe ser constituida. El modo de aplicación hele aquí: Si el moribundo es capaz, por sí mismo, de reconocer los síntomas de la muerte, ha debido servirse antes de esta capacidad (303). De ser incapaz de ello, un *gurú*, un *shishya* o un hermano de la Fe con el que el moribundo estuviese muy unido, debería en este caso permanecer a su lado e imprimir en su espíritu los síntomas de la muerte apareciendo por su orden natural, repitiendo: "Ahora llega el momento en que la tierra naufraga en el agua." "Ahora, cuando el agua naufraga en el fuego." "Ahora, cuando el fuego naufraga en el aire" (304).

Cuando todos los síntomas de la muerte están a punto de acabar, entonces pronunciad este mandato en voz baja al oído del moribundo: "Oh noble hijo (de ser un sacerdote: ¡Oh Venerable Señor!) no permitas que tu espíritu se distraiga." De tratarse de un hermano de la Fe o de alguna otra persona, llamadle por su nombre y añadid: "¡Oh noble hijo, lo que se llama la muerte, habiendo llegado para ti, toma esta resolución: esta es la hora de mi muerte. Tomando ventaja sobre esta muerte obraré por el bien de todos los seres conscientes que pueblan las inmensidades ilimitadas de los cielos con objeto de obtener el estado perfecto de Buda, en virtud del amor y de la compasión que dirigiré hacia ellos encaminando mi esfuerzo, concentrado tan sólo hacia la Perfección." Decid aún: Dirigiendo así tus pensamientos —particularmente en el momento en que el *Dharma-Kaya* de la Clara Luz puede ser realizado en el estado que sigue a la muerte por el bien de todos los seres conscientes— aprende a reconocer que estás en este estado y toma la resolución de obtener el mayor bien de este Estado del Gran Símbolo (305), en el cual estás, pensando: "Incluso si no puedo realizarle, reconoceré este *Bardo* y haciéndome dueño del Gran Cuerpo del Universo en *Bardo,* apareceré en alguna forma, sea cual sea, para beneficio de todo ser existente. Y serviré a los seres sensibles infinitos en número como los límites del cielo." Sintiéndote atado a esta resolución, deberás tratar de acordarte de las prácticas de devoción a las que estabas acostumbrado durante tu vida.

El lector dirá todo esto con los labios, cerca de la oreja del difunto, repitiéndolo claramente para imprimirlo de un modo seguro en él, impidiendo que su espíritu se extravíe ni un solo momento. Cuando la expiración ha cesado completamente, apretar fuertemente el nervio del sueño, y si se trata de una lama, una persona más elevada o mas instruida que vosotros, decir con fuerza estas palabras: "Reverendo Señor, ahora entras en la Clara Luz Fundamental. Procura permanecer en el estado que experimentas en este momento." De tratarse de otras personas, el lector hará la confrontación de este modo: "¡Oh noble hijo (aquí el nombre), escucha! Ahora sufres la radiación de la Clara Luz de Pura Realidad. Reconócela. ¡Oh noble hijo! tu conocimiento presente, en realidad vacío, sin característica y sin color, vacío, de naturaleza, es la Verdadera Realidad, la Bondad Universal. Tu inteligencia, cuya verdadera naturaleza es el vacío que no debe ser mirado como el vacío de la nada, sino como la inteligencia misma sin trabas, brillante, universal y feliz es la conciencia misma (306): el Buda universalmente bueno. Tu propia conciencia no formada en modo alguno, en realidad vacía y la inteligencia brillante y gozosa son inseparables. Su unión es el *Dharma-Kaya*: el estado de perfecta iluminación (307). Tu propia conciencia, brillante, vacía e inseparable del Gran Cuerpo de Esplendor, no tiene ni nacimiento ni muerte y es la inmutable Luz Amitaba Buda. Este Conocimiento basta. Reconocer el vacío de tu propia inteligencia como el estado de Buda y considerarle como tu propia conciencia, es continuar en el espíritu divino de Buda."

Esto hay que repetirlo clara y distintamente tres e incluso siete veces. Ello recordará al espíritu del moribundo la enseñanza de la confrontación que le fue dada durante su vida por su *gurú*. En segundo lugar, hará reconocer la conciencia despojada, como siendo la Clara Luz. En tercer lugar, reconociendo su propia esencia, el moribundo se une de modo permanente al *Dharma-Kaya* y la Liberación será un hecho cierto (308).

INSTRUCCIONES CONCERNIENTES AL SEGUNDO ESTADO TRANSITORIO DEL *Chikhai Bardo:* LA CLARA LUZ SECUNDARIA VISTA INMEDIATAMENTE TRAS LA MUERTE

La Clara Luz Primordial, si ha sido reconocida, ha hecho alcanzar la Liberación. Pero de temer que no ha podido ser reconocida, entonces se puede asegurar con toda certeza que el difunto verá la Clara Luz Secundaria que se producirá aproximadamente "durante el tiempo que dura una comida", una vez que la última expiración haya cesado. Según el *Karma* sea bueno o sea malo, la fuerza vital desciende por el nervio derecho o izquierdo y se va por una de las aberturas del Cuerpo. Entonces se presenta un estdo de lucidez (309). El estado de Clara Luz Primordial puede durar hasta "el tiempo necesario para hacer una comida", ello dependerá de la buena o mala condición de los nervios y también del estudio de la confrontación hecha durante la vida. Cuando los Principios-Conscientes salen del cuerpo, el difunto se pregunta: "¿Estoy o no estoy muerto?" Le es imposible determinarlo; ve a sus allegados, a los que le rodean, tal cual los veía antes. Oye sus sollozos (310). Las ilusiones kármicas de terror no se levantan aún, como tampoco las apariciones o experiencias producidas por el Señor de la Muerte (*Gshinrjé*). Durante este intervalo, el Lama o lector debe seguir las direcciones del *Thodol*. Hay adeptos del período de perfección y del estado de visión. De dirigirse a un adepto del estado de perfección, llamadle tres veces por su nombre y repetid varias veces las palabras de confrontación con la Clara Luz, leídas en el primer capítulo. Si se trata de un adepto del estado de visión, entonces leedle los rezos de introducción y el texto de la Meditación sobre su divinidad tutelar, luego, decidle: "¡Oh noble hijo! medita a propósito de tu divinidad protectora (aquí decir el nombre de esta divinidad) (311). No te distraigas. Concentra tu espíritu en tu dios tutelar, medita acerca de él cual si fuese el reflejo de la Luna en el agua, aparente pero inexacto en realidad. Medita a propósito de él cual si se tratara de un ser que tuviese cuerpo físico." De este modo el lector imprimirá esta idea en el espíritu del muerto. De ser el muerto un espíritu ordinario, decid: "Medita acerca del Señor de la Gran Compasión."

Confrontados de este modo, incluso aquellos a los que se juzgaría incapaces de reconocer el *Bardo* (sin ayuda), estarían sin duda alguna en condiciones de reconocerle. Aquellos que durante su vida, han estudiado la Confrontación con un *gurú,* pero sin familiarizarse con ella, no podrán reconocer solos el *Bardo.* Un *gurú* o un hermano de la Fe deberá ayudarles en tal momento. Podría haber también quienes, habiéndose entrenado en la enseñanza, no pueden resistir mentalmente a la ilusión, a causa de una muerte demasiado violenta. Para estos la instrucción es absolutamente necesaria. Hay también quienes, no obstante estar acostumbrados a la enseñanza, han merecido pasar a un estado de existencia miserable, a causa de la carencia de votos, o del no cumplimiento honesto de obligaciones esenciales. Para estos también, esta instrucción es absolutamente necesaria. Si el primer estado del *Bardo* ha sido advertido inmediatamente, miel sobre hojuelas. Si no, mediante la aplicación de esta llamada al muerto en el segundo estado, el intelecto es despertado y puede alcanzar la liberación. Durante el segundo estado del *Bardo,* el cuerpo está en el estado llamado "el cuerpo de ilusión brillante" (312). No sabiendo si está muerto o no, llega a un estado de lucidez. Si las instrucciones son aplicadas al muerto con éxito, durante este estado, el *karma* no podrá impedir su encuentro con la Realidad-Madre y con la Realidad de descendencia (313). Así como los rayos del *Sol* disipan las *tinieblas*, la Clara Luz disipa las potencias del *karma*. Lo que es llamado el segundo estado del *Bardo* se levanta para iluminar el cuerpo-pensamiento. "El Conocedor" permanece en el sitio donde sus actividades han sido limitadas. Si, en aquel momento, toda esta enseñanza especial ha sido aplicada eficazmente, entonces el propósito es conseguirlo. Pues las ilusiones kármicas no han llegado aún para arrastrar de aquí para allá al muerto y apartarle de su propósito de llevar a cabo la iluminación.

SEGUNDA PARTE

EL *BARDO* DE LA EXPERIENCIA DE LA REALIDAD

INSTRUCCIONES PRELIMINARES CONCERNIENTES A LA EXPERIENCIA DE LA REALIDAD DURANTE EL TERCER ESTADO TRANSITORIO LLAMADO EL *Chonyid Bardo,* CUANDO LAS VISIONES KÁRMICAS APARECEN

Incluso si la Clara Luz primordial no ha sido reconocida, de ser reconocida la Clara Luz del segundo *Bardo* la Liberación será alcanzada. Si, por el contrario, la liberación no ha tenido lugar entonces lo que es llamado el tercer *Bardo* o *Chonyid Bardo* empieza. En este tercer estado del *Bardo* se producen las ilusiones kármicas. Es muy importante que la gran confrontación del *Chonyid Bardo* sea leída, pues tiene un gran poder benéfico. Hacia este momento, el difunto ve que la parte de su comida es apartada, que su cuerpo es despojado de sus vestidos, que el sitio donde estaba la manta sobre la que descansaba es barrido. Escucha los llantos y gemidos de sus amigos y de sus parientes, y muy especialmente les ve y oye como le llaman, pero como ellos no pueden saber que les responde, se va disgustado. Al instante, sonidos, luces, radiaciones se le manifiestan ocasionándole miedo y terror y a causa de ello gran fatiga. Es entonces cuando esta confrontación con el *Bardo* de la realidad debe ser aplicada. Llamando al muerto por su nombre clara y distintamente, dadle las explicaciones siguientes:

"¡Oh noble hijo! escucha con atención y sin distraerte. Hay seis estados transitorios de *Bardo* que son: el estado natural del *Bardo* durante la concepción; el *Bardo* del estado de los ensueños; el *Bardo* del equilibrio extático en la meditación profunda; el *Bardo* del momento de la muerte; el *Bardo* de la experiencia, y el *Bardo* del proceso inverso de la existencia samsariana. Tales son los seis estados.

¡Oh noble hijo! ahora vas a experimentar tres *Bardos;* el *Bardo* del momento de la muerte, el *Bardo* de la experiencia de la realidad y el *Bardo* de la búsqueda del renacimiento. De estos tres estados has experimentado hasta ayer el *Bardo* del momento de la muerte. Bien que la Clara Luz de la Realidad haya lucido sobre ti, no has podido permanecer en ella y ahora debes vagar aquí. Por el momento vas a experimentar el *Chonyid Bardo* y el *Sidpa Bardo.* Observa con atención perfecta lo que te voy a presentar y permanece firme.

¡Oh noble hijo! lo que se llama la muerte ha llegado ahora. Dejas el Mundo, pero no eres tú solo en hacerlo, la muerte llega para todos. No continúes atado a esta vida por el sentimiento y por la debilidad. Pues aunque por por debilidad quisieras hacerlo, no tendrías poder suficiente para permanecer aquí. No podrás obtener otra cosa sino errar en el *Samsara.* No te empeñes en lo imposible, no seas débil. Acuérdate de la preciosa Trinidad (El Buda, el Dharma, el Sangha).

"¡Oh noble hijo! sea cual sea el miedo y el terror que puedan asaltarte en el *Chonyid Bardo* no olvides lo que te digo y guardando la significación de mis palabras en tu corazón, avanza llevándolas como divisa, pues en ellas se encierra el secreto vital del conocimiento."

"¡Ay! cuando la Experiencia de la Realidad luce sobre mí una vez expulsado todo pensamiento de miedo, de terror, de temor a las apariencias, séame dado conocer que toda aparición es una reflexión de mi propia conciencia; pueda reconocerlas como siendo de la naturaleza de las apariciones del *Bardo*. En el muy importante momento de cumplir un gran fin, séame dado no temer a las tropas de Divinidades apacibles e irritadas que no son otra cosa que mis propias formas-pensamientos."

Repite estas palabras claramente acordándote de su significación y sin dejar de decirlas, continúa. Con ello, cualquier visión de temor o de terror que se aparezca la reconocerás sin duda alguna; no olvides el arte secreto vital que encierran estas palabras.

¡Oh noble hijo! en el momento en que tu cuerpo y tu espíritu se han separado, has conocido el fulgor de la Verdad Pura, sutil, centelleante, brillante, resplandeciente, gloriosa y radiantemente impresionante, bajo la apariencia de un espejismo cruzando un paisaje primaveral y un continuo chorrear de vibraciones. No quedes subyugado, aterrorizado ni temeroso. Todo ello no es sino irradiación de tu propia y verdadera naturaleza. Aprende a conocerlo. Del centro de esta irradiación saldrá el sonido natural de la Realidad repercutiéndose simultáneamente cual un millar de truenos. Ello es el sonido natural de tu propio y verdadero ser. No quedes subyugado, aterrorizado ni temeroso. El cuerpo que tienes ahora es llamado el cuerpo-pensamiento de las inclinaciones. Desde que ya no tienes un cuerpo material de carne y de sangre, sea lo que sea lo que pueda suceder: sonidos, luces o radiaciones, nada de todo esto puede hacerte daño. Ya te es imposible morir. Te basta y suficiente es para ti, saber que estas apariciones son tus propias formas-pensamientos. Aprende a reconocer que esto es el *Bardo* (314).

¡Oh noble hijo! si no reconoces tus propias formas-pensamientos no obstante las meditaciones o devociones practicadas por ti en el Mundo humano—si no has escuchado esta presente enseñanza—los fulgores te subyugarán, los sonidos te llenarán de miedo, los rayos te aterrorizarán. Si no conoces esta llave absoluta de tus eneseñanzas, no siendo capaz de reconocer sonidos, luces y radiaciones, obigado serás a vagar por el *Samsara.*

EL ALBA DE LAS DIVINIDADES APACIBLES DEL PRIMERO AL SEPTIMO DIA

Presumiendo que el difunto está obigado por su *karma* (lo que les ocurre a la mayor parte) a atravesar los cuarenta y nueve días de existencia del *Bardo,* a pesar de frecuentes confrontaciones que le son leídas, los juicios y peligros que tendrá que afrontar y de los que deberá triunfar durante los siete días de las apariciones de las Divisiones apacibles, le son explicados aquí detalladamènte. El primero de estos siete días es señalado por el texto en el momento en que normalmente se da cuenta del hecho de haber muerto y estar en el camino del renacimiento; este día cae poco más o menos tres y medio o cuatro después de la muerte.

Primer día

¡Oh noble hijo! has estado desvanecido durante los cuatro últimos días. Cuando salgas de esta nada, te preguntarás: "¿Qué ha pasado?" Obra de tal manera que puedas reconocer el *Bardo*. En este momento el *Samsara* estará (te parecerá a ti) en revolución, y los fenómenos aparentes que verás serán radiaciones y deidades. Los cielos te parecerán de un azul oscuro. Entonces del Reino Central llamado "la fuerza proyectiva de la simiente", el Bhagavan Vairochana (315) de color blanco, sentado en el trono del León, llevando en su mano la rueda de ocho rayos y enlazado por la Madre del Espacio del Cielo (316), se manifestará a ti. Es la agregación de la materia constituida en estado primordial que es la luz azul. La sabiduría del *Dharma-Dhatu* de color azul brillante, transparente, espléndida, deslumbradora brotará hacia ti del corazón de Vairochana, el Padre-Madre y te herirá una luz tan brillante que apenas serás capaz de soportar su resplandor. Acompañando a esta luz, brillará una empañada claridad blanca proveniente de los devas, que alcanzará tu frente (317). En virtud del poder del *karma* malo, la espléndida luz azul de sabiduría del *Dharma-Dhatu* producirá en ti miedo y terror y huirás. En aquel momento no debes espantarte de la divina luz azul que aparecerá brillante, deslumbradora, espléndida, ni debes quedar sorprendido a causa de ella. Es la luz del Tathagata (Buda) llamada la luz de la Sabiduría del *Dharma-Dhatu*. Pon en ella tu fe, cree en ella, ruega y piensa en lo más profundo de ti que es la luz salida del corazón de Bhagavan Vairochana venida para recibirte en los pasajes difíciles del *Bardo*. Esta luz es la luz de la gracia de Vairochana. No seas pues atraído por la empañada luz de los devas. No te inclines hacia ella, no seas débil. De unirte a ella, vagarás por las moradas de los devas y serás arrojado a los torbellinos de los Seis *Lokas*. Lo que no es sino un medio para detenerte en la vía de la Liberación. No mires esta luz empañada, mira la brillante luz azul, con fe profunda, concentra ardientemente tu pensamiento en Vairochana y repite conmigo esto: "¡Ay! cuando errante en el *Samsara* a causa de una intensa estupidez, por el radiante camino de

la luz de la sabiduría del *Dharma-Dhatu,* pueda conducirme el Bhagavan Vairochana; pueda la Divina Madre del
Espacio infinito seguirme; pueda ser conducido con seguridad a través de las emboscadas del *Bardo;* pueda ser colocado en el estado del Todo perfecto Buda."

Diciendo esto con fe humilde y profunda, te fundirás
en el halo del arco iris luminoso del corazón de Vairochana y obtendrás el estado de Buda en el *Sambhog-Kaya,*
el reino central de la Densa Concentración (318).

Segundo día

Pudiera ocurrir que no obstante esta confrontación, el
muerto, a causa de la fuerza de la cólera o de su *karma*
oscureciente, dejándose alarmar por la luz espléndida, huyese o se dejase dominar por las ilusiones a pesar de las
palabras dichas. Entonces, el segundo día Vajra-Sattva y
las deidades que le rodean así como las malas acciones del
muerto que le han valido el infierno, vendrían a acogerle.
Para la confrontación, en este caso, es preciso llamar al
muerto por su nombre y decirle: "¡Oh noble hijo! escucha
sin distraerte. El segundo día, la pura forma de agua brillará como una luz blanca. En este momento, del reino de
la sabiduría preeminente que es el reino azul oscuro del
Este, el Bahagaván Akshobhya Vajra-Sttva de color azul
teniendo en su mano el *dorje* (319) de cinco ramas, sentado en el trono del elefante y enlazado por la Madre Ma-
mak se te aparecerá rodeado de los Bodisatvas: Kshitigar-
bha y Maitreya y las Bodisatvas femeninas Lasema y
Proslema (320). Estas seis divinidades búdicas se te
aparecerán. Entonces el agregado de tu principio de conciencia en su forma más pura, a saber "La sabiduría, semejante al Espejo", brillará cual una luz clara, radiante y
blanca que sale del corazón de Vajra-Sattva el Padre-Madre.
Tan deslumbradora, brillante y transparente que apenas po-

drás mirarla; y esta luz brotará hacia ti. Una empañada
claridad gris ahumada proveniente del Infierno aparecerá
junto a la luz de la "Sabiduría, semejante al Espejo" y
vendrá también a herirte. Entonces, por la fuerza de la
cólera, quedarás sorprendido y aterrado a causa de la
luz blanca y querrás huir; y te sentirás atraído por la empañada luz gris ahumada del Infierno. Obra de tal modo
que no seas espantado por la luz blanca, brillante y transparente. Reconócela como siendo la luz de la sabiduría.
Pon en ella tu fe humilde y profunda, pues es la luz de
la gracia de Bhagavan Vajra-Sattva. Piensa con fe "Ella
será mi refugio" y ruega. Tienes ante ti al Bhagaván Vajra-
Sattva llegando a recibirte y te salvarás de los temores y
horrores del *Bardo*. Cree en su Luz que es "El gancho de
los rayos de la gracia" (321) mediante el cual Vajra-Sattva te salvará. No seas atraído por la empañada claridad
gris ahumada del Infierno. Es el mal *karma* acumulado
por la cólera violenta quien abre este camino. Si sigues
esta atracción caerás en los mundos-infiernos donde tendrás que soportar una gran miseria sin que te sea determinado un tiempo fijo para salir de ella. Esto sería una
interrupción destinada a detenerte en la vía de la Liberación. No mires pues en torno tuyo, evita la cólera (322).
No seas atraido por todo esto. No seas débil. Cree en la
blanca Luz deslumbradora y brillante y, poniendo tu corazón en Bhagaván Vajra-Sattva di: "¡Ay! en el momento
en que yerre por el *Samsara* por obra del poder de la cólera violenta, en el camino luminoso de la Sabiduría semejante al Espejo, ¡ojalá pueda ser conducido por Bhagaván Vajra-Sattva! ¡Pueda la Divina Madre Mamaki seguirme y protegerme! ¡Pueda ser conducido con seguridad
a través de las emboscadas del *Bardo* y alcanzar el estado
perfecto de Buda!"
    Diciendo esto con fe humilde y profunda, te fundirás
en el halo del arco iris del corazón de Bhagaván Vajra-

Sattva y obtendrás el estado de Buda en el *Sambhoga-Kaya* del reino del Este, llamado el reino de la Suprema Dicha.

Tercer día

Sucede que a pesar de esta confrontación a causa del peso del mal *karma* y por obra del orgullo, ciertos muertos escapan al "gancho de los rayos de la gracia". Para los tales, el Bhagaván Ratna-Sambhava (323) y las deidades que le acompañan a lo largo del camino luminoso del Mundo humano, vendrán a acogerles el tercer día.

Llamando aún al muerto por su nombre, decid la confrontación de este modo: "¡Oh noble hijo! escucha sin distraerte. El tercer día, la forma primordial del elemento tierra brillará como una luz amarilla. En este momento, viniendo del reino del Sur, dotado de gloria, el Bhagaván Ratna-Sambhava, de color amarillo, llevando en su mano una joya, sentado en el trono del caballo y enlazado por la Madre Divina Sangyay-Chanma (324) vendrá hacia ti en todo su brillo. Los dos Bodisatvas: Akasha-Garbha (325) y Samanta Bhadra (326) seguidos de los Bodisatvas femeninos Mahlaima y Dhupema (327)—en total seis formas búdicas—brillarán sobre ti en un halo de arco iris. El agregado del tacto en su forma primitiva estará representado por el fulgor amarillo de la Sabiduría de la Igualdad. Este fulgor de un amarillo deslumbrador glorificado con círculos y círculos satélites de radiación, tan claro, tan brillante, que el ojo apenas puede mirarle, brotará hacia ti. Junto a esta luz, tocándola, un empañado resplandor azul-amarillo reflejo del Mundo humano te herirá el corazn al mismo tiempo que la luz de la Sabiduría. Entonces, a causa de la fuerza del egoísmo, tendrás miedo de la luz amarilla brillante y querrás huir. Por el contrario atraido serás por el empañado resplandor azul-amarillo del Mundo humano. En tal momento, no temas a la deslumbrante luz amarilla, transparente, y reconócela como siendo la de la Sabiduría; resignando firmemente tu espíritu, cree en ella con firmeza y humildad. Si eres capaz de reconocerla mediante la irradiación de tu propio intelecto—incluso si no practicas la humildad, la fe y el rezo—el divino cuerpo de la Luz se fundirá contigo inseparablemente y obtendrás el estado de Buda. De no poder reconocer la radiación de tu propia inteligencia, piensa con fe: "Es la radiación de la gracia de Bhagaván Ratna-Sambhava. En ella buscaré mi refugio", y entonces ruega, pues es el "gancho de los rayos de la gracia" del Bhagaván Ratna-Sambhavá; cree, sí, en esta luz. Y no seas atraido por el empañado fulgor azul-amarillo del Mundo humano. Es la acumulación de tus inclinaciones y de tu violento egoísmo lo que ha abierto este camino. Si eres atraido hacia él, renacerás en el Mundo humano y tendrás que sufrir el nacimiento, la vejez, la enfermedad y la muerte. No tendrás la suerte de salir del pantanoso bache de la existencia del Mundo. Se trata de una interrupción destinada a detenerte en la vía de la Liberación. No mires nada, abandona el egoísmo, abandona las inclinaciones, no seas atraido hacia todas esas cosas, no seas débil. Obra creyendo en la luz brillante y deslumbradora. Pon tu pensamiento ardiendo de concentración en el Bhagaván Ratna-Sambhava y di lo siguiente: "¡Ay! en el momento en que yerre por el *Samsara*, a causa de la fuerza del egoísmo, por el camino de la Sabiduría, y de la igualdad, ¡ojalá pueda la Divina Madre "Ella que tiene el ojo de Buda" seguirme! ¡Pueda ser conducido con toda seguridad a través de las emboscadas del *Bardo*, y llegar al estado enteramente perfecto de Buda".

Di esto con humildad profunda, y te fundirás en el arco iris del corazón de Bhagaván Ratna-Sambhava el divino Padre-Madre y alcanzarás el estado de Buda en el *Sambogha-Kaya* del reino del Sur dotado de Gloria.

Cuarto día

Mediante tales concentraciones, por débiles que sean las facultades mentales, se obtendrá sin duda la Liberación. No obstante, a pesar de estos avisos repetidos, numerosos son los hombres que han creado mucho *karma* malo, o que han faltado a sus votos, o que, aún, no han merecido un desarrollo más elevado; y entonces incapaces son de reconocer todo esto. Su ignorancial, su mal *karma* ocasionado por los deseos inmoderados y la avaricia, hacen que sean espantados por sonidos y radiaciones y que huyan.

Si el muerto es de éstos, al cuarto día Bhagavan Amitabha (328) y las divinidades que le rodean, seguidas del fulgor del *Preta-Loka* causado por la avaricia y el aferramiento o los vicios saldrán simultáneamente a recibirle.

Entonces, llamad de nuevo al muerto por su nombre y decid: "¡Oh noble hijo!, escucha sin distraerte. El cuarto día, la luz roja, que es la forma primera del elemento "fuego", bírllará. En aquel momento, del Reino occidental y rojo de la Dicha, el Bhagavan Buda Amitaba, de color rojo, llevando en su mano un loto, sentado en el trono del pavo real y enlazado por la unión de los Bodisatvas Ghenrazee y Jampal (330) y de las Bodisatvas femeninas Ghirdima y Aloke (331). Estos seis cuerpos de Iluminación brillarán en ti en medio de una aureola de luz. La forma primitiva del agregado de las sensaciones, representada por la luz roja de la Sabiduría de todo discernimiento de un rojo brillante, espléndido, deslumbrador, saliendo del corazón del Divino Padre-Madre Amitaba brotará contra tu corazón tan brillante, que apenas podrás mirarla. Pero no la temas. Acompañando a esta luz, un empañado resplandor rojizo venido del *Preta-Loka* (332) brillará también hacia ti. Obra de modo que no seas atraido por él. Abandona toda afición a la debilidad. En aquel momento, por la fuerza intensa de esta afición, quedarás aterrorizado por la deslumbrante luz roja y huirás. Te sentirás atraido por el empañado resplandor rojizo del *Preta-Loka*. Pues bien, que no te espante la espléndida luz roja deslumbradora transparente y radiante. Si eres capaz de reconocerla como siendo la de la Sabiduría y hacer que tu espíritu permanezca resignado, te fundirás en ella y alcanzarás el estado de Buda. Caso de no poder reconocerla, piensa: "Son los rayos de la gracia de Bhagaván Amitaba, en la cual buscaré mi refugio", y ruégale con humilde fe. Es el "gancho de los rayos de la gracia" de Buda Amitaba. Ten confianza, no le huyas. Incluso si le huyes, la Luz te seguirá, pues es inseparable de ti. No tengas miedo. No seas atraído por el empañado resplandor rojizo del *Pret-Loka*. Es el resplandor causado por la acumulación de tus sentimientos de inclinación al *Samsara* que se manifiestan en ti. De permanecer unido, caerás en el mundo de los espíritus desgraciados y tendrás que sufrir hambre y sed intolerables. Ninguna posibilidad tendrás de alcanzar la Liberación en este estado (333). Es una interrupción que obstruye para ti la vía de la Liberación. No te aferres a nada, abandona tus tendencias habituales. No seas débil. Cree en la brillante y deslumbradora luz roja. Concentra tu fe en el Bhagaván Amitaba el Padre-Madre, y di: "¡Ay! en el momento en que yerre en el *Samsara* a causa del poder de la intensa inclinación, en el radiante camino del Saber de todo discernimiento. ¡Ojalá me conduzca Bhagaván Amitaba! ¡Pueda la Divina Madre "la que va vestida de blanco" seguirme para preservarme! ¡Pueda ser conducido con seguridad a través del las emboscadas del *Bardo* y ser colocado en estado perfecto de Buda!"

Pensando así, con fe humilde y profunda, te fundirás en el halo del arco iris del corazón del Bhagaván Amitaba y alcanzarás el estado de Buda en el Sambogha-Kaya del Reino del Oeste, llamado el Reino feliz.

Quinto día

Imposible que de este modo no sea liberado. No obstante, a pesar de esta confrontación, ciertos seres animados por una demasiado larga asociación con sus tendencias, vueltos incapaces de abandonar sus costumbres y cargados del mal *karma* de la envidia, son aterrorizados por los sonidos y los rayos. "El gancho de los rayos de la gracia" no habiendo podido cogerles, obligados se ven a rondar hasta el quinto día.

Si se forma parte de estos seres animados, este día, el Bhagaván Amogha-Siddhi (334) rodeado de sus divinidades y de los luminosos rayos de su gracia, vendrá a recibirlos. La confrontación consiste en llamar al muerto por su propio nombre y decirle: "¡Oh noble hijo, escucha sin distraerte. El quinto día, la luz verde de la forma primitiva del elemento "aire" brillará sobre ti. En este momento del Reino del Norte del cumplimiento feliz de las mejores acciones, el Bhagaván Buda Amoga-Siddhi de color verde llevando en su mano el *dorje* crucial (335), sentado en el trono de las arpías volantes (336), enlazado por la Divina Madre la Fiel Dolma (337), brillará sobre ti con sus asistentes los dos Bodisatvas: Chag-na-Dorje y Dibpanamsel (338) seguidos de las dos Bodisatvas femeninas Gandhema y Nidhema (339). Estas seis formas búdicas brillarán en un halo de luz.

El agregado de la voluntad, en su forma primitiva de la luz de la Sabiduría que puede realizar todo, de un verde sorprendente, transparente, radiante, magnífico y aterrorizante, rodeado de orbes de radiación, saliendo del corazón del Divino Padre-Madre Amogha-Siddhi como un rayo verde deslumbrante, te herirá en el corazón y apenas serás capaz de mirarle. No le temas. Es el poder natural de la sabiduría lo que estarás mirando. Permanece con gran resignación y con toda imparcialidad.

Acompañando a esta luz verde, un empañado resplandor verde oscuro, causado por los sentimientos de envidia, vendrá del *Asura-Loka* a brillar sobre ti. Medita a propósito de él con toda imparcialidad, sin repulsión, sin atracción. No te aferres a esta luz. Si tienes una potencia mental débil, no sientas afecto hacia ella. Entonces, por la influencia de la envidia intensa, quedarás aterrorizado por la deslumbrante radiación de la luz verde y querrás huir. Te sentirás atraído por el empañado resplandor verde oscuro del *Asura-Loka*. No temas sin embargo a la luz verde magnífica, transparente, radiante y deslumbradora; reconócela como siendo la de la sabiduría y, en este estado, permite a tu espíritu que se fije en la resignación. O bien piensa: "Es el gancho de los rayos de la gracia" de Bhagaván Amogha-Siddhi que es la Sabiduría que realiza todo." Cree también esto. No huyas. Incluso si huyes, la luz verde te seguirá, pues es inseparable de ti. No tengas miedo de ella. No seas atraído por el empañado verde oscuro del *Asura-Loka*. Es el *karma* adquirido de la envidia intensa que viene a recibirte. Si te dejas atraer por él caerás en el *Asura-Loka* en donde tendrás que soportar intolerables desdichas, querellas y guerras. Se trata de una interrupción para detenerte en la vía de la liberación. Abandona tus tendencias habituales. No seas débil. Ten fe en la claridad verde deslumbradora y, concentrando tu pensamiento entero en el divino Padre-Madre el Bhagaván Amogha-Siddhi, di esto: "¡Ay! en el momento en que yerre en el *Samsara* en virtud de la fuerza de la intensa envidia, en el camino radiante de la Sabiduría que realiza todo, ¡ojalá pueda ser conducido por el Bhagaván Amogha-

Siddhi! ¡Pueda la Divina Madre la Fiel Tara seguirme para salvaguardarme, y ser conducido con seguridad a través de las emboscadas del *Bardo*! ¡Y pueda ser colocado en el estado perfecto de Buda!"

Pensando así con toda fe y humildad, te fundirás en el halo de luz del arco iris del corazón del Divino Padre-Madre el Bhagaván Amogha-Siddhi y alcanzarás el estado de Buda en el *Sambogha-Kaya* del Reino del Norte de las Buenas acciones acumuladas (340).

Sexto día

Siendo así confrontado en cada pasaje, por débiles que sean sus relaciones kármicas, la muerte ha debido ser reconocida en uno u otro de ellos. No obstante, a pesar de las confrontaciones frecuentes hechas de este modo, un ser con fuertes tendencias, pero carente del hábito de la Sabiduría y de un puro afecto hacia ella, puede ser atraído hacia atrás por el poder de sus malas tendencias personales a despecho de las numerosas advertencias dadas. El "gancho de los rayos de la gracia" no habiendo podido cogerle, este ser puede errar bajando siempre a causa de los sentimientos de temor y de terror que le hayan causado las luces y las radiaciones.

Entonces, todos los Divinos Padres-Madres de los cinco Ordenes de Dhyani-Budas, así como sus asistentes, brillarán sobre él simultáneamente. En el mismo momento, los fulgores procedentes de los seis *Lokas* brillarán también.

La confrontación se hace llamando al muerto por su nombre y diciendo: "¡Oh noble hijo!, hasta ayer cada una de las Divinidades de los cinco Ordenes se te ha aparecido una tras otra y has sido confrontado con ellas, pero a causa de la influencia de tus malas tendencias te has asustado y aterrorizado viéndolas y has permanecido en el

Bardo hasta ese momento. Si hubieses reconocido a las radiaciones de los cinco Ordenes de la Sabiduría como siendo emanaciones de tus propias formas-pensamientos, hubieses obtenido el estado de Buda en el *Sambogha-Kaya,* mediante la absorción de un halo de arco iris de luz en uno de los cinco Ordenes de Budas. Mira, pues ahora sin distraerte. Las luces de los cinco Ordenes llamadas las Luces de Ia Unión de las cuatro sabidurías (341) van a venir ahora para recibirte. Obra de modo que puedas reconocerlas.

¡Oh noble hijo! en este sexto día, los cuatro colores del estado primordial de los cuatro elementos (agua, tierra, fuego, aire) lucirán sobre ti simultáneamente. En este momento del Reino Central de la Fuerza proyectiva del Germen, el Buda Vairochana, el Divino Padre-Madre y sus asistentes vendrán para brillar sobre ti. Del Reino del Este de la suprema felicidad, el Buda Vajra Sattva el Divino Padre-Madre con sus asistentes vendrán a brillar sobre ti. Del Reino del Sur dotado de Gloria, el Buda Ratna-Sambhava el Divino Padre-Madre y sus asistentes vendrán a brillar sobre ti. Del Reino Feliz del Oeste el de los lotos amontonados, el Buda Amitaba el Divino Padre-Madre y sus asistentes vendrán para brillar sobre ti. Del Reino del Norte, el de las Buenas acciones perfectas, el Buda Amogha Siddhi el Divino Padre-Madre y sus asistentes vendrán en un halo de Luz para brillar sobre ti en este momento.

¡Oh noble hijo! formando un círculo exterior rodeando a esos cinco pares de Dhyani Budas, los cuatro Guardianes de las Puertas, *los que están irritados: el Victorioso,* el Destructor del Señor de la Muerte, el Rey de cuello de caballo, el Urna de Néctar, con las cuatro Guardianas de las Puertas; la Portadora de Aguijón, la Portadora de la Campana, así como el Buda de los *Devas* llamado "El del Poder Supremo" el Buda de los *Asuras* llamado "Fuerte Complexión", el Buda de la Humanidad llamado "El León de los Shakyas", el Buda del mundo bruto llamado "El León inquebrantable", el Buda de los *Pretas* llamado "El de la boca inflamada" y el Buda de los Mundos Inferiores, llamado "El Rey de la Verdad", todos, los ocho Padres-Madres guardianes de las Puertas, y los seis Amos, los Victoriosos, vendrán también a brillar delante de ti (342).

El Padre universalmente bueno y la madre universalmente buena, los grandes antepasados de todos los Budas Samanta-Bhadra y Samanta Bhadra el Divino Padre y la Divina Madre, estos dos también se te aparecerán en todo su brillo. Estas cuarenta y dos deidades dotadas de perfección, salidas de tu corazón producidas por tu amor (343), vendrán para brillar. Reconócelas.

¡Oh noble hijo! esos reinos no han llegado de un punto exterior. Vienen de las cuatro divisiones de tu corazón que, comprendiendo en él su centro, hace las cinco direcciones. De tu corazón salen y para ti brillan. Las deidades tampoco vienen de parte alguna fuera de ti mismo; existen de toda eternidad en las facultades de tu propia inteligencia. Sabe reconocer en ellas esta naturaleza.

¡Oh noble hijo! la talla de todas estas divinidades no es ni grande ni pequeña, sino proporcionada. Cada una de ellas tiene sus ornamentos, sus colores, sus aptitudes, sus tronos y sus emblemas. Estas deidades están formadas en grupos rodeados de un quíntuple círculo de radiaciones, los Bodisatvas masculinos comparten la naturaleza del Divino Padre y las Bodisatvas femeninas comparten la de la Divina Madre. Todos estos divinos cónclaves vendrán a brillar sobre ti en un cónclave único y completo. Son tus divinidades tutelares personales. Reconócelas como tales.

¡Oh noble hijo! de los corazones de los Divinos Padres-Madres de los Cinco Ordenes, los rayos de la Luz de las

Cuatro Sabidurías unidos, extremadamente claros y hermosos, como rayos de sol hilados, vendrán a brillar sobre ti y a herir tu corazón. Sobre esta vía de Luz vendrán a brillar magníficos orbes de luz azul emitiendo rayos: la sabiduría del *Dharma-Dhatu* ella misma, cada rayo apareciendo como un tazón de turquesa vuelto, rodeado de orbes similares de talla más pequeña. Magnífico, deslumbrador, radiante, transparente, cada rayo, vuelto aún más magnífico por cinco orbes más pequeños, dirigidos todos alrededor de cinco estrellas de luz de la misma naturaleza sin dejar ni el centro ni los bordes sin la gloria de los orbes grandes y pequeños.

Del corazón de Vajra-Sattva la blanca vía de luz de la Sabiduría semejante al Espejo, blanca, transparente, magnífica, deslumbradora, espléndida y aterrorizante, vuelta aún más magnífica por orbes rodeados de orbes más pequeños de luz transparente y radiante, brillantes cada uno como un espejo caído, vendrá a brillar sobre ti. Del corazón de Ratna-Sambhava, la vía de luz amarilla de la Sabiduría de la Igualdad, con orbes amarillos como copas de oro vueltas, rodeadas de orbes más pequeños y éstos de otros aún más pequeños, vendrá a brillar sobre ti. Del corazón de Amitaba, la transparente vía de la Luz de la Sabiduría Omnisciente sobre la cual orbes como copas de coral vueltas emitirán los rayos de la Sabiduría, extremadamente brillantes y deslumbradores, cada uno de ellos glorificado de cinco orbes de la misma naturaleza, no dejando ni el centro ni los bordes sin la glorificación de orbes satélites más pequeños, vendrá a brillar sobre ti. Todos vendrán simultáneamente a brillar sobre tu corazón.

¡Oh noble hijo! todas estas radiaciones son las de tus facultades intelectuales venidas a brillar para ti. No vienen del exterior. No seas atraído hacia ellas, no seas débil, no te aterres, al contrario, establécete en el mundo de la "no formación del pensamiento" (344). En este estado, todas las formas, todas las radiaciones se fundirán en ti y el estado de Buda será obtenido. La vía de luz verde de la Sabiduría de las Acciones perfectas no brillará para ti, pues la facultad de Sabiduría de tu intelecto no ha sido perfeccionada en su desarrollo.

¡Oh noble hijo! estas vías de Luz son llamadas las Luces de las cuatro Sabidurías unidas de donde procede la que es denominada: el Camino Interior que atraviesa Vajra Sattva. En este momento debes acordarte de las enseñanzas de la confrontación que has recibido de tu *Gurú*. Si has recordado el sentido de estas confrontaciones, habrás reconocido todas estas luces que han brillado sobre ti como siendo simple reflejo de tu propia luz interior. Y habiédolas reconocido cual reconocerías a amigos queridos, habrás creído en ellas y habrás comprendido su encuentro como un hijo comprende el de su Madre. Creyendo en la naturaleza incambiable de la Pura y Santa Verdad, habrás hecho deslizar en ti la onda tranquila, de *Samadhi;* y, habiendo buceado en el cuerpo de la inteligencia perfectamente evolucionada, habrás obtenido el estado de Buda en el *Sambogha-Kaya* de donde no está de vuelta.

¡Oh noble hijo! al mismo tiempo que las radiaciones de la Sabiduría, las luces de impura ilusión de los seis *Lokas* brillarán también. Si estableces esta cuestión: ¿Quienes son? pues son: un empañado fulgor blanco de los *devas* un empañado fulgor verde de los *asuras* (345), un empañado fulgor amarillo de los seres humanos, un empañado fulgor azul de los brutos, un empañado fulgor rojizo de los *pretas,* y un empañado fulgor gris humo del infierno. Estos seis fulgores aparecerán al borde de las seis radiaciones de Sabiduría. Por lo mismo, no te espantes ni seas atraído por ninguno de ellos, al contrario, permanece en el reposo de la "no formación del pensamiento". Si te dejas espantar por las radiaciones de la sabiduría y

atraer por los impuros fulgores de los seis *Lokas,* entonces
tendrás que tomar un cuerpo en uno de los seis *Lokas* y
sufrir los dolores de los *Samsaras.* Y no saldrás jamás del
océano del *Samsara* y serás arrastrado de aquí para allá
por sus olas y obligado a participar de todos los sufrimientos que allí se encuentran.

¡Oh noble hijo! si eres de los que no han merecido escuchar las palabras escogidas de un *gurú,* miedo tendrás
de las radiaciones de la Sabiduría y de las deidades que
verás allí abajo. Espantado de este modo, serás atraído
hacia los impuros objetos samsáricos. No obres así. Cree
humildemente en la pura y deslumbrante radiación de la
Sabiduría. Forma tu espíritu en esta fe y piensa: "Las
compasivas radiaciones de la Sabiduría de los Cinco Ordenes de Budas han llegado hasta mí por piedad. En ellas
tomaré mi refugio." No cediendo a la atracción de los
ilusionarios fulgores de los seis *Lokas* y dirigiendo todo
tu espíritu en concentración hacia los Divinos Padres y
Madres de los Budas de los Cinco Ordenes, pronuncia estas palabras: "¡Ay! en el momento en que yerre en el
Samsara, por la potencia de los cinco venenos violentos (346), sobre la radiante vía de luz de las cuatro Sabidurías unidas. ¡Ojalá puedan conducirme los cinco Conquistadores Victoriosos! ¡Puedan los cinco Ordenes de
Divinidades Madres seguirme! ¡Pueda ser salvado de las
vías de los fulgores impuros de los seis *Lokas* y, libre de
las emboscadas del *Bardo* temido, pueda ser colocado en
los cinco Divinos Reinos de la Pureza!

Mediante este rezo conocerás tu propia luz interior y
hundiéndote en ella, alcanzarás en un momento el estado
de Buda. Mediante una fe humilde, el más vulgar creyente llega a conocerse él mismo y a obtener la Liberación.
Hasta los más humildes, por la fuerza de una oración
pura, pueden cerrar las puertas de los seis *Lokas* y comprendiendo el verdadero sentido de las cuatro Sabidurías

unidas, obtener el estado de Buda por las vías que atraviesa Vajra-Sattva. Así mediante esta confrontación detallada, los que están destinados a la Liberación serán
conducidos a conocer "la Verdad" y en mucho, mediante
ello, alcanzarán la Liberación. Los peores entre los malos,
pesadamente cargados de mal *karma,* no habiendo obser-
vado religión alguna y muchos de los que hayan faltado
a sus votos, impedidos de reconocer la confrontación por
la fuerza de las ilusiones kármicas, no conociendo la Verdad, se alejarán descendiendo (347).

Séptimo día

En el séptimo día, las Divinidades poseedoras del Saber
vendrán, desde los santos reinos paradisíacos, para recibir
al muerto. Al mismo tiempo, el camino del mundo bruto,
creado por las pasiones oscurecientes y la estupidez, se
abrirá para recibirle. La confrontación en este momento
se hace llamando al muerto por su nombre de este modo:
"¡Oh noble hijo!, escucha sin distraerte. El séptimo día,
las radiaciones de diversos colores de las tendencias purificadas vendrán para brillar. Al mismo tiempo las Deidades poseedoras del Saber llegarán desde los santos reinos
paradisíacos para recibirte. En el centro del Círculo, au-
reolado con una radiación de Luz de arco iris, el Supremo
Detentador del Saber, el Loto señor de la danza, el Supremo Poseedor del Saber que madura los frutos del *Karma,* radiante con los cinco colores, enlazado por la Madre, la *Dakini* roja (348), él portador de un cuchillo curvo
y un cráneo lleno de sangre, danzando y haciendo el *mudra* (349) de fascinación con su mano derecha levantada
vendrá a brillar ante ti. Al este del círculo, la deidad
llamada: El Poseedor del Saber que permanece en la tierra, de color blanco, con expresión graciosamente sonriente, enlazado por la *Dakini* blanca la Madre, llevando

un cuchillo curvo y un cráneo lleno de sangre, danzando y haciendo el *mudra* de fascinación (350), vendrá a brillar. Al sur del círculo, la deidad poseyendo el Saber llamado: Aquel que tiene poder sobre la duración de la vida, de color amarillo, radiante y sonriente, enlazado por la *Dakini* amarilla la Madre, llevando un cuchillo curvo y un cráneo lleno de sangre, danzando y haciendo el *mudra* de fascinación, vendrá a brillar. Al oeste del círculo, la deidad llamada: Aquel que tiene el Saber del Gran Símbolo, de color rojo, radiante y sonriente, enlazado por la *Dakini* roja la Madre, trayendo una hoz y un cráneo lleno de sangre, danzando y haciendo el *mudra* de fascinación, vendrá a brillar. Al norte del círculo, la deidad llamada: Aquel que tiene el Saber evolucionado por sí mismo, de color verde, con expresión semi-enfadada semi-sonriente, radiante, enlazado con la *Dakini* verde la Madre, llevando un cuchillo recurvado y un cráneo lleno de sangre, danzando y haciendo el *mudra* de fascinación, vendrá a brillar. Sobre el círculo exterior alrededor de estos Detentadores del Saber, bandas innumerables de *Dakinis*: *Dakinis* de los ocho lugares de cremación. *Dakinis* de las cuatro clases, *Dakinis* de las tres mansiones, *Dakinis* de los treinta lugares santos y de los veinticuatro peregrinajes de los héroes y heroinas, de los guerreros celestiales de las deidades protectoras de la Fe masculinas y femeninas, adornada cada una con seis ornamentos de hueso, llevando tambores y trompetas hechas con fémures, tamboriles de cráneos humanos, estandartes gigantescos que diríase hechos de piel humana (351), dados y emblemas de piel humana, haciendo humear el incienso con grasa humana, llevando innumerables clases de instrumentos de música, llenando todos los sistemas del Mundo y haciéndolos vibrar, moverse, temblar mediante sonidos suficientemente poderosos como para aturdir el cerebro y danzando ritmos variados, vendrán a recibir al fiel y a castigar al infiel.

¡Oh noble hijo! cinco radiaciones sazonadas con el Saber nacido simultáneamente (352) que son las tendencias purificadas, vibrantes, deslumbradoras como hilos de colores, semejantes a relámpagos, radiantes, transparentes, magníficas, inspirando miedo, saldrán de los corazones de las cinco Divinidades principales que tiene el Saber, y herirán tu corazón; tan brillantes serán que el ojo no podrá soportar el mirarlas.

En este mismo momento, un empañado fulgor azul llegado del mundo bruto, aparecerá a lo largo de las radiaciones de Sabiduría. Y mediante la influencia de las ilusiones y de las tendencias, quedarás espantado por las radiaciones de los cinco colores y desearás huir de ellas, sintiéndote atraído, por el contrario, por el empañado fulgor del mundo bruto. Ahora bien, que la brillante radiación de los cinco colores no te espante ni te aterrorice; conoce, al contrario, esta Sabiduría como siendo la tuya.

En estas radiaciones, el sonido natural de la Verdad repercutirá cual millones de truenos. El sonido llegará como ondas que viniesen rodando, y se escuchará: "¡Mata, mata!" y los *mantras* que inspiran miedo (353). Pero no temas. No huyas. No te aterrorices. Conoce todo ello como siendo las facultades intelectuales de tu propia luz. Y no te sientas atraído hacia el fulgor empañado y azul del mundo bruto; no sean débil. De ser atraído, caerás en el mundo bruto donde la estupidez domina y sufrirás las miserias ilimitadas de la esclavitud, del mutismo y de la tontería. Y pasará mucho tiempo antes de que puedas salir de allí. No seas atraído por esto. Pon tu fe en la brillante y deslumbradora radiación de los cinco colores. Concentra tu espíritu en las deidades "Conquistadoras detentadoras del Saber". Piensa tan solo esto: "Las Deidades que tienen el Saber, los Héroes y los *Dakinis* han venido de los santos reinos de los paraísos para recibirme. A todos les suplico. Hasta este día, bien que los cinco Ordenes de

Budas de los tres tiempos hayan hecho el esfuerzo de enviar los rayos de su gracia y compasión, yo no había sido no obstante salvado por ellos. ¡Desdichado de un ser como yo! Puedan las Deidades que tienen el Saber no dejarme ir más abajo de aquí. Al contrario, cogiéndome con el gancho de su compasión condúzcanme al paraíso."

Para ello y sin distraerte, pronuncia estas palabras: "Oh tú Deidad que tienes el Saber, escúchame, te lo suplico! ¡Condúceme por la vía de tu gran amor! Cuando yerre en el *Samsara* a causa de mis tendencias intensificadas, por el brillante camino de la Luz del Saber nacido simultáneamente, ¡que las tropas de Héroes, Ellos que tienen el Saber, puedan conducirme! ¡Puedan seguirme las tropas de las Madres, los *Dakinis,* para protegerme y salvarme de las terribles emboscadas del *Bardo* y dejarme en los puros reinos del paraíso!"

Rogando de este modo con fe y humildad profundas no es dudoso que se pueda nacer en los puros reinos de los paraísos (354) tras haberse fundido como luz de arco iris con las Deidades que tienen el Saber.

Los hombres sabios (pandits) de todas clases llegando a conocer este período de preparación obtienen con él la Liberación; incluso los de malas tendencias pueden estar seguros de ser liberados aquí.

Y con esto termina la parte del Gran *Thodol* concerniente a la confrontación con las Divinidades Apacibles del *Chonyid Bardo* y la puesta cara a cara con la Clara Luz del *Chikhai Bardo.*

EL ALBA DE LAS DIVINIDADES IRRITADAS DEL 8.º AL 14.º DIA

INTRODUCCIÓN

Ahora debe ser descrita el alba de las Divinidades Irritadas. En el *Bardo* procedente de las Divinidades Apacibles, había siete períodos de emboscadas. La confrontación en cada período hubiera debido hacer reconocer uno u otro de los períodos y dar la Liberación. Millares de seres serán libertados mediante este reconocimiento; y bien que una multitud obtiene la liberación de este modo, siendo el número de seres sensibles grande, poderoso el mal *karma,* los oscurecimientos densos, las tendencias muy largamente conservadas, la Rueda de la Ignorancia y de la Ilusión continúa dando vueltas sin ser detenida ni acelerada. Bien que todos sean confrontados de este modo detalladamente, una gran mayoría continúa vagando y descendiendo sin ser liberada. Por consiguiente tras la cesación de la aparición de las Divinidades Apacibles y Detentadoras del Saber que han venido a acogerle, aparecerán las 58 Divinidades rodeadas de llamas, irritadas, bebedoras de sangre, que no son otra cosa sino las Divinidades Apacibles bajo un nuevo aspecto. Aparecerán de modo diferente según el lugar ocupado en el cuerpo Bardiaco del muerto por el centro psíquico que las emite (355). Se trata ahora pues, del *Bardo* de las Divinidades Irritadas y cómo éstas están influenciadas por el miedo, el terror y el temor, el reconocimiento se torna más difícil. No ganando el intelecto en independencia, pasa de un estado de desfallecimiento a una serie de estados semejantes. No obstante si se tiene un fulgor de conocimiento, es más fácil ser liberado en este período de preparación. De preguntar por qué, se responderá: a causa de la aparición de las radiaciones que producto del miedo del terror o del temor, mantienen al intelecto concentrado y en estado de alerta sin dejarle caer en distracciones. De no encontrar en este período esta enseñanza, el entendimiento, aunque fuese tan vasto como el océano en ciencia religiosa, de nada le serviría su saber. Puede haber abates detentadores de la disciplina, doctores en metafísica, que incapaces de reconocer la luz tras haber errado por este período de preparación rondan por el *Samsara*. En cuanto a la gente ordinaria, ¿habrá necesidad de hablar? Huyendo por miedo, terror o temor, caen por encima de los precipicios en los mundos desgraciados y sufren. Pero el más humilde de los creyentes de la doctrina mística de los *mantrayanas*, apenas ve a las divinidades bebedoras de sangre, las reconoce como siendo sus divinidades tutelares y su encuentro será como el de los conocimientos humanos. Creerá en ellas y fundiéndose con ellas, alcanzará en la unión el estado de Buda.

Habiendo meditado acerca de las descripciones de estas divinidades bebedoras de sangre, cuando vivía en el Mundo, habiéndolas rendido homenaje, habiéndolas venerado, o al menos habiéndolas visto representadas en cuadros e imágenes, cuando vea levantarse las divinidades de este período, las reconocerá y el resultado será la liberación. En esto consiste el éxito. En cambio, cuando la muerte de los abates detentadores de la disciplina y de los doctores en metafísica que hayan permanecido ignorantes de estas enseñanzas del *Bardo,* por asiduamente que se hayan entregado a las prácticas religiosas y por hábiles que hayan sido en la exposición de sus doctrinas mientras vivieron, no se producirá ningún signo o fenómeno tal que el arco iris en torno a la pira funeraria, o reliquia de huesos en las cenizas. Y ello porque, durante su vida, no han guardado en sus corazones las doctrinas místicas o esotéricas, por haber hablado con desprecio y no haber conocido jamás mediante iniciación a las deidades de las doctrinas místicas, por lo que, cuando éstas aparecen en el *Bardo* no las reconocen. Al ver de pronto lo que antes jamás habían visto, esta vista les es antipática y estos sentimientos de antagonismo una vez despiertos, les hace pasar por dolorosos estados de existencia. De ello resulta que si los observantes de las disciplinas y los metafísicos no han practicado las doctrinas místicas, signos tales que el arco iris, las reliquias de hueso y los huesos en forma de grano no aparecen en las hogueras funerarias, y la razón de ello acaba de ser dada.

El más humilde de los creyentes mantrayánicos puede tener maneras poco refinadas, ser poco diligente y falto de tacto, no vivir en concordancia con sus votos, parecer inelegante en su manera de vestir, ser incapaz de seguir las prácticas de las enseñanzas hasta su salida. Pero que nadie no obstante sienta desprecio hacia todo ello, que nadie dude de él, al contrario, téngase respeto hacia las doctrinas místicas que en él anidan. Tan sólo a costa de esto se obtendrá la liberación en este período de preparación. Incluso si los actos de un ser como éste no han sido muy correctos en el mundo humano, a su muerte aparecerá por lo menos uno de los signos: arco iris, figuras de hueso, reliquias de huesos. Y esto porque la doctrina esotérica posee como don, grandes ondas psíquicas. Estos creyentes místicos mantrayánicos de un desarrollo psíquico ordinario, que han meditado sobre el proceso de la evocación de visiones y los procedimientos de perfección y practicado los *mantras* esenciales, no tienen que errar aquí yendo más allá del *Chonyid Bardo.* Una vez que su respiración cesa son conducidos a los puros reinos paradisíacos por los Héroes y las Heroínas y las Deidades del Saber. En señal de todo ello, el cielo estará sin nubes, se fundirán en el fulgor del arco iris, la tierra será inundada de Sol, se sentirá un olor a incienso, música se escuchará en los cielos, se verán luces y reliquias de huesos serán halladas, y formas, en las cenizas de la pira funeraria.

De donde resulta que para los abates, los doctores, los místicos que han faltado a sus votos y todo el pueblo corriente este *Thodol* es indispensable. Pero los que han meditado sobre la Gran Perfección y el Gran Símbolo (356) reconocerán las Claras Luces en el momento de su muerte; y, obteniendo el *Dharma-Kaya,* serán de aquellos para quienes la lectura de este *Thodol* no es necesaria. Reconociendo la Clara Luz en el momento de su muerte, reconocerán también las visiones de las Divinidades Apacibles y de las Irritadas en el *Chonyid Bardo* y obtendrán el *Sambogha-Kaya;* o, siendo reconocidos en el *Sidpa Bardo* obtendrán el *Nirmana-Kaya*. Entonces renacerán en los planes más altos y, en este próximo renacimiento, encontrarán esta Doctrina y gozarán de la continuidad del *Karma* (357). Para ellos, este *Thodol* es la Doctrina mediante la cual el estado de Buda puede ser alcanzado sin la meditación. La Doctrina es suficiente para liberar mediante su simple entendimiento. La Doctrina que conduce a seres abrumados por un mal *Karma* por el Sendero Secreto, la Doctrina que produce una diferenciación instantánea entre los iniciados y los no iniciados, es la Doctrina profunda que confiere la iluminación perfecta instantáneamente. Los seres sensibles que han sido alcanzados por ella no pueden ir a los estados desgraciados. Esta Doctrina y la del *Tahdol* (358) reunidas son como una *mandala* de oro incrustado de turquesas. Reunidlas. Demostrada de este modo la naturaleza indispensable de este *Thodol,* he aquí que llega ahora la confrontación con el advenimiento de las Divinidades Iritadas, en el *Bardo*.

Octavo día

Llamando aún al muerto por su nombre habladle así: ¡Oh noble hijo! escucha sin distraerte: no habiendo sido capaz de reconocer a las Divinidades Apacibles que han brillado sobre ti en el Bardo precedente, has venido vagando hasta aquí. Ahora, en el octavo día, las Divinidades Iritadas bebedoras de sangre, vendrán a brillar. Obra de modo que, sin distraerte, puedas reconocerlas.

"¡Oh noble hijo! el Grande y Glorioso Buda Heruka de color pardo oscuro, con tres cabezas, seis manos y cuatro pies, sólidamente apoyado todo; su cara blanca por la parte de la derecha, roja por la izquierda y parda oscura por el centro; su cuerpo arrojando brillantes llamas; sus nueve ojos súmamente abiertos con aterrorizadora fijeza; sus cejas temblorosas como relámpagos; sus dientes descubiertos, apretados y brillantes, dejando escapar gritos con sonoro "a-la-la" y silbidos "ha-ha" penetrantes; cuyos cabellos de un amarillo rojizo, erizados siempre, lanzan rayos; sus cabezas adornadas con cráneos humanos desecados y con emblemas del Sol y de la Luna; con serpientes negras y cabezas humanas recién cortadas formando guirnaldas en torno suyo; una rueda en la primera de sus manos de la derecha, en la del centro una espada, en la última un hacha; en la primera de sus manos de la izquierda una camapana, un escalpelo humano, en la del centro, en la última una reja de arado; su cuerpo enlazado por la madre Buda-Krotishorima (359) que, con la mano derecha sostiene su cuello y con la izquierda acerca a su boca una concha llena de sangre, mientras lanza gritos destrozantes, aullidos desgarradores y gruñidos como truenos. Emanando de ambas deidades radiantes llamas de sabiduría, brillantes, que salen por cada uno de sus poros conteniendo un *dorje* de fuego; manteniéndose ambas deidades con tales aspectos, cada una sobre una pierna y cruzada la otra y rígida, bajo un palio soportado por águilas cornudas (360), saldrán de tu propio cerebro y vendrán para brillar sobre ti (361). No las temas. Que no te asusten. Reconoce todo ello como simple forma corporal de tu intelecto. Reconoce que es tu divinidad tutelar y no te aterrorices. No tengas miedo, pues en realidad se trata de Bhaggaván Vairochan el Padre-Madre. En el instante mismo en que seas capaz de reconocerle, la liberación será obtenida. Si le reconoces, fundiéndote de pronto en la divinidad tutelar, el estado de Buda en el *Sambogha-Kaya* será ganado."

Noveno día

Pero si se huyes abrumado por el miedo y el terror, entonces, al noveno día, las divinidades bebedoras de sangre del orden de Vajra vendrán a recibirte. La confrontación se hace de este modo tras llamar al muerto por su nombre: "¡Oh noble hijo! escucha sin distraerte. El bebedor de sangre del orden de Vajra llamado Bhagaván Vajra-Heruka de color azul oscuro, con tres caras, seis manos, cuatro pies sólidamente apoyados; en la primera mano derecha llevando un *dorje,* en la del medio un escalpelo, en la última un hacha; en la primera mano izquierda una campana, en la del centro un escalpelo y en la última una reja de arado; su cuerpo enlazado por la Madre Vajra-Krotishorima cogiendo su cuello con la mano derecha, y con la izquierda llevándose a la boca una concha llena de sangre. Esto se producirá por la parte Este de tu cerebro y vendrá a brillar sobre ti. No temas. No te aterrorices. En realidad son el Bhagaván Vajra Sattva, el Padre-Madre. Cree en ellos. Reconóceles y obtendrás al punto la liberación. Proclamándoles como tales, conociéndolos como tus divinidades tutelares, fundiéndote en ellos, obtendrás el estado de Buda".

Décimo día

Si esta vez aún el reconocimiento no se ha realizado, por ser demasiado grandes las oscuridades producidas por las malas acciones, entonces, el décimo día aparecerá el bebedor de sangre de la orden de la Joya llamado Ratna-Heruka, de color amarillo, que tiene tres caras, seis manos y cuatro pies sólidamente apoyados: la cara derecha blanca, la izquierda roja, la del centro amarilla oscura, rodeado de llamas; en la primera de las tres manos de la derecha tendrá una piedra preciosa, en la del medio un tridente, en la última un bastón; en la primera mano de la izquierda una campana, en la del medio un escalpelo, en la última un tridente; su cuerpo enlazado por la Madre Ratna-Krotisho-rima, cogiéndole por el cuello con la mano derecha y lle-vando con la izquierda, a la boca, una concha llena de sangre. Saldrán de la parte Sur de tu cerebro y vendrán a brillar ante ti. No tengas miedo. No te aterrorices. No te-mas. Conóceles como siendo la forma de tu propio inte-lecto. Son tus deidades tutelares, no te espantes. En reali-dad son el Padre-Madre Bhagaván Ratna-Sambhava. Cree en ellos. Reconocerlos es obtener simultáneamente la Li-beración. Proclamándoles tales, al reconocerlos como deidades tutelares, y fundiéndote con ellos, el estado de Buda será obtenido en el instante mismo.

Onceavo día

Si no obstante esta confrontación y por la fuerza de las malas tendencias, el terror y el miedo impiden reconocer-les como deidades tutelares y se huye de ellos, entonces, el onceavo día, el bebedor de sangre de la orden del Loto vendrá a recibir al muerto. La confrontación se hace del modo siguiente luego de llamar al muerto por su nombre: "¡Oh noble hijo! el onceavo día, el bebedor de sangre del orden del Loto, llamado Bhagaván Padma-Heruka, de co-lor rojo negruzco, teniendo tres caras, seis manos, y cuatro pies sólidamente apoyados; la cara derecha blanca, la iz-quierda azul, la del medio roja sombría; en la primera mano de la derecha llevando un loto, en la del medio un tridente, en la última una maza; en la primera mano de la izquierda una campana, en la del centro un escalpelo lle-no de sangre, en la última un pequeño tambor; su cuerpo enlazado por la Madre Padma-Krotishorima cogiéndole por el cuello con la mano derecha y ofreciéndole con la iz-quierda una concha llena de sangre; el Padre y la Madre saldrán juntos del cuarto Oeste de tu cerebro y vendrán a brillar sobre ti. No tengas miedo por ello. No te aterrorices. No temas. Alégrate, Reconóceles como siendo producto de tu intelecto, como siendo tus deidades tutelares, y no te asustes. En realidad, son el Padre-Madre Bhagaván Amitaba. Cree en ellos. Al mismo tiempo que reconoces esto, la liberación llegará. Considerándoles de este modo los hallarás como tus deidades tutelares, instantáneamente te fundirás en ellos y obtendrás el estado de Buda."

Duodécimo día

A despecho de tal confrontación, atraído siempre hacia atrás por las malas tendencias, habiendo despertado el terror y el temor, pudiera ocurrir que las deidades no fuesen reconocidas, y que se huyese. Entonces, el dozavo día, las divinidades bebedoras de sangre del orden kármico, acompañadas por Kerima, Htamenma y Wang-Chugma (362), vendrán a recibir al muerto. Al no reconocerlos el terror puede producirse. Por ello la confrontación se hace llamando al muerto por su nombre, y de esta manera: "¡Oh noble hijo! en el duodécimo día, la deidad bebedora de sangre del orden kármico llamada Karma-Heruka, de color verde oscuro, teniendo tres caras, seis manos y cuatro pies sólidamente apoyados; la cara derecha blanca, la izquierda roja y la del medio verde oscura; de apariencia majestuosa; teniendo en la primera de sus seis manos de la derecha una espada; en la de en medio un tridente; en la última una maza; en la primera mano de la izquierda una campana, en la del centro un escalpelo; en la última una reja de arado; su cuerpo enlazado por la Madre Karma-Krotishorima que la tiene por el cuello con su mano derecha y con la izquierda lleva a su boca una concha roja; el Padre y la Madre, unidos; saliendo del cuarto Norte de tu cerebro, vendrán a brillar sobre ti. No temas tal cosa. No te aterrorices. No quedes espantado. Reconóceles como manifestación de tu propio intelecto. Son tus divinidades tutelares, no te asustes. Son en realidad el Padre-Madre Bhagaván Amogha-Siddi. Cree, sé humilde, sé amante. Al mismo tiempo que este reconocimiento, vendrá la liberación. Mediante este reconocimiento, considerándoles como tus deidades tutelares, te fundirás con ellos súbitamente, y obtendrás el estado de Buda." Ayudado por la enseñanza del *gurú,* se llega a reconocerles como siendo las formas-pensamientos salidas de nuestras propias facultades intelectuales. Por ejemplo, una persona que ve una piel de león, y reconoce que es una piel de león, libre está de todo pánico porque bien que no sea sino la piel conservada de un león, de no poder darse cuenta de ello, el miedo llega y dura hasta que se os diga: "no es sino un león disecado"; con lo cual libre se queda del miedo. Lo mismo ocurre aquí cuando los grupos de deidades bebedoras de sangre las de miembros enormes que parecen grandes como los cielos, se presentan causando su vista, como es natural, miedo y terror. Pero tan pronto como la confrontación es oída, son reconocidas como nuestras propias deidades tutelares, como nuestras propias formas-pensamientos. Por consiguiente, cuando sobre la Clara Luz Madre—a la cual se ha ido acostumbrando anteriormente—, una Clara Luz secundaria (la Clara Luz de descendencia) se produce, y cuando la Clara Luz Madre y la Clara Luz de descendencia, viniendo juntas cual dos seres unidos íntimamente, lucen inseparablemente, entonces un fulgor de autoemancipación brilla y, habiendo obtenido su propia iluminación por sí mismo, habiendo adquirido el conocimiento de sí mismo, se queda liberado.

Décimotercer día

Si esta confrontación no es obtenida, incluso las personas que están ya desenvolviéndose psíquicamente, es decir en el Sendero, caerán aquí y errarán en el *Samsara.* Entonces los ocho Seres Irritados, los Kerimas y los Htamenmas, que tienen cabezas diversas de animales, saliendo del propio cerebro del muerto vendrán para brillar. La confrontación se hace del modo siguiente luego de llamar a éste por su nombre: "¡Oh noble hijo! escucha sin distraerte. El día decimitercero, del cuarto Este de tu cerebro emanarán las ocho Kerimas que vendrán a brillar sobre ti. No temas. Del Este de tu cerebro, la Kerima Blanca, con cuerpo humano, teniendo una maza en la mano derecha, y en la izquierda un escalpelo lleno de sangre, vendrá a brillar sobre ti. No temas. Del Sur, la Teseurima Amarilla, trayendo un arco y una flecha y dispuesta para disparar; del Oeste, la Pramoha Roja llevando una *makara* (363); del Norte, la Petali Negra llevando un *dorje* y un escalpelo lleno de sangre; del Sur-Este, la Pukkase Roja llevando intestinos en su mano derecha y llevándolos a su boca con la mano izquierda; del Sur-Oeste, la Ghasmari Verde-Oscuro con un escalpelo lleno de sangre en la mano izquierda, que remueve con la derecha mediante un *dorje,* y bebiendo esta sangre con majestuoso placer, del Norte-Oeste, la Tsandhalí Blanca-Amarilla (que como todas sus compañeras gusta de merodear por cementerios y lugares de cremación), arrancando la cabeza de un cuerpo, llevando en la mano derecha un corazón y llevando con la izquierda a su boca el cuerpo que devora; del Norte-Este, la Smasha Azul-Oscuro arrancando la cabeza de un cuerpo y devorándola; todas ellas que son las ocho Kerimas de las Mansiones (u ocho Direcciones) vienen también para brillar sobre ti rodeando a los cinco Padres Bebedores de sangre. No obstante, no te espantes.

"¡Oh noble hijo! de un círculo que las rodea exteriormente, las ocho Htamenmas de las ocho regiones del cerebro vendrán a brillar sobre ti: del Este, la Morena-Oscura de cabeza de león, las manos cruzadas sobre el pecho, teniendo un cuerpo en la boca y sacudiendo la melena; del Sur, la Roja de cabeza de tigre, las manos eruzadas hacia la tierra mostrando sus colmillos con terrible rictus y mirando con ojos desorbitados; del Oeste, la Negra con cabeza de zorro, llevando una navaja de afeitar en la mano derecha y en la mano izquierda intestinos que se come y de los cuales lame la sangre; del Norte, la Azul-Oscura de cabeza de lobo desgarrando un cuerpo con sus dos manos y mirando con ojos desorbitados; del Sur-Este, la Blanca-Amarillenta con cabeza de buitre, llevando sobre sus hombros un cuerpo gigantesco de aspecto humano y un esqueleto en las manos; del Sur-Oeste, la Roja-Oscura de cabeza de pájaro de cementerio, llevando un cuerpo gigantesco a la espalda; del Norte-Oeste, la Negra de cabeza de cuervo, llevando un escalpelo en la mano izquierda, una espada en la derecha, y comiendo corazones y pulmones; del Norte-Este, la Azul-Oscura con cabeza de mochuelo, llevando un *dorje* en la mano derecha, una espada en la izquierda, y comiendo. Estas ocho Htamenmas de las ocho regiones rodeando de este modo a los Padres Bebedores de sangre y saliendo de tu cerebro vendrán a brillar sobre ti. Pero no temas. Sabe conocerlas como tales formas-pensamientos de tus propias facultades intelectuales."

Decimocuarto día

"¡Oh noble hijo! en el decimocuarto día, los cuatro Guardianes de las Puertas, emitidos igualmente por tu cerebro, vendrán a brillar sobre ti. Una vez, aún, reconócelos.

"Del cuarto Este de tu cerebro, vendrá a brillar la Blanca diosa de cabeza de tigresa, portadora de un aguijón, teniendo en su mano izquierda un escalpelo lleno de sangre; del Sur, la Diosa Amarilla con cabeza de marrana, portadora del lazo; del Oeste, la Diosa Roja con cabeza de leona, portadora de cadenas de hierro, y del Norte, la Diosa Verde de cabeza de serpiente, llevando una campana. Así aparecerán las cuatro Guardianas de las Puertas salidas de tu cerebro que vienen a brillar sobre ti. Reconócelas como a Deidades tutelares.

"¡Oh noble hijo! en círculo alrededor de estas treinta deidades Herukas Irritadas, las veintiocho poderosas Diosas con cabezas diversas, llevadoras de armas variadas, saliendo de tu cerebro, vendrán para brillar sobre ti. Pero no temas. Reconoce todo cuanto de brillante se te aparecerá como siendo las formas-pensamientos de tus facultades intelectuales. En este momento de una importancia vital, acuérdate de las enseñanzas escogidas de tu *gurú*.

"¡Oh noble hijo! verás levantarse: al Este, la Morena Diosa Rakshasa de cabeza de Yak, llevando un *dorje* y un cráneo, la Diosa Amarillo-Roja de Brahma con cabeza de serpiente, llevando un loto en la mano, la Gran-Diosa Verde-Oscuro con cabeza de leopardo, llevando un tridente en la mano, la Diosa Azul de la indiscreción con cabeza de mono, llevando una rueda, la Diosa Virgen Roja con cabeza de oso de las nieves llevando una espada corta en la mano, y en fin, la Diosa Blanca Indra con cabeza de oso, llevando un nudo hecho con intestinos, en la mano. Estas seis Yoguinis del Este, salidas del centro de tu cerebro, vendrán para brillar ante ti. Pero nada temas.

"¡Oh noble hijo! del Sur vendrán, para brillar, la Diosa Amarillenta de las Delicias con cabeza de murciélago, llevando en la mano una navaja de afeitar, la Diosa Apacible Roja, con cabeza de makara, llevando una urna en la mano, la Diosa Amarilla Roja de cabeza de escorpión, llevando en la mano un loto, la Diosa Blanca de la Luna con cabeza de milano, llevando en la mano un *dorje*, la Diosa del bastón Verde-Oscuro con cabeza de zorro, teniendo en la mano una maza, y, en fin, la Rakshasi Negro-Amarilllento con cabeza de tigre, llevando en la mano un cráneo lleno de sangre; estas, las seis Yoguinis del Sur, salidas del cuarto Sur de tu cerebro, vendrán a brillar junto a ti. Pero nada temas.

"¡Oh noble hijo! del Oeste aparecerán: la Diosa come-
dora Negro-Verduzca con cabeza de buitre, teniendo en
la mano un bastón, la Roja Diosa de la Delicia de cabeza
de caballo, llevando el tronco de un enorme cuerpo, la poderosa Diosa Blanca de cabeza de águila, teniendo en la
mano una maza, la Rakshasi Amarilla de cabeza de perro,
llevando un *dorje* en su mano y cortando con una navaja
de afeitar, la Diosa del Deseo Rojo con cabeza de abubi-
lla, teniendo un arco tendido y apuntando con una flecha
y en fin, la Diosa guardiana de la Prosperidad Verde de
cabeza de ciervo, teniendo una urna en su mano. Estas
seis Yoguinis del Oeste, salidas del cuarto oeste de tu cerebro, vendrán para brillar ante ti, pero no temas nada.

"¡Oh noble hijo! por el Norte aparecerán: la Diosa Azul
del Viento con cabeza de lobo, agitando un estandarte en
su mano, la Diosa-Mujer Roja con cabeza de ibis, llevando un venablo amenazador, la Diosa-Cerda Negra con cabeza de marrana, llevando un nudo de colmillos en la mano, la Diosa del Trueno Rojo con cabeza de cuervo, teniendo el cuerpo de un niño en la mano, la Diosa de la gran
nariz Negro-Verduzca de cabeza de elefante, llevando en
la mano un gran cuerpo y bebiendo sangre en un cráneo,
y en fin, la Diosa del Agua Azul con cabeza de serpiente
teniendo en su mano un nudo de serpientes. Estas, las
seis Yoguinis del Norte, salidas del cuarto norte de tu cerebro mismo, vendrán a brillar junto a ti. Pero no temas
nada.

"¡Oh noble hijo! las cuatro Yoguinis de las Puertas salidas de tu cerebro mismo, vendrán a brillar sobre ti. Del
Este: la Diosa Mística Negra con cabeza de cuco, llevando un gancho de hierro en su mano; del Sur, la diosa Mística Amarilla de cabeza de cadáver, teniendo un nudo en
su mano; del Oeste, la Diosa Mística Roja con cabeza de
león, llevando una cadena de hierro en la mano; del Nor-

te, la Diosa Mística Negro-Verduzca con cabeza de serpiente, llevando en la mano un abanico. Estas que son las cuatro Yoguinis guardadoras de las Puertas, salidas de tu propio cerebro, vendrán a brillar sobre ti. Estas veintiocho poderosas Diosas emanan de las potencias corporales de Ratna Sambhava el de las seis Deidades Herukas. Reconócelas.

"¡Oh noble hijo! las Deidades Apacibles emanan del Vacío del *Dharma-Kaya*. De la radiación del *Dharma-Kaya* emanan las Deidades Irritadas. Reconócelo. En este momento, las cincuenta y ocho Deidades Bebedoras de sangre saliendo de tu propio cerebro vendrán a brillar junto a ti. Si las reconoces como siendo radiaciones de tu propia inteligencia, te fundirás uniéndote instantáneamente a los cuerpos de estas Bebedoras de sangre y obtendrás el estado de Buda.

"¡Oh noble hijo! no reconociéndolas ahora y huyendo temeroso de estas Deidades, una vez más los sufrimientos vendran a sumergirte. De no saber esto, las Deidades Bebedoras de sangre te causarán miedo, quedarás fascinado, aterrorizado, te desvanecerás. Tus propias formas-pensamientos se convertirán en apariencias ilusorias y errarás en el *Samsara*. Si no eres fascinado y aterrorizado, no irás a vagar por el *Samsara*.

"Además, los cuerpos de las más grandes Divinidades Apacibles y los de las Irritadas son iguales, en tamaño, a los límites de los cielos; los de talla mediana son grandes como el monte Merú (364); los más pequeños tienen dieciocho veces el tamaño de tu cuerpo, en altura. Pero que ello no te espante. No te aterrorices. Si todos los fenómenos que se producen con apariencia de brillantes formas divinas, o las radiaciones, son reconocidas por ti como emanaciones de tu propia inteligencia, el estado de Buda te será obtenido en el instante mismo que practiques este reconocimiento. El precepto que reza: "el estado de Buda será obtenido en un instante", se aplica ahora. Acordarse en este momento, es obtener el estado de Buda, al fundirse en unión íntima con las radiaciones y los *Kayás*. Por consiguiente, ¡oh noble hijo! sean cuales sean las visiones espantosas o terribles que llegaran a ti, reconócelas como siendo tus propias formas o pensamientos. Porque si no las reconoces y te espantas, hijo mío, entonces todas las Deidades Apacibles brillarán con la forma de la Divinidad Maha-Kala (*Gong-po-nag-po*) y todas las Deidades Irritadas bajo de la Dharma-Rajá o Yama-Rajá (*Sin-jei-chokyi-gyal-po*) Señor de los Muertos; llegando a ser puras ilusiones tus propias formas-pensamientos, errarás por el *Samsara*. Porque sabe, ¡oh noble hijo! que si no se es capaz de reconocer sus propias formas-pensamientos, por instruido que se sea en las Escrituras *Sutras* y *Tantras,* y aunque se hubiese practicado la religión durante un kalpa (365), no se obtendrá el estado de Buda. Mientras que si se es capaz de reconocer sus propias formas-pensamientos sea en virtud de gran arte o gracias a una palabra, el estado de Buda es alcanzado. De no ser reconocidas por el difunto, apenas muerto, sus propias formas-pensamientos, las de Dharma-Rajá, el Señor de la Muerte brillarán sobre el *Chonyid Bardo*. Los cuerpos más grandes de Dharma-Rajá, Señor de la Muerte igualan a la vasta extensión de los cielos; los de talla media igualan al Monte Merú; los más pequeños que tienen dieciocho veces la altura de tu cuerpo, vendrán a llenar los sistemas de los mundos. Vendrán, mordiendo con sus dientes su propio labio inferior, con los ojos vidriosos, los cabellos anudados en la parte superior de la cabeza, anchos vientres, estrechos de cintura, trayendo la tabla en que están inscritos los pecados *(Khram-Sing)*, gritando "¡pega! ¡pega!", lamiendo un cráneo humano, bebiendo sangre, separando cabezas de sus cuerpos y arrancando corazones. Así vendrán llenando los mundos.

"Pero tú, ¡oh noble hijo! aunque tales pensamientos se te manifiesten, no te espantes ni te aterrorices; el cuerpo que posees ahora siendo un cuerpo mental de tendencias kármicas, aunque fuese golpeado e incluso hecho pedazos, no podía morir. Y porque tu cuerpo es en realidad de la naturaleza del vacío, no tiene por qué tener miedo. Los cuerpos del Señor de la Muerte son también emanaciones, radiaciones de tu inteligencia; no están constituidos de materia; el vacío no puede herir al vacío. Fuera de las emanaciones de tus propias facultades intelectuales, exteriormente, los Apacibles, los Irritados, las Divinidades todas, los Bebedores de sangre, los con cabezas diversas, los fulgores de arco iris, las terrificantes formas del Señor de la Muerte, nada de todo ello existe, realmente. Esto no ofrece duda. Por consiguiente, sabiendo esto, todo miedo y todo terror son disipados por sí mismos y fundiéndose instantáneamente, se obtiene el estado de Buda.

"Si te es posible reconocerlo en virtud de tu fe y tu afecto hacia las Deidades Tutelares, y no dudando de que han venido para recibirte por entre las emboscadas del *Bardo,* piensa esto: "Me refugio en ellas". Acuérdate de la Trinidad preciosa, siente hacia ella afecto y fe. Sea cual sea tu deidad tutelar, acuérdate de ella ahora y llamándola por su nombre, ruega de este modo: "¡Ay! heme aquí errando por el *Bardo.* Ven a salvarme. Sostenme en virtud de tu gracia, ¡oh tú, Preciosa Tutelar!". Llamando a tu *gurú* por su nombre, ruega así: "¡Ay! heme aquí errando por el *Bardo.* Sálvame. Que tu gracia no me abandone". Cree también en las Deidades Bebedoras de sangre y ofréceles esta oración: "¡Ay! Viéndome como me veo errante por el *Samsara* a causa de la fuerza desbordante de las ilusiones, en la vía luminiosa del abandono del miedo, del temor y del terror, ¡puedan las tropas de los Bhagaváns de los Apacibles y de los Iritados conducirme! ¡Puedan las Diosas Irritadas, tan numerosas, seguirme para protegerme y salvarme de las terribles emboscadas del *Bardo,* y colocarme en el estado de Buda perfectamente iluminado! Ahora que me encuentro solo, errando lejos de mis amigos más queridos, y cuando las formas vacías de mis pensamientos brillan aquí ¡puedan los Budas ejercer la fuerza de su gracia para que no vengan el miedo, el espanto y el terror al *Bardo* cuando las cinco brillantes Luces de la Sabiduría brillen aquí! ¡Pueda reconocerlas sin espanto ni terror! Y cuando los Divinos cuerpos de los Apacibles y de los Irritados brillen igualmente aquí, ¡pueda obtener la seguridad de que no tendré miedo y de que reconoceré el *Bardo!* Cuando en virtud de la fuerza de un mal *karma,* se prueba el sufrimiento, ¡puedan las Deidades Tutelares disipar esta desgracia! Cuando el sonido natural de la Realidad llega girando en ondas semejante a un millar de truenos, ¡pueda ser transmutado en sonido de Seis Sílabas! (366). Cuando estoy sin protección, teniendo que soportar el *karma,* suplico al Gracioso Compasivo Chenrazee que me proteja. En fin, cuando sufro aquí las angustias de las tendencias kármicas, ¡pueda aparecer para felicidad mía la Clara Luz y los cinco elementos! (367) no levantarse como enemigos, sino que séame dado advertir los Reinos de los Cinco Ordenes de los Iluminados."

Así y con fe profunda y humildad, ofrece este rezo en virtud del cual todos los miedos serán desterrados, y el estado de Buda será seguramente alcanzado en el *Samsara.* Ahora bien y esto es importante, es preciso repetir la operación del mismo modo tres e incluso siete veces. Entonces, por pesado que sea el mal *karma,* y por débil el *karma* que quede, es imposible que la Liberación no sea obtenida. Si, no obstante ello, y a pesar de todo lo realizado en cada estado transitorio del *Bardo,* el reconocimiento (de las Divinidades) no ha sido hecho, se está expuesto a seguir errando más lejos, en el tercer *Bardo,* llamado *Sidpa Bardo,* para el cual la confrontación ya será expuesta más adelante con todo detalle.

CONCLUSION QUE DEMUESTRA LA IMPORTANCIA FUNDAMENTAL DE LAS ENSEÑANZAS DEL *BARDO*

Sean cuales hayan podido ser las prácticas religiosas de un ser, extensas o reducidas, en el momento de la muerte, numerosas ilusiones turbadoras se le ofrecen, por lo que resulta que este *Thodol* es indispensable. Para los que han meditado mucho, la verdad real luce tan pronto como el principio consciente y el cuerpo se separan. Es importante adquirir experiencia durante la vida, pues los que entonces han reconocido su verdadera naturaleza y han conseguido experiencia, obtienen gran poder durante el *Bardo* desde el momento de la muerte, apenas la Clara Luz aparece.

La meditación hecha en vida a propósito de las Deidades del Sendero Místico del *Mantra,* en los estados de visión y los de perfección, tendrán asimismo gran influencia cuando las visiones apacibles y las violentas aparezcan en el *Chonyid Bardo.* A causa de ello la práctica de este *Bardo* es de una importancia particular, incluso durante la vida. Es preciso encariñarse con este texto, leerle, retenerle y acordarse de él exactamente. Leerle regularmente tres veces con objeto de que sus palabras y su sentido sean perfectamente claros (para el que lo hace), llegar a que las palabras y su significación no sean olvidadas, aunque se fuese perseguido por un centenar de verdugos. Y es llamado la Gran Liberación por el entendimiento, porque incluso los que han cometido las cinco ofensas capitales (368), están seguros de ser liberados de oír esta enseñanza por la vía del oído.

Por consiguiente, leed este texto en medio de asambleas numerosas. Dadle publicidad. El que le ha oído una vez, incluso si no le ha comprendido, se acordará de él en el estado intermedio sin olvidar una sola palabra, pues entonces la inteligencia es nueve veces más lúcida. A causa de ello pronunciado a la oreja de todo ser viviente, debe ser leído a la cabecera de toda persona enferma, y al lado de todos los cuerpos privados de vida; en fin, debe ser extendido y difundido por todas partes.

Los que entienden esta doctrina, en verdad que son afortunados. Pues salvo para aquellos que han acumulado mucho mérito y se han librado de muchas oscuridades, difícil es darse bien cuenta del contenido de esta enseñanza. Incluso si es conocida resulta difícil de comprender. Ahora bien, la liberación será obtenida simplemente con no dudar una vez que se la ha escuchado. Por consiguiente, tratad esta doctrina con gran amor, pues es la esencia de todas las doctrinas.

La confrontación directa con la experiencia de la Realidad llamada: "Enseñanza que libera con sólo entenderla" y "Que libera por el hecho de haber visto y comprendido lo visto", ha terminado.

LIBRO II

EL SIDPA BARDO

ESTO ES RECONOCIDO COMO SIENDO LA PARTE DEL ESPIRITU DE "LA ENSEÑANZA LLAMADA: LA ESENCIA PROFUNDA DE LA LIBERACION MEDIANTE ENTENDIMIENTO" LO QUE RECORDARA LA CLARA CONFRONTACION EN EL ESTADO INTERMEDIO CUANDO SE BUSCA EL RENACIMIENTO

LAS OBEDIENCIAS

A las Deidades reunidas.

A las tutelares.

A los *Gurús,* a los que hay que rendir obediencia humildemente.

¡Pueda la Liberación, en el Estado intermedio, ser concedida por ellos!

INTRODUCCION

Antes, del Gran *Bardo Thodol.*
El *Bardo* llamado *Chonyid* fue enseñado.
Ahora, del *Bardo* llamado *Sidpa.*
Un vivo recuerdo va a ser mostrado.

PRIMERA PARTE

EL MUNDO LUEGO DE LA MUERTE

(Introducción instructiva para el Oficiante): Bien que hasta ahora en el *Chonyid Bardo* muchas llamadas activas hayan sido hechas, si se exceptúa aquellos positivamente familiarizados con la Verdad real y los que cuentan con un buen *karma* (sabios y santos), para los que además de tener mal *karma* no están familiarizados (con la Verdad), y para los que a causa de su mal *karma* son víctimas del miedo y del terror, el reconocimiento es difícil. Estos siguen descendiendo hasta el décimocuarto día, y para impresionarles de nuevo fuertemente, se debe leer lo que sigue:

EL CUERPO DEL *BARDO,* SU NACIMIENTO Y SUS FACULTADES SUPRANORMALES

Habiendo rendido homenaje a la Trinidad, y recitada la oración para solicitar la ayuda de Budas y Bodisatvas, llamad al difunto por su nombre tres veces, o siete, y hablad de este modo: "¡Oh noble hijo!, escucha bien y graba esto en tu corazón: que el nacimiento en el mundo-infierno, en el mundo-*deva* y en el cuerpo del *Bardo* es considerado como nacimiento supranormal.

"En verdad,, cuando experimentabas las radiaciones de los Apacibles y de los Irritados en el *Chonyid Bardo,* incapaz de reconocerlos, el Miedo te hizo desvanecerte durante tres días y medio después de tu muerte. Luego, al volver de este desvanecimiento, "el Conocedor" se ha levantado en ti en su condición primordial y un cuerpo radiante semejante a tu cuerpo precedente se ha lanzado de pronto (369), como dice el *Tantra:* Teniendo un cuerpo semejante, pero sin carne, al precedente a este que súbitamente se ha manifestado; dotado de todas las facultades de los sentidos y de poder moverse libremente; poseyendo poderes kármicos maravillosos; visible a los ojos puros y celestiales de los seres del *Bardo,* de naturaleza semejante a la suya.

"Y ahora he aquí la enseñanza: Este cuerpo radiante del que se habla "semejante al precedente y al que será producido", indica que se tendrá un cuerpo semejante al de carne y de sangre precedente, el cuerpo humano de las tendencias, y que también estará dotado de ciertas marcas y de hermosuras y perfecciones tales cuantas poseen los seres de los altos destinos. Este cuerpo nacido del deseo es una alucinación de forma-pensamiento en el estado intermedio, y es llamado el cuerpo del deseo. En este momento, si debes renacer como *deva,* visiones del mundo-*Deva* se te aparecerán; así como si tienes que renacer ora como *asura,* bien como ser humano, como bruto (370), como *preta,* o como ser del Infierno, una visión del mundo correspondiente se te aparecerá. En consecuencia, la palabra "Perecedente" (en la mención) implica que, hasta el tercer día y medio, creerás tener el mismo cuerpo de carne que poseías en tu existencia precedente, a causa de tus tendencias habituales. Y las palabras "que será producido" son empleadas porque después, tendrás una visión del futuro lugar de tu nacimiento. Por lo que la expresión entera: "al precedente a aquel que será producido" se refiere a éstos: el cuerpo de carne que acaba de ser abandonado, y el cuerpo de carne que se tendrá cuando se renazca. En este momento, no sigas a las visiones que se te aparezcan. No seas débil. Si por debilidad sientes afecto hacia ellas tendrás que errar por entre los seis *Lokas* y tendrás que sufrir.

"Hasta el otro día, incapaz fuiste de reconocer el *Chonyid Bardo* y has tenido que vagar descendiendo hasta llegar aquí. Ahora si quieres mantenerte firme en la Verdad Real, debes dejar descansar a tu espíritu, sin distracción, en la no-acción y la no-inclinación hacia algo, en el estado sin oscuridad, primordial, brillante, de vacío de tu inteligencia: el estado que te fue enseñado por tu *gurú*. Mediante ello obtendrás la Liberación sin verte obligado a volver a pasar la Puerta de las Matrices. Pero si eres incapaz de conocerte a ti mismo, entonces sea cual sea tu Deidad tutelar y tu *gurú,* medita a propósito de ellos en estado de afección intensa y de humilde confianza, colocándoles como una corona por sobre tu cabeza. Esto es de la mayor importancia. No caigas en distracciones."

(Instrucciones para el Oficiante): Hablad de este modo, y si así el reconocimiento puede hacerse, la Liberación será obtenida sin que haya necesidad de errar por los seis *Lokas*. Si no obstante, a causa de la influencia del mal *karma,* el reconocimiento es difícil, entonces decid lo que sigue:

"¡Oh noble hijo!, escucha aún, "Dotado de todas las facultades de los sentidos y de poder moverse libremente" quiere decir, que no obstante lo que hayas podido ser cuando estabas vivo—ciego, sordo o inválido—, en este plan de Luego de la Muerte, tus ojos verán las formas, tu oído oirá los sonidos y todos los demás sentidos-órganos estarán aquí intactos y dotados de una agudeza completa. He aquí por qué ha sido dicho que el cuerpo, en el *Bardo,* estaría "dotado de todas las facultades de los sentidos". Esta condición de existencia en la que te encuentras actualmente indica que estás muerto y errante en el *Bardo.* Obra de modo que sepas esto. Acuérdate de las enseñanzas; acuérdate, sí, de las enseñanzas.

"¡Oh noble hijo!, "el movimiento libre" quiere decir que tu cuerpo actual es un cuerpo de deseo—tu intelecto habiendo sido separado de su natural asiento—y no un cuerpo de materia grosera, de tal modo que ahora tienes el poder de pasar a través de masas rocosas, colinas, piedras, tierra, casas y hasta del propio Monte Merú, sin que nada te detenga. Excepto Buda Gaya y el seno de una madre (371), todo, hasta la montaña real el Monte Merú puede ser atravesado por ti, hacia adelante o hacia atrás, sin que nadie te lo impida. Esto es también para ti prueba de que yerras por el *Sidpa Bardo.* Acuérdate de las enseñanzas de tu *gurú* y ruega al Señor de Compasión.

"¡Oh noble hijo!, actualmente estás dotado de un poder de acción milagroso (poder de cambiar de forma, *rozu,* de estatura y de nombre, *hphrul*) que no es el fruto de un

Samadhi, sino un poder venido a ti naturalmente y por ello de naturaleza kármica. Eres capaz de atravesar en un instante los cuatro continentes que rodean al Monte Merú o estar instantáneamente allí donde se te antoje; tienes el poder de ir donde quieras en el tiempo que un hombre emplearía en doblar o extender su mano. Estos poderes diversos de ilusión y de cambio de forma, no los desees, no los desees no. Ninguno de los poderes que pudieras desear te es imposible ahora. La posibilidad de ejercerlos sin obstáculos está en ti. Conócela y ruega al *gurú*.

"¡Oh noble hijo!, "visible a los ojos puros celestiales y de naturaleza semejante" significa que los seres de la misma naturaleza, a causa de ser de idéntica constitución (o nivel de conocimientos) en el estado intermedio, se verán mutuamente (372). Por ejemplo los seres que están destinados a renacer entre los *devas* se verán unos a otros, y así sucesivamente. No te aficiones a los que veas, mejor es que medites sobre el Misericordioso. "Visible a los ojos puros celestiales" significa también que los *devas,* habiendo nacido puros por la virtud del mérito, son visibles para los ojos puros celestiales de los que practiquen los *dhyanas* (373). Estos no los verán todo el tiempo sino cuando estén en concentración mental, en los otros momentos no los verán. A veces incluso durante la práctica del *dhyana* no los verán si se distraen."

CARACTERISTICAS DE LA EXISTENCIA EN EL ESTADO INTERMEDIO

"¡Oh noble hijo!, el poseedor de esta clase de cuerpo verá los lugares que le han sido familiares en la Tierra, así como a sus padres tal cual se los ve en los ensueños. Ves a tus padres, a tus amigos, los hablas y no recibes respuesta de ellos. Entonces, viéndoles llorar así como a tu familia piensas: "Estoy muerto, ¿qué haré?" Y sientes un

gran dolor cual el pez sacado del agua y puesto sobre car-
bones ardiendo. En aquel momento sentirás todo este sufrimiento. Pero sufrir no te servirá de nada. Si tienes un
gurú divino ruégale. Ruega a la Deidad Tutelar, el Compasivo. Pero si sientes aún atracción hacia tus parientes y
amigos, ello no te será en modo alguno provechoso. Luego despréndete de ellos. Ruega al Señor de la Compasión
y entonces ya no tendrás dolor alguno, ni terror ni miedo.

"¡Oh noble hijo!, cuando seas empujado de aquí para
allá por el viento en perpetuo movimiento del *karma,* tu
intelecto falto de objeto sobre el que descansar será como
una pluma arrastrada por el viento, corcel del gran aliento.
Sin cesar, involuntariamente errarás. A todos cuantos llo-
ren les dirás: "Aquí estoy, no lloréis". Pero como no te
entenderán, pensarás: "Estoy muerto", y en aquel momento te sentirás desgraciado. Pero no, no seas desgraciado por ello. Habrá una luz gris, de crepúsculo, de noche,
de día, en todo momento. En esta especie de estado intermedio, permanecerás: una, dos, cuatro, cinco, seis o siete
semanas hasta el día cuarenta y nueve. Se dice generalmente que las miserias del *Sidpa Bardo* son sufridas aproximadamente durante veintidós días: pero a causa de la
influencia determinante del *karma,* no es posible asegurar este o aquel período.

"¡Oh noble hijo!, hacia este momento, el terrible viento
del *karma* espantoso, muy duro de soportar, te empujará
por detrás a ráfagas. No le temas tampoco. En otros casos, personas de malísimo *karma,* produciendo kármicamente *rakshasas* (demonios) comedores de carne, llevando
armas diversas, aullando "¡pega!, ¡mata!" y produciendo
un espantoso tumulto vendrán hacia ti pareciendo ponerse
de acuerdo por ver cuál de ellos te cogerá. Apariciones
ilusorias de seres perseguidos por diversas y terribles bestias de presa se levantarán. La nieve, la lluvia, la noche,
las ráfagas de viento, las alucinaciones de seres persegui-

dos por multitudes vendrán también. Sonidos como de montañas que se derrumbasen, como el mar en plena tempestad, como el estallido de un incendio, como los ciclones, se desencadenarán. Cuando estos sonidos lleguen, aterrados por ellos, se huirá por escapar, en todas direcciones, sin procuparse de adónde se va. Pero el camino estará cortado por tres horribles precipicios, uno blanco, otro negro y otro rojo. Serán espantosos y profundos y se tendrá la impresión de caer en ellos. Pero no son ¡oh noble hijo! verdaderos precipicios, son: la cólera, la codicia y la estupidez. Sabe en tal momento que es el *Sidpa Bardo* donde te encuentras, invocando el nombre del Compasivo, reza atentamente de este modo: "¡Oh Señor Compasivo, así como tú, ¡oh mi *Gurú!* y la Preciosa Trinidad. No permitáis que yo (fulano de tal) caiga en los mundos desgraciados." Obra de modo que no olvides esto.

"Otros que han acumulado méritos y se han consagrado sinceramente a la religión, experimentarán gran felicidad, placeres deliciosos y un bienestar sin medida. Pero esa clase neutra de seres, que ni han adquirido méritos ni creado mal *karma,* no conocerán ni placer ni pena, sino una especie de incolora estupidez indiferente. ¡Oh noble hijo!, sea lo que sea lo que pueda ocurrir y por deliciosos placeres que conozcas, no seas atraído hacia ellos, no los ames, piensa más bien: "Puedan el *Gurú* y la Trinidad ser honrados por esas delicias concedidas por el mérito" (374). Abandona toda inclinación, todo deseo. Incluso, si no sintieses ni placer ni pena, sino tan solo indeferencia, conserva tu intelecto, sin distraerte, en el estado de meditación del Gran Símbolo, sin pensar que estás en meditación. Porque cuando se piensa que se medita este pensamiento basta para turbar la meditación. Luego esto es de la mayor importancia.

"¡Oh hijo noble!, en este momento, en las cabezas de puente, en los templos, cerca de las *Stupas,* pagodas en sus ocho clases, descansarás un poco. Pero no podrás permanecer allí largo rato, pues tu intelecto ha sido separado de tu cuerpo terrestre. A causa de esta imposibilidad de ir de aquí para allá perdiendo el tiempo, te sentirás turbado, mal a gusto, víctima del pánico. Por momentos "el Conocedor" será deslucido, sin brillo, por momentos huidizo e incoherente. Entonces te acudirá este pensamiento: ¡Ay! muerto estoy, ¿qué puedo hacer?" y a causa de este pensamiento "el Conocedor" quedará entristecido; en cuanto a ti, tu corazón estará helado y sentirás un abandono y una angustia. Y puesto que no puedes permanecer en reposo en un lugar cualquiera y obligado estás a ir hacia adelante, no pienses cosas variadas, deja a tu intelecto permanecer en un estado no modificado. En cuanto a alimento, puedes tocar aquél que te ha sido consagrado, pero no otro. Como amigos, sobre ello nada hay seguro en este momento.

"Tales son los procedimientos ordinarios del cuerpo-mental en la *Sidpa Bardo*. En este momento tanto la pena como la alegría dependerán del *Karma*. Verás tu casa, tus servidores, tu familia, así como tu cuerpo y pensarás: "Ahora estoy muerto, ¿qué haré?" y oprimido por grandísima angustia pensarás aún: "¡Que no daría por tener cuerpo!" Y con esta idea irás de aquí para allá buscándole. Incluso, de serte posible, no una, nueve veces seguidas te volverías a meter en tu cadáver que a causa del largo intervalo pasado en el *Chonyid Bardo* estará helado, de ser invierno, descompuesto si verano, o llevado a la cremación por tu familia, o enterrado, o arrojado al agua, o dado a las aves de presa o a los animales salvajes. Por lo que, no encontrando en parte alguna donde meterte, estarás contrariado y sentirás la sensación de ser comprimido entre las grietas y precipicios por rocas y peñas.

"La experimentación de este sufrimiento tiene lugar en el estado intermedio cuando se trata de renacer. Entonces, incluso buscando un cuerpo, no ganarás sino molestias. Arroja lejos de ti este deseo de tener cuerpo, deja a tu espíritu permanecer en el estado de resignación y obra de modo que puedas permanecer en él."

Siendo confrontado de este modo se obtiene la liberación del *Bardo*.

EL JUICIO

(Instrucciones para el Oficiante): Es aún posible no obstante que, por la influencia de un mal *karma*, no se reconozca siquiera lo que ocurre. En este caso llamad al difunto por su nombre y habladle de este modo: "¡Oh noble hijo (fulano de tal) escucha! Si sufres como lo haces es a causa de tu propio *karma*, lo que no es debido a cosa distinta de él. Por consiguiente, ruega con fervor a la Preciosa Trinidad; hacerlo te protegerá. Si no rezas, ni sabes meditar a propósito del Gran Símbolo ni de ninguna Deidad Tutelar, el Buen Genio, el pequeño dios blanco que nació simultáneamente contigo vendrá ahora y contará tus buenas acciones con piedras blancas, y el Genio Malo, el pequeño demonio negro, nacido simultáneamente contigo, vendrá a contar tus malas acciones mediante piedras negras. Esto te causará mucho miedo, horror, terror y grandes temores. Entonces tratarás de mentir, diciendo: "¡Yo no he cometido ninguna mala acción!" Pero el Señor de la Muerte dirá: "Voy a consultar el Espejo de *Karma*." Diciendo esto, mirará al Espejo en el que todo acto bueno o malo está claramente reflejado. Mentir no te servirá de nada. Entonces uno de los verdugos-furias del Señor de la Muerte enrollará una cuerda en torno a tu cuello y esto hecho te arrastrará. Cortará tu cabeza, arrancará tu corazón, hará salir tus intestinos, lamerá tu cerebro, beberá tu sangre, comerá tu carne, roerá tus huesos (375); no obstante incapaz serás de morir. Aunque tu cuerpo sea cortado en pedazos, aún revivirá. Estos suplicios repetidos te causarán un dolor y una tortura intensos. Pero aun en el momento de cortarte las piernas no te asustes ni te aterrorices; no mientas ni temas al Señor de la Muerte. Tu cuerpo siendo un cuerpo-mental es incapaz de morir, aun decapitado y hecho pedazos. En realidad tu cuerpo es de la naturaleza del Vacío (376). No tienes necesidad de temer. Los Señores de la Muerte (377) son tus propias alucinaciones. Tu cuerpo de deseo es un cuerpo de tendencias y de vacío. El Vacío no puede herir al vacío; lo que es sin cualidad no puede herir a lo que es sin cualidad. Fuera de las alucinaciones personales, en verdad, no existe nada, nada fuera de sí mismo, ni cosas o seres tales que: el Señor de la Muerte, Dios, el Demonio, o el Espíritu de la Muerte con cabeza de Toro (378). Obra de tal modo que te des perfecta cuenta de esto. En este momento haz lo necesario para reconocer que estás en el *Bardo*. Medita sobre la *Samadhi* del Gran Símbolo. Si eres incapaz de meditar, entonces limítate a analizar con cuidado la naturaleza real de lo que te espanta: en realidad no está formado de nada, no es sino el Vacío mismo: esto es lo que es el *Dharma-Kaya* (379). Este Vacío no es de la naturaleza del Vacío de la nada, sino un vacío cuya verdadera naturaleza te impresionará y ante el cual tu inteligencia brilla claramente y más lucidamente: este es el estado de espíritu en el *Sambogha-Kaya*. En el estado en que existes entonces, experimentas con intensidad insoportable: Vacío y Claridad inseparables—el Vacío claro por naturaleza, y Claridad por naturaleza vacía, y la Claridad inseparable del Vacío—un estado primordial (o no modificado) del intelecto que es el *Adi-Kaya*. Y la fuerza de esto brillando sin obstáculo irradiará por todas partes: es el *Nirmana-Kaya*.

"¡Oh noble hijo, escúchame sin distraerte! tan sólo por el conocimiento de los cuatro *Kayas* seguro puedes estar de obtener la Emancipación perfecta en uno de ellos. No seas distraído. La línea de demarcación entre los Budas y los seres animados pasa por aquí. Por ello, este momento es de gran importancia: si ahora estás distraído te harán falta innumerables eones (380) de tiempo para salir de tu cloaca de dolor. Hay una expresión cuya verdad puede ser aplicada: "En un momento una diferencia marcada es creada. En un momento de Iluminación Perfecta es obtenida." Hasta el momento que acaba de pasar, todo este *Bardo* ha lucido sobre ti, y no obstante no lo has reconocido, porque estabas distraído. A causa de ello, víctima has sido del miedo y del terror. Si ahora vuelves a distraerte, las cuerdas de la divina compasión de "aquel que tiene los ojos caritativos" se romperán (los rayos de la gracia de Chenrazee dejarán de brillar) y caerás allí donde no hay ya liberación inmediata. Por consiguiente, sé prudente. Bien que hasta ahora no hayas sido capaz de reconocer—no obstante las confrontaciones—, puedes realizarlo en este momento y obtener la Liberación."

(Instrucciones para el Oficiante): Si os dirigís a un pobre iletrado que no sabe cómo meditar, decidle esto: "¡Oh noble hijo!, si no sabes cómo meditar, obra acordándote del Compasivo y del Sangha, el Dharma y el Buda, y reza. Piensa que todos los miedos y todas las apariciones terroríficas son tu Deidad Tutelar o la manifestación del Misericordioso. Acuérdate del nombre místico que te ha sido dado en el momento de tu iniciación sagrada cuando eras un ser humano y del nombre de tu *gurú*, di estos nombres al Justo rey de los Señores de la Muerte. Incluso si cayeses en precipicios, no sufrirás daño aguno, haciendo lo anterior. Evita así el horror y el terror."

INFLUENCIA DETERMINANTE DEL PENSAMIENTO

(Instruciones para el Oficiante): Decid esto, pues, aunque con tal confrontación, bien que la Liberación no haya sido obtenida, será obtenida aquí. Es posible no obstante que la Liberación no sea obtenida ni tras esta confrontación: siendo pues necesaria una aplicación tensa y continua, llamando al difunto por su nombre, hablad de este modo: "¡Oh noble hijo!, tus experiencias inmediatas serán alegrías momentáneas seguidas de penas momentáneas de una gran intensidad, como la tensión y la descarga de la acción mecánica de una catapulta. Ni sientas pues el menor afecto hacia las alegrías ni el menor desagrado hacia los disgustos. Si debes nacer en un plano más alto, la visión de este plano elevado empezará a apuntar sobre ti. Tus parientes vivos pueden—a manera de dedicatoria en beneficio del muerto—sacrificar muchos animales (381) cumplir ceremonias religiosas y dar limosnas. Tú, a causa de tu visión no purificada, puedes ser arrastrado a encolerizarte mucho viendo sus actos, lo que podría ocasionarte en tal momento el renacimiento en el Infierno. Sea lo que sea lo que hicieren los que has dejado tras de ti, obra de modo que ningún pensamiento de cólera se produzca en ti, y piensa con amor en ellos. Además, si te sientes atraído por los bienes del Mundo dejados tras de ti, o si, viendo estos bienes que poseías en manos de otras personas, por debilidad continúas amándolos, si sientes cólera hacia tus sucesores, este sentimiento afectará psicológicamente tal momento de un modo, que incluso si estabas destinado a nacer en un plano superior más feliz, obligado te verás a hacerlo en el Infierno, o en el mundo de los pretas (espíritus desgraciados). Por otra parte, si sigues amando los bienes del Mundo dejados detrás de ti, como no serás capaz de poseerlos, de nada te servirán. Por consiguiente, abandona toda debilidad y toda inclinación hacia ellos, arroja lejos de ti completamente estos sentimientos, renuncia a ellos de todo corazón. Poco importa quién pueda poseer tus antiguas riquezas, no tengas sentimientos avaros, al contrario, disponte a abandonar todo voluntariamente. Piensa que ofreces estos bienes a la Preciosa Trinidad y a tu *gurú* y permanece en el desinterés lejos de todo deseo y debilidad.

"Cuando la recitación del Kamkani Mantra (382) sea hecha en tus funerales, cuando un rito por la abolición del mal *karma*—que pudiera hacerte nacer en las regiones bajas—sea practicado en honor tuyo, si ves que tal cosa se realiza de una manera incorrecta, con sueño, distraidamente, sin observar los ritos, con falta de pureza por parte de un oficiante, o hecho a la ligera—todo lo cual serás capaz de ver puesto que estás dotado del poder kármico de presciencia, bien que limitado—(383) puedes experimentar una falta de fe, una ausencia de creencias en tu religión. Porque serás capaz de darte cuenta de todo miedo o temor, de las malas acciones, de las conductas irreligiosas y de juzgar cuándo los rezos rituales son recitados incorrectamente. Entonces pensarás: "¡Ay! en verdad me están traicionando." Pensando esto te sentirás deprimido y víctima de gran resentimiento caerás en la duda y en la pérdida de la fe, en vez de en el afecto y la fe humilde. Y como ello afectará a tal momento psicológico, cierto podrás estar de nacer en condiciones miserables. Es decir, que pensar de tal modo no tan sólo no te servirá de nada, sino que, por el contrario, te ocasionará el mayor mal. Por incorrecto, pues, que sea el ritual e inconveniente la conducta de los sacerdotes que llevan a cabo tus ritos funerarios, piensa: "No hay duda que los que son impuros son mis pensamientos. Porque, ¿cómo sería posible que las palabras del Buda fuesen incorrectas? Es como si viese en un espejo la reflexión de las manchas de mi propia cara; mis propios pensamientos, pues, deben ser impuros. En cuanto a ellos (los sacerdotes), el Sangha es su cuerpo, el Dharma su palabra y su espíritu, son pues en verdad el Buda. Tomo, sí, mi refugio en ellos. "Pensando de este modo ten confianza en ellos y ejerce un amor sincero hacia ellos. Entonces, todo cuanto sea hecho por ti por aquellos que has dejado detrás será verdaderamente en beneficio tuyo. Luego este ejercicio de tu amor es de gran importancia, no lo ovides.

"Si estuvieras destinado a nacer en uno de esos estados miserables y el fulgor de tal estado miserable luciese ya sobre ti, si tus sucesores y parientes cumpliesen los ritos blancos religiosos sin mezclarlos con malas acciones, y si los abates y sacerdotes instruidos se consagrasen mediante actos, palabras y voluntad al cumplimiento de los ritos meritorios convenientes, la alegría bien acogida que sentirías viéndoles afectaría por su sola virtud al momento psicológico de tu desgracia de tal modo, que incluso si merecieses un nacimiento en un mundo desgraciado, ello llevaría tu nacimiento a un plano más elevado y más feliz. Por consiguiente debes no crear pensamientos impíos, al contrario, practicar imparcialmente con todos una afección pura y una fe humilde. Esto es de la mayor importancia. Sé pues extremadamente prudente.

"¡Oh noble hijo!, para resumir: tu intelecto actual en el estado presente no depende de nada seguro; teniendo poco peso y estando en continuo movimiento, todo pensamiento que se te ocurra ahora, piadoso o impío, adquirirá gran fuerza. Por consiguiente no pienses en cosas impías acordándote, por el contrario, de cualquier clase de ejercicio de devoción; caso de no estar acostumbrado a tales ejercicios, muestra afectos sinceros y fe humilde. Ruega al Compasivo o a tu Deidad tutelar, diciendo de un modo resuelto: "¡Ay! mientras me hallo solo, errante, separado de los amigos queridos; cuando el reflejo vacío de cuerpo de mis propias ideas mentales brille sobre mí, ¡puedan los Budas ejercer su poder de Compasión y conceder que no hay en el *Bardo,* ni miedo, ni horror, ni terror! Mientras soporto las miserias del poder de un mal *karma,* ¡puedan las Deidades Tutelares disipar estas miserias!

Cuando millares de truenos del sonido de la Realidad repercuten, ¡ojalá no sean sino el sonido de las Seis Sílabas! Cuando el *karma* nos sigue y se está sin protector ¡pueda el Compasivo protegerme a mí; se lo suplico! Cuando soporto aquí las miserías de las tendencias kármicas, ¡que la radiación de la feliz y clara luz de *Samadhi* luzca sobre mí!".

"Un ruego sincero tal que éste será para ti un guía seguro. Puedes estar cierto de no ser defraudado. Esto es de gran importancia. Mediante este rezo, aún una vez vendrá a ti el recuerdo, y el reconocimiento de la Liberación quedarán cumplidos."

EL ALBA DE LAS LUCES DE LOS SEIS *LOKAS*

(Instrucciones para el Oficiante): No obstante, si el reconocimiento es difícil a pesar de la repetición frecuente de esta instrucción, a causa de la influencia de un mal *karma,* será sumamente beneficioso repetir estas confrontaciones por entero varias veces. Llamad pues una vez aún al difunto por su nombre y decidle:

"¡Oh noble hijo! si has sido incapaz de hacer tuyo lo que ha sido dicho antes, ocurrirá forzosamente que el cuerpo de la pasada vida se tornará cada vez más horroroso y el de la futura cada vez más claro. Entristecido por ello pensarás: "¿Qué desdicha voy a soportar aún? Ahora, sea cual sea el cuerpo que deba tener, iré a buscarle." Esto pensando vagarás de aquí para allá distraído e incesantemente. Entonces brillarán sobre ti los resplandores de los Seis *Lokas Samsáricos*: el resplandor de aquel donde la fuerza del *karma* te hará nacer, brillará de un modo más acusado.

"¡Oh noble hijo, escucha! Si deseas saber cuáles son estas seis Luces, helo aquí: un apagado resplandor blanco del mundo-*Deva,* un empañado fulgor verde del mundo-*Asura,* un mortecino fulgor amarillo del mundo-Humano,

un deslucido fulgor azul del mundo-Bruto, un poco brillante fulgor rojo del mundo-Preta, y un fulgor sin brillo,
gris ahumado del mundo-Infierno. En tal momento por la
fuerza del *karma,* tu cuerpo tomará el color de la luz del
mundo en el que debas renacer.

"¡Oh noble hijo! el arte particular de esta enseñanza
es especialmente importante en este momento. Sea cual
sea el fulgor que brille en ti entonces, medita sobre él y
sobre el Compasivo. Venga de donde venga tal fulgor,
considera dicho tal lugar como siendo o existiendo donde el
Compasivo. Esto constituye un arte profundo y sutil y podrá impedir el renacimiento. Sea cual pueda ser tu Deidad
Tutelar, medita sobre su forma durante largo tiempo—como siendo una apariencia desprovista de existencia real—,
es decir como una forma creada por un mago, llamada
la pura forma de ilusión. Deja entonces que la visión de
la Deidad Tutelar se funda y desaparezca, partiendo de
los contornos extremos hacia el centro, hasta que nada de
ella quede ya visible; y ponte tú entonces en estado de
Claridad y de Vacío—que por supuesto imposible te es
concebir en modo alguno—, y permanece así un poco de
tiempo. Medita de nuevo sobre la Deidad Tutelar, de nuevo también sobre la Clara Luz, haciendo esto alternativa-
mente.

Al punto, deja que tu propio intelecto se funda gradualmente empezando por los extremos. "En todo lugar donde
reina el éter reina la conciencia. En todo lugar donde reina
la conciencia reina el *Dharma-Kaya.* Permanece tranquilo
en el estado increado del *Dharma-Kaya.* En este estado
el nacimiento no puede efectuarse y la Iluminación perfecta es alcanzada."

SEGUNDA PARTE

EL PROCEDIMIENTO DEL RENACIMIENTO

EL CIERRE DE LA PUERTA DE LA MATRIZ

(Instrucciones para el Oficiante): Puede ocurrir aún, a causa de la no abundancia de devoción o de la falta de costumbre, que se sea incapaz de comprender; se puede también estar sumergido por la ilusión y errar hacia las puertas de las matrices. Las instrucciones para cerrar estas puertas son muy importantes; llamad al difunto por su nombre y decidle esto:

"¡Oh noble hijo!, si no has comprendido lo que precede, en este momento, a causa de la influencia del *karma,* tendrás la impresión de que subes o de que marchas por algo a nivel, o de que bajas. Entonces, cual ha sido dicho, las ráfagas de vientos, los torbellinos de granizo, las tormentas, la oscuridad, la impresión de ser perseguido por muchos, llegarán. Huyendo de estas alucinaciones, los que están privados de *karma* meritorio tendrán la impresión de escapar hacia sitios miserables: los que han adquirido un buen *karma* se sentirán ir, por el contrario, hacia lugares venturosos. Entonces, ¡oh noble hijo! sea cual sea el continente o lugar en que debas nacer, los signos de tal lugar de nacimiento brillarán sobre ti. Para guiarte en este trance, hay varias enseñanzas tan profundas como vitales. Escúchalas sin distraerte. Incluso si no has podido comprender las precedentes confrontaciones, ahora lo conseguirás, pues hasta los propios escasos en devoción reconocerán los signos. Escucha pues."

(Instrucciones para el Oficiante): Es ahora muy importante poner en práctica los métodos para cerrar la puerta de las matrices. Es preciso pues, tener en esto el mayor cuidado. Hay dos maneras principales de cerrar estas puertas: impedir al ser que sea atraído hacia ellas, o cerrar la puerta que pudiera ser franqueada.

MÉTODO PARA PREVENIR EL ACCESO A LA PUERTA DE UNA MATRIZ

Las instrucciones para impedir el ser atraído son estas:

"¡Oh noble hijo! (fulano de tal), sea cual haya podido ser tu deidad tutelar, medita tranquilamente acerca de ella cual si se tratase del reflejo de la Luna sobre el agua, reflejo aparente bien que tan falto de realidad como una ilusión producida mágicamente. Si no tienes deidad tutelar especial medita, ora acerca del Compasivo, bien sobre mí, y tu espíritu, ocupado de este modo, deja que reflexione tranquilamente.

"Al punto, deja que esta forma visual de deidad tutelar se funda de los extremos al centro, luego medita, una vez que ya no tiene forma, sobre la Clara Luz vacía. Esto constituye un arte profundo en virtud del cual se escapa a la vuelta al germen."

PRIMER MÉTODO PARA CERRAR LA PUERTA DE LA MATRIZ

Medita de este modo, pero si ello es insuficiente para impedir que entres en el germen y te encuentras a punto de caer en él, entonces, he aquí la enseñanza profunda relativa al modo de cerrar las puertas de las matrices. Escúchala.

"Cuando en aquel momento, ¡ay! el *Sidpa Bardo* brilla sobre ti, guardando en tu espíritu una sola resolución, persevera con objeto de volver a unirte a la cadena del buen *karma*. Cierra la puerta de la matriz y acuérdate de la fuerza opuesta (384). Es el momento en que la atención y el amor puro son necesarios. Abandona pues la envidia y medita sobre el *Gurú* Padre-Madre.

"Que tu boca repita esto distintamente; acuérdate con toda claridad del significado de estas palabras, y medita sobre ellas. La práctica de esto es esencial. Pues es indispensable llevar esto a la práctica. He aquí el sentido de esta enseñanza: "Cuando en este momento el *Sidpa Bardo* luce sobre mí (o sobre ti), es que yerras por él". Como prueba de ello, trata de verte en agua o en un espejo, y comprobarás que no alcanzas a ver reflexión alguna de tu cara o tu cuerpo, así como tampoco que tu cuerpo proyecte sombra. Y es que te has despojado de tu cuerpo grosero, material, compuesto de carne y de sangre. Ello indica que vagas por el *Sidpa Bardo*.

"He aquí por qué en este momento debes formar, sin distraerte, una única resolución en tu espíritu. La formación de una resolución única es muy importante. Es como cuando mediante las bridas se dirige la carrera de un caballo. Todo cuanto puedas desear vendrá para desfilar ante ti. No pienses pues malas acciones que pudieran cambiar el curso de tu espíritu. Acuérdate de tus relaciones espirituales con el lector de este *Bardo Thodol,* o con todo otro de quien hayas podido recibir enseñanzas, una iniciación, una autorización espiritual para leer textos religiosos cuando estabas en el mundo humano, y persevera en las buenas acciones. Esto es esencial. No seas distraído. La línea límite entre la subida y la bajada pasa por aquí. Si te dejas ir a la indecisión, aunque no sea sino un segundo, tendrás que soportar sinsabores durante largo, muy largo tiempo. Es el momento ahora. Mantente firme y con una sola voluntad. Persiste en volver a la cadena de las buenas acciones. Has llegado ahora al momento de cerrar la puerta de la matriz. "Es el momento en que la atención y el puro amor son necesarios". Ha llegado el tiempo en que, por la primera vez, la puerta de la matriz debe ser cerrada. Cinco modos para cerrarla existen. Guarda en ti mismo este pensamiento."

SEGUNDO MÉTODO PARA CERRAR LA PUERTA DE LA MATRIZ

"¡Oh noble hijo!, en este momento, tendrás la visión de los machos y de las hembras acoplándose. Cuando veas esto, acuérdate de que no debes reunirte con ellos. Mira al Padre-Madre como a tu *Gurú* y a la Divina Madre, medita sobre ellos, respétales. Recuerda tu fe humilde; ofrece con fervor la adoración mental y toma la resolución de recibir de ellos un sentimiento religioso. Mediante esta resolución, tan solo, la puerta de la matriz debe ser cerrada. Pero si ni siquiera con ella lo es y sientes que estás a punto de entrar, medita sobre el divino *Gurú* Padre-Madre como sobre una deidad tutelar, o sobre el Compasivo Tutelar y su *Shakti,* y meditando de este modo, hónrales con ofrendas mentales. Toma enérgicamente la resolución de pedirles un favor. De este modo la entrada del germen será cerrada."

TERCER MÉTODO PARA CERRAR LA PUERTA DE LA MATRIZ

"Si a pesar de ello no se cierra y te ves a punto de entrar en un germen, he aquí el tercer método para rechazar toda inclinación y toda repulsión.

"Hay cuatro clases de nacimiento: nacimiento por el huevo, nacimiento por la matriz supranormal (385), y el nacimiento por el calor y la humedad (386). Entre estos cuatro, el nacimiento por el huevo y la matriz tienen caracteres semejantes.

"Tal cual ha sido dicho, visiones de machos y hembras apareándose, aparecerán. Si en este momento se entra en un germen por la fuerza de los sentimientos de simpatía o de repulsión se puede nacer lo mismo caballo, pollo, perro, que ser humano (387). Si se ha de nacer macho, el sentimiento de ser macho se levanta en "el Conocedor" y un sentimiento de odio y de envidia hacia el padre, de atracción hacia la madre es sentido. Si se debe nacer hembra, el sentimiento de odio intenso hacia la madre, de atracción hacia el padre, es experimentado. Mediante esta causa secundaria, entrando por la vía del éter, hasta el momento en que la esperma y el óvulo se juntan "el Conocedor" experimenta un momento de alegría por el estado simultáneo de nacimiento, durante el cual, se desvanece en estado de inconsciencia. Al punto se encuentra engastado en la forma oval del estado embrionario y, cuando sale de la matriz y abre los ojos, puede encontrarse transformado en perrito pequeño. Era antes un ser humano, ahora se ha vuelto un perro y se encuentra que tiene que soportar las miserias de la perrera; o es como un puerco en el establo, como una hormiga en el hormiguero, como un insecto o una oruga en un agujero, una vaca, una cabra, un cordero, estado de los cuales no hay vuelta inmediata. El mutismo, la estupidez, la miserable oscuridad intelectual son sufridas con todos sus inconvenientes. De tales maneras se puede ir al Infierno o al mundo de los Seis *Lokas,* y soportar inconcebibles desdichas.

"Es terrible, terrible para aquellos ¡ay! que tienen inclinaciones voraces hacia esta existencia samsariana o para los que no la temen desde el fondo de su corazón. Y aquellos que no han recibido las enseñanzas del *Gurú* caerán en los precipicios profundos del *Samsara* de este modo y sufrirán durante mucho tiempo intolerablemente. Antes que soportar tal suerte, escucha mis palabras y graba mis enseñanzas en tu corazón: Rechaza los sentimientos de atracción o de repulsión y acuérdate de este método para cerrar la puerta de la matriz, que voy a decirte. Cierra esta puerta y acuérdate de la fuerza opuesta. "Este es el momento en que la atencin y el puro amor son necesarios". Tal cual ha sido dicho, "Abandona la envidia y medita acerca del *Gurú* Padre-Madre". Como ha sido explicado, si debes nacer macho sentirás atracción hacia la madre, y repulsión hacia el padre, y si debes nacer hembra, atracción hacia el padre y repulsión hacia la madre, mezclados a un sentimiento de envidia hacia el uno o hacia el otro que crece y aumenta en ti. Por el momento es un sentimiento profundo. De modo, ¡oh noble hijo!, que cuando se producen la atracción y la repulsión, debes meditar de este modo: ¡Ay, que ser de *karma* tan malo soy! Si he errado hasta el presente en el *Samsara,* a causa ha sido de la atracción y de la repulsión. Si continúo a sentir atracción y repulsión, entonces erraré sin fin en el *Samsara* y sufriré un océano de miserias durante un largo, muy largo tiempo hundiéndome en ellas. Ahora pues no debo obrar en virtud de la atracción o de la repulsión. ¡Ay de mí! Desde ahora no volveré a obrar por atracción o repulsión".

"Meditando de este modo, adopta la firme resolución de mantener este propósito. Ha sido dicho en el *Tantras*: "La puerta de la matriz será cerrada sólo por esto". ¡Oh noble hijo! no seas distraído. Fija tu espíritu tan sólo en esta resolución."

CUARTO MÉTODO PARA CERRAR LA PUERTA DE LA MATRIZ

Si esto no basta aún para cerrar la puerta de una matriz y se está a punto de entrar en ella, entonces por medio de la enseñanza llamada "Lo Falso y lo Ilusorio" será cerrada. Esto debe meditarse del modo siguiente: "¡Sí! la pareja, el padre y la madre, la lluvia negra, las ráfagas, los sonidos escandalosos, las apariciones aterradoras y todos los fenómenos son en verdad puras ilusiones. Sea cual sea el modo cómo puedan aparecerse nada hay de verdadero en todo ello. Son como ensueños y apariciones impermanentes y sin fijeza alguna. ¿Qué ventaja habría pues en interesarse por ello? ¿Qué si nos inspiran miedo o terror? Es tomar lo no existente como existente. Son simples alu-

cinaciones de mi propio espíritu. Y puesto que las ilusiones del espíritu jamás han tenido existencia real, ¿podrían
existir todos estos fenómenos? Yo, no habiendo comprendido hasta ahora estas cosas, he considerado lo no existente como existente, lo irreal como real, lo ilusorio como
actual, y he errado por el *Samsara* mucho tiempo. Y ahora
mismo si no las reconozco como siendo simples ilusiones,
voy a continuar errando por el *Samsara* mucho tiempo
aún. Con lo que seguro estoy de caer en abismos de calamidades puesto que en verdad todo esto no pasa de ensueños, de alucinaciones, de puros ecos, lo mismo que las
ciudades de los "Comedores de perfumes" (388), como
un espejismo, como las formas de un espejo, como una
fantasmagoría, como la Luna vista en un Lago; es decir,
que no son reales ni un momento siquiera. En verdad, sí,
todo ello es irreal, todo falso."

Manteniéndose con el pensamiento concentrado sobre
esto, la creencia en la realidad de tales fenómenos se disipa, y una vez impreso esto en la continuidad interna de
la conciencia, se aparta uno de ello. Impreso profundamente de este modo el conocimiento de la irrealidad, la
puerta de la matriz será cerrada.

QUINTO MÉTODO PARA CERRAR LA PUERTA DE LA MATRIZ

Si, no obstante todo lo anterior, aún la creencia en el
fenómeno permanece intacta, a causa de lo cual la puerta
de la matriz no se ha cerrado y se está a punto de fran-
quearla, preciso es cerrarla meditando a propósito de la
Clara Luz lo que constituye el quinto método. La meditación se hace del modo siguiente: "No hay duda: todas
las substancias están en mi principio consciente (espíritu)
y este es puro vacío, cosa no nacida, y sin fin". Meditando de este modo dejad que vuestro espíritu permanezca
en el estado increado, como por ejemplo lo está el agua

vertida en el agua. El espíritu debe permanecer en su posición mental más cómoda, en su condición natural no
modificada, clara y vibrante. Manteniendo este estado de
ausencia de tensión, de no creado, las puertas de los cuatro lugares de nacimiento serán seguramente cerradas. Me-
ditad de este modo hasta el perfecto cumplimiento de esto.

(Instrucciones para el Oficiante): Numerosas y profundas enseñanzas acaban de ser dadas para cerrar las puertas. Imposible que no se liberen los de espíritu elevado,
los de espíritu medio, y aun los de poca capacidad intelectual. Y si se pregunta cómo esto es posible, lo es: 1.º
porque la conciencia del *Bardo* estando dotada de poder
supranormal de percepción ilimitada (389) sea lo que sea
lo que se diga, es comprendido; 2.º porque—incluso si
antes el difunto era ciego o sordo—aquí en este momento, todas las facultades son perfectas y se puede entender
todo aquello que es dicho; 3.º porque estando constantemente perseguido por el temor y el terror, se piensa:
"¿Qué es lo que es mejor?" y, alerta y consciente, se está
siempre dispuesto a escuchar todo lo que puede seros dicho. Una vez que la conciencia queda sin el soporte del
cuerpo va inmediatamente adonde la dirige el espíritu; 4.º
es fácil dirigirla (390). La memoria es nueve veces más
lúcida que antes. Incluso si era estúpido, en aquel momento, a causa del trabajo del *karma,* el intelecto se torna
excesivamente claro y capaz de meditar sobre todo cuanto
le es enseñado. Luego se responde que es porque el Conocedor posee estas cualidades.

Y es por lo que el cumplimiento de los ritos funerarios
debe ser eficaz. Por consiguiente, la perseverancia en la
lectura del gran *Bardo Thodol* durante cuarenta y nueve
días es de la mayor importancia. Incluso si no se ha sido
liberado en una confrontación, se debe poder serlo en las
siguientes; y es por ello por lo que tantas confrontaciones
diversas son necesarias.

ELECCION DE LA PUERTA DE UNA MATRIZ

(Instrucciones para el Oficiante): Ocurre no obstante esto, que muchas clases de seres que—bien que en condiciones de rememorar e instruidos en lo que afecta a disponer su pensamiento para la concentración—no son liberados a causa de la gran fuerza perniciosa de las oscuridades kármicas, y a causa también de la no costumbre a las buenas acciones y al hábito por el contrario hacia las acciones impías desde tiempo inmemorial. Por consiguiente, si no se ha podido cerrar la puerta de las matrices antes de este momento, una enseñanza destinada a la elección de la puerta de una matriz va a ser dada ahora. Invocando la ayuda de todos los Budas y Bodisatvas y repitiendo la fórmula de Refugio, hablad aún una vez al difunto, y llamándole tres veces por su nombre, decid lo siguiente: "¡Oh noble hijo (fulano de tal), escucha! Las precedentes confrontaciones te han sido dadas de una manera concentrada, no obstante no las has comprendido. Por consiguiente, si la puerta de las matrices no ha sido cerrada casi es el momento todavía de tomar un cuerpo. Escoge el germen de acuerdo con esta enseñanza perfecta que vas a oír. Escúchala atentamente y tenla muy presente en tu espíritu".

LAS VISIONES PREMONITORIAS DEL LUGAR DE RENACIMIENTO

"¡Oh noble hijo! ahora los signos y características del lugar de renacimiento van a aparecer. Reconócelos. Observando este lugar de nacimiento, escoge también el continente. Si debes nacer en el Continente oriental de Lupah (391), un lago, en el cual flotan cisnes machos y hembras, será advertido.: No vayas allí. Siente repulsión hacia este sitio. Si se va a ese Continente—bien que sea dichoso y agradable—, la religión no predomina en él. No entres pues allí. Si se ha de nacer en el Continente meridional de Jambú, se verán grandes y hermosas casas. Allí entra si tienes que entrar. Si se debe nacer en el Continente occidental de Balang-Chod, un lago en cuyos bordes pacen caballos y yeguas será advertido. No vayas allí, vuélvete. No obstante darse allí abundancia de riquezas, es una tierra en la que la religión no prevalece; no entres pues. Si se debe nacer en el Continente septentrional de Daminyan, un lago con rebaños que pacen en sus orillas que están rodeadas de árboles, será advertido. Bien que la vida sea allí larga y que no carezca de excelencias, este Continente es también de esos en los que la religión no predomina. Luego no entres tampoco. Tales son los signos premonitorios (o visiones) del renacimiento en estos Continentes. Reconócelos y no entres en ellos.

"A aquel que debe renacer como *deva* (dios), templos magníficos o moradas construidas en diversos metales preciosos se le aparecerán. Aquí se puede entrar, entra pues. El que deba nacer como *asura* (espíritu malo) verá ora un bosque delicioso, ora un círculo de fuego girando en direcciones opuestas. Que se acuerde de la repulsión y que se aplique a no entrar allí. Aquel que deba renacer entre las bestias verá cavernas rocosas, agujeros profundos en la tierra. Que no entre allí. Aquel que debe nacer entre los *pretas* (espíritus desgraciados) verá llanuras desoladas y desnudas, cavernas poco profundas, claros en la selva virgen, grandes extensiones de bosques. Si se va allí, naciendo como *preta,* se sufrirán diferentes clases de angustias, hambre y sed. Acuérdate que es preciso experimentar repulsión y no vayas allí. Pon en acción tu energía para no entrar. Aquel que debe nacer en el Infierno oirá ruidos semejantes a quejidos y se verá obligado a entrar allí por una fuerza irresistible. Extensiones tenebrosas, casas negras y blancas, agujeros negros en la tierra, caminos negros y a lo largo de los cuales se deberá marchar, aparecerán. Si se va allí, se entrará en el Infierno, y, sufriendo dolores insoportables a causa del calor y del frío, se necesitará un tiempo muy largo para salir. No te metas en medio de todo esto. Ha sido dicho: "Ejerce tu energía hasta el límite extremo", esto es necesario en este caso."

LA PROTECCIÓN CONTRA LAS FURIAS ATORMENTADORAS

"¡Oh noble hijo! bien que no se quiera, si se es perseguido por las atormentadoras furias kármicas, forzados nos veremos a seguir marchando. Furias atormentadoras ante nosotros, "cortadores de la vida" en la vanguardia, arrastrándonos, la oscuridad, los ciclones kármicos, ruidos, nieve, lluvia, tormentas aterradoras, borrascas de viento helado se manifestarán, y el pensamiento de escapar a todo ello aumentará. Entonces, buscando un refugio empujados por el miedo se verán las visiones descritas: grandes mansiones, cavernas rocosas, excavaciones, selvas y flores de loto que cuando se entra se cierran; y se escapa a las tormentas, ocutándose en uno de esos lugares, y se teme salir de ellos, pensando: "No sería prudente salir ahora". Temiendo partir, se siente gran atracción hacia el lugar de refugio (que es la matriz). Temiendo, al salir, volver a encontrar el horror y el terror del *Bardo,* aun espantado de los encuentros, si a causa de ello se permanece oculto (en el lugar o en la matriz escogida) se asumirá un cuerpo miserable y diversos y variados sufrimientos. Esta condición indica que malos espíritus y *rakshasas* (demonios) se interponen (para impedir un buen nacimiento). Para este momento hay una enseñanza profunda. Escucha y presta atención.

"En este momento—cuando las furias atormentadoras te perseguirán y el horror y el terror se presenten—instantáneamente evoca la visión del Heruka Supremo o de

Hayagriva o de Vajra Pani o de no importa qué otra deidad tutelar, si es que tienes una: visión de forma perfecta,
ancha de cuerpo, los miembros macizos, irritada, de apariencia aterradora, capaz de reducir a polvo a todos los
espíritus maléficos. Ten esta visión instantáneamente. Sus
olas de dones, el poder de su gracia te apartarán de las
furias atormentadoras y con ello podrás obtener el poder
de escoger el seno donde renacerás. Esto es el arte vital
de esta muy profunda enseñanza, por consiguiente, lleva
a él todo tu espíritu.

"¡Oh noble hijo! el *Dhyani* y las otras deidades han
nacido del poder de *Samadhi* (la meditación). Los *pretas*
(espíritus o sombras desgraciadas), los espíritus malos de
ciertas órdenes son los que, cambiando sus sentimientos
(o actitud mental) cuando están en el estado intermedio,
toman esta forma, la guardan al punto y se tornan *pretas,*
malos espíritus, *rakshasas* poseyendo el poder de cambiar
de forma. Todos los *pretas* que existen en el espacio, que
atraviesan el cielo y las 80.000 especies de espíritus da-
ñinos han llegado a ser lo que son cambiando sus sentimientos en el cuerpo mental (del plan del *Bardo*). En este
momento, si hay medio de acordarse de la enseñanza del
Gran Símbolo a propósito del Vacío, será lo mejor. Si no
se es empujado a ello, entonces, habituad los poderes mentales a considerar todas las cosas como ilusión (o *maya*).
Incluso si esto es imposible, no os dejéis atraer por nada.
Meditando sobre la Deidad Tutelar, el Gran Compasivo,
se obtendrá el estado de Buda en el *Sambogha-Kaya.*

LA ELECCION ALTERNATIVA DE UN NACIMIEN-
TO SUPRANORMAL O DE UN NACIMIENTO EN
EL GERMEN

"Si no obstante, ¡oh noble hijo! por influencia del *karma* debes entrar en el germen, la manera de escoger la

puerta de la matriz te será explicada ahora. Escucha: no entres en no importa qué matriz que te sea accesible. Si las furias atormentadoras te quieren hacer entrar, medita sobre Hayagriva. Puesto que posees un débil poder supranormal de presciencia, todos los lugares de nacimiento te serán conocidos unos tras otros. En consecuencia, escoge. Hay dos alternativas, la transferencia (del principio consciente) en un puro reino de Buda o la selección de lo impuro que lleva a la matriz samsárica. Esto se cumple del modo siguiente."

NACIMIENTO SUPRANORMAL POR TRANSFERENCIA A UN REINO PARADISÍACO

"En primer lugar: para la transferencia a un reino paradisíaco puro, la proyección es dirigida (pensando o meditando) así: "¡Ay! de qué modo es triste que yo, durante los innumerables *kalpas*, desde el tiempo ilimitado y sin pricipio, hasta el presente, haya podido errar por la cloaca del *Samsara*. ¡Qué triste es que no haya sido liberado (pasando) al estado de Buda, tras haber reconocido previamente a la conciencia como siendo el "yo"! Ahora, el *Samsara* me repugna, me causa horror, me desagrada; ahora ha llegado la hora de disponerse a huir. Obraré por mí mismo con objeto de nacer milagrosamente en el reino dichoso del Oeste a los países del Buda Amitaba, entre las flores de loto. Pensando esto dirigid vuestra decisión (o voto) resueltamente hacia ese reino o hacia todo otro reino que podáis desear: el Reino de la Suprema Dicha, o el Reino de la Densa Concentración, o el Reino de los Largos Cabellos (Vajra-Pani) o al Vihara ilimitado de la Radiación del Loto (Padma Sambhava) en la presencia de Urgyan. O bien dirigid vuestro voto, hacia el Reino que deseéis más vehementemente, concentrándoos y sin que vuestro espíritu se distraiga. Haciéndolo así, el nacimiento en estos reinos será instantáneo. Si aún deseáis ir a presencia de Maitreya, en los cielos de Tushita (de los que es rey), dirigid hacia ellos y de modo semejante un voto ardiente y pensad: "Iré a presencia de Maitreya a los Cielos de Tushita, pues la hora de que así sea ha sonado para mí, aquí, en el estado intermedio." Entonces se obtendrá el nacimiento milagroso en el corazón del loto (nacimiento puro, no como en una matriz), en presencia de Maitreya."

NACIMIENTO POR EL GERMEN: LA VUELTA AL MUNDO HUMANO

"Si no obstante semejante nacimiento supranormal no es posible y se siente alegría entrando en un germen, o bien haya por la fuerza que entrar en él, he aquí la enseñanza para la elección de la puerta de la matriz en el *Samsara* impuro. Escucha: Mirando, mediante tu poder supranormal de previsión los Continentes descritos, escoge aquel en el que la religión prevalece y entra en él. Si el nacimiento debe producirse en un montón de impurezas, una sensación de olor agradable te atraerá hacia esta masa impura y de este modo obtendrás el nacimiento. De cualquier manera que se te aparezcan las visiones de las matrices, no las consideres tal cual son o parecen ser con objeto de que, no sintiéndote ni atraído ni rechazado por ellas, puedas escoger un buen germen. En esto también, como es importante dirigir bien el deseo, hazlo de este modo: "¡Sí! Yo debo tener nacimiento como un gran emperador o como un Brahmán semejante a un sala (392), o como el hijo de un adepto de los poderes siddhicos (yógicos), o en una familia sin tacha en su linaje, o en un hombre de casta lleno de fe religiosa, y naciendo así seré un ser dotado de gran mérito y seré capaz de servir a todos los seres animados."

Pensando esto, dirige tu deseo y entra en el germen. En el momento de hacerlo, emite tus ondas y dones de gracia y de buen deseo en el seno en que entras, transformándole de este modo en una morada celestial. Y seguro de que los Conquistadores y sus Hijos los Bodisatvas de las Diez Direcciones (393) y las deidades tutelares, especialmente el Gran Misericordioso, le dotarán con su poder, ruégales y entra en el germen.

"Escogiendo de este modo la puerta de la matriz hay una posibilidad de error. A causa de la influencia del mal *karma* los buenos gérmenes pueden parecer malos y los malos buenos; error semejante es posible. En este momento el arte de la enseñanza siendo muy importante, síguele de este modo: Incluso si un germen parece bueno no sientas atracción hacia él; si parece malo, evita la repulsión. Estar libre de repulsión o de atracción, del deseo de tomar o de evitar, es decir entrar en un estado de completa imparcialidad es lo más profundo de este arte. A excepción del reducidísimo número que ha tenido alguna experiencia de desarrollo psíquico, es difícil desembarazarse de los restos del mal que originan las malas tendencias."

(Instrucciones para el Oficiante): Por consiguiente, si son incapaces de separarse de la atracción y de la repulsión, los de la mentalidad más inferior y del mal *karma* merecerán encontrar refugio entre los brutos (394). La manera de impedírselo es, llamar al difunto por su nombre aún una vez, del modo siguiente: "¡Oh noble hijo! si no puedes librarte de la atracción y de la repulsión, si no conoces el arte de escoger la puerta de la matriz, sean cuales sean las visiones descritas que se te aparezcan, llama a la Preciosa Trinidad y refúgiate en ella. Ruega al Gran Compasivo. Ve con la cabeza levantada. Date cuenta de que estás en el *Bardo*. Rechaza toda debilidad o atracción hacia tus hijos, tus hijas o cualquier otro ser querido dejado atrás; para nada pueden servirte ya. Entra por el camino de la

Luz Blanca de los *Devas,* o por el de la Luz Amarilla de los seres humanos; entra en las grandes mansiones de los metales preciosos o en los deliciosos jardines."

(Instrucciones para el Oficiante): Repetid estas palabras dirigidas al difunto, siete veces seguidas. Luego hay que ofrecer: "La invocación a los Budas y a los Bodisatvas", "El Camino de los buenos deseos que libra de los Miedos en el *Bardo*" y "El Salvador o el camino de los buenos deseos para salvar de las Emboscadas o del peligroso paso estrecho del *Bardo*". Estos rezos deben ser leídos tres veces. Se debe leer también el *Thodol* que libra de los agregados (395) del cuerpo y el "Rito que confiere por él mismo la Liberación en virtud de la Tendencia (396).

CONCLUSION GENERAL

Por la virtud de estas lecturas hechas correctamente, los devotos (o *yoguis*) de entendimiento avanzado pueden hacer el mejor uso de la Transferencia en el momento de la muerte. No tiene que atravesar el estado intermedio, sino que irán por el "Gran Camino Derecho Ascendente". Otros un poco menos entrenados en las cosas espirituales, reconociendo la Clara Luz en el *Chonyid Bardo* en el momento de la muerte, irán por la vía ascendente. Los que están por bajo de éstos serán liberados—de acuerdo con su capacidad particular y sus conexiones kármicas—, cuando una u otra de las Deidades Apacibles e Irritadas brillen sobre ellos, durante las dos semanas del *Chonyid Bardo*. Hay muchos puntos en los que se puede obtener la liberación, de llegar al reconocimiento de uno u otro de ellos. Pero aquellos cuyo buen *karma* es débil, aquellos cuya masa de oscurecimiento es grande a causa de sus malas acciones, tienen que errar cada vez más hacia abajo hasta el *Sidpa Bardo*. Sin embargo, allí aún, cual diferentes peldaños de una escalera, hay varias clases de confrontaciones o llamadas; la liberación deberá ser obtenida reconociendo uno u otro de los grados. Pero aquellos cuya relación kármica es más débil, por ser incapaces de reconocer, caen bajo la influencia del horror y del terror. Para estos hay diversos grados de enseñanza destinados a cerrar la puerta de las matrices y para escoger la puerta de una de ellas. Para una u otra de estas enseñanzas, habrá debido escoger el método de visión y llamar mediante él a las virtudes ilimitadas superiores con objeto de exaltar su propia condición. Incluso el más bajo de entre ellos proveniente del orden de los brutos, es capaz—en virtud de la aplicación del refugio—de apartarse (librarse) de entrar en la desgracia. Obteniendo el gran beneficio de un cuerpo humano (397) libre y perfectamente dotado, podrá en el próximo nacimiento encontrar un *gurú* que sea su amigo virtuoso y obtener los votos salvadores.

Si esta doctrina es escuchada cuando se está en el *Sidpa Bardo,* ello será como la reunión de buenas acciones, asemejándose a una artesa colocada bajo la hendidura de un tubo de drenaje roto; tal es la enseñanza.

Los que tienen un *karma* pesado, malo, no pueden dejar de ser liberados escuchando esta Doctrina y reconociéndola. Y de preguntar por qué, se responderá: que porque en este momento las Deidades Apacibles y las Irritadas están presentes para recibir al muerto y porque los *Maras* y los Interruptores vienen también a recibirle con ellas. El simple entendimiento del muerto y la liberación es obtenida, pues ya no depende de un cuerpo de carne y de sangre, sino de un cuerpo mental que queda fácilmente afectado. Sea cual sea la distancia a través de la cual se esté errando por el *Bardo,* si se es llamado se oye la llamada y se viene, pues se posee el sentido atenuado de la percepción y de la presciencia supranormales. Siendo capaz de recordar y de comprender instantáneamente, el espíritu es susceptible de ser cambiado o influenciado. La enseñanza

es, pues, aquí de gran utilidad. Es semejante al mecanis-
mo de una catapulta (398). Es semejante al manejo de
una enorme pieza de madera (o viga) que cien hombres
no pueden llevar, pero que, echada a flotar al agua, puede
ser fácilmente dirigida donde entonces se quiere (399). Esta enseñanza es semejante al dominio y dirección que en la
boca de un caballo ejercen las riendas.

Por consiguiente, llegandoos junto al cuerpo de aquel que
acaba de abandonar la vida, si el cuerpo está presente, im-
primid fuertemente esto en el espíritu del difunto, repetidle
una vez y otra todo hasta que la sangre y una secreción amarillenta empiecen a salir por las ventanas de su nariz. Entonces, ya el cuerpo no debe ser molestado. Las reglas que
deben ser observadas para que la impresión sea eficaz son
las siguientes: no matar ningún animal por cuenta del difunto (400); no dejar que los parientes y allegados giman
y se lamenten junto al cuerpo inanimado; animar a la
familia a cumplir actos virtuosos en tanto en cuanto les
sea posible (401). Esta gran doctrina del *Bardo Thodol,*
así como otros textos religiosos pueden ser expuestos de
diversas maneras tanto al agonizante como al muerto. Si
esta doctrina es unida al fin de la *Guía* (402) y recitada
por entero con la *Guía,* es sumamente eficaz. Por otra
parte, debería ser recitada también siempre que fuese posible. Estas palabras y su significación deben estar presentes en la memoria de todos; y cuando la muerte es ya inevitable y los síntomas de ella son reconocidos—de permi-
tírselo su estado—el propio moribundo se los debe recitar
a sí mismo y reflexionar sobre su sentido. Si está demasiado débil, entonces que un amigo lea este libro con objeto
de grabarle vivamente en el espíritu del que va a acabar.
Con ella la seguridad de la liberación es indudable.

Esta doctrina es la que libera por la vista, sin que haya
necesidad de meditación o de *Bsgrub* (403). Esta Profunda
Enseñanza libera con sólo ser escuchada o vista. Esta En-

señanza Profunda libera a aquellos que tienen muy mal *karma,* por el Sendero Secreto. No se debe olvidar su significado y sus palabras, aunque se fuese perseguido por siete perros (404). Mediante esta enseñanza escogida se obtiene el estado de Buda en el momento de la muerte. Incluso si los Budas de los Tres Tiempos (pasado, presente y futuro) la buscasen no podrían encontrar Doctrina que sobrepujase a ésta.

Con esto queda terminada "la esencia del corazón de la Profunda Doctrina del *Bardo*", llamada el *Bardo Thodol,* la que libera a los seres encarnados.

Así acaba el Libro de los Muertos, tibetano.

NOTAS

(1)   Statius, *Tebaida*, III, 661. Publius Papinius Statius, poeta latino del siglo primero de nuestra era. Era hijo de un profesor de gramática también poeta. Empezó la *Tebaida* antes de los veinte años; tardó doce en componerla. Fue asimismo autor de un poema épico, la *Aquilea* y de una porción de poesías que reunió con el título de *Silvas*. Murió hacia el año 96.

(2)   Cuando impacientes al ver que todavía la ciencia no puede dar respuesta a cuanto se la pregunta, acudimos a la filosofía, nos enfrentamos con las hipótesis que ésta nos ofrece. En lo que a la *vida* y a la *muerte* respecta, estas hipótesis son las mismas, en suma, que las que se establecieron hace dos mil años: el *animismo*, el *vitalismo* (ya unitario o doctrina de la fuerza vital, ya desmembrado o doctrina de las propiedades vitales) y el *materialismo* (mecanicismo, unitarismo, monismo, como se le quiera llamar). Es decir, doctrina *psíquica* (espiritualista) y la *físico-química* (materialista) de la vida. Por supuesto estos tres sistemas para explicar los fenómenos vitales se han ido rejuveneciendo, madurando por decirlo así. Ninguno de los neo-animistas actuales piensa como lo hacían Aristóteles, Santo Tomás y ni siquiera Sthal. Los neovitalistas no hablan como lo hacían Paracelso, Van Helmont, Barthez, Bordeu o Cuvier y Bichat. En fin, los materialistas modernos, ya sean discípulos de Darwin y de Haeckel, ya de Lavoisier, miran seguramente un poco por encima del hombro el tosco materialismo de Descartes, no considerando los organismos vivos como simples máquinas compuestas tan sólo de ruedas, resortes, tubos y válvulas, y menos aún como retortas y alambiques cual hacían los alqui-

mistas de otro tiempo. El error de no pensar, sino en lo material, es decir, el no tener debidamente en cuenta ese otro factor de los individuos que es el espíritu, bien que pudiera ser una resultante de la materia, como opinan los materialistas, se advierte hasta en lo que afecta a la salud, viendo cómo los mismos tratamientos y medicamentos producen efectos y resultados distintos en los diversos individuos. Y por ello la verdad de la medicina naturalista cuando asegura que no hay enfermedades sino enfermos.

(3) Una de las creencias más generales y seguramente más antiguas, es la de que el alma del ser humano es no tan sólo algo distinto y diferente del cuerpo, sino que sobrevive a la muerte de este. La generalidad de esta idea no parece difícil de comprobar si se tiene en cuenta no tan sólo que entre los pueblos actuales no hay uno tan siquiera, sea civilizado o salvaje, en que no se la encuentre, sino que tampoco, por lejos que llevemos nuestra atención a lo que sabemos de las religiones antiguas, deja, asimismo, de figurar en ellas. En cuanto a su antigüedad, bien que los tres o cuatro mil años en los que podemos profundizar con algunas posibilidades de certeza no sean nada junto al período incalculablemente más largo que vivieron los hombres dotados ya de sentimientos religiosos (hecho que nos permiten deducir los restos de enterramientos y las sepulturas llegadas hasta nosotros), parece fácil de comprender y admitir, de tal manera es natural, que desde muy pronto, los hombres, en presencia de un cadáver, de un cuerpo que poco antes hablaba y actuaba, pensasen que si de pronto aquel cuerpo había quedado inmóvil, callado, yerto, era por haber escapado de él algo que le animaba antes. ¿Y qué podía ser esto sino lo que le había faltado en el último momento, el *aliento*? Así, en todas partes, la palabra "aliento" debió ser la primera empleada para designar el concepto *alma*. Que tal debió ocurrir parece probarlo no tan sólo el hecho de que aún en muchos pueblos salvajes no tienen sino un vocablo para ambas expresiones, y que los términos alma, aire, viento y aliento ofrezcan un parentesco inmediato que los hace casi similares, sino que el *atmán* sánscrito, el hebreo *nephesh*, el árabe *nafs*, en latín *anima* y en griego *pneuma* y *psyché* vengan a comprobar que en todas partes se consideraba el alma como un hálito, como un soplo, como un viento.

Por el mismo procedimiento simplista (y precisamente por ello lógico y natural en mentalidades poco desarrolladas), cuando se trató de imaginar qué podía ser aquel doble etéreo, aéreo, volátil del cuerpo, se le comparó con la *sombra;* lo que también se comprueba no tan sólo en pueblos actuales tan distantes entre sí como los basutos del Africa Austral, los nandi de la Oriental, los indios quiches y los tasmanes, sino (por citar un testimonio antiguo) mediante las famosas Sombras que poblaban el Haides, con las que conversó Ulises cuando bajó a esta región. Y de tal modo la idea entre alma y sombra sigue arraigada, que los indios de Ottawa están seguros de poder matar a un hombre trazando ciertos signos sobre su sombra; así como los naturales de ciertas Islas de las Indias Orientales, arrancando una lanza clavada previamente en el sitio correspondiente al corazón, en la sombra de un hombre; o de causarle enfermedades y trastornos pisándola o apuñalándola. Dante, por su parte, probando también que la idea era corriente en su época, asegura en *La Divina Comedia,* que él era el único que en el Purgatorio proyectaba sombra entre las innumerables Sombras que vagaban por aquella región. Y es que, naturalmente, si los cuerpos proyectan sombra, las almas-sombras no.

Imaginaron también los antiguos que el alma-aliento-sombra podía ser algo como las imágenes que se reflejan en los espejos, o en las superficies de las aguas tranquilas, lo que llevó a la creencia de considerar el alma como una *imagen* del cuerpo y tan semejante a él, que se creía como cosa segura e indudable que tenía exactamente la misma apariencia que el cuerpo había tenido en vida. Y la prueba es que los griegos la llamaban *eidola* y los romanos *simulacra.* Esta idea de que la forma o apariencia del alma era la misma que la del cuerpo, condujo a prácticas curiosas aun en vigor en ciertos pueblos salvajes, por ejemplo, mutilar, tras las batallas, a los enemigos muertos, seguros de que al hacerlo, mutilan las almas de los caídos; o cuando los indígenas australianos cortan el pulgar de sus adversarios para que su alma hostil no pueda ya manejar la lanza. Los bagandas, por su parte, arrancan los ojos y cortan las orejas a los vencidos para que sus espíritus, desfigurados, no puedan embrujar a los vivos ni vengarse de ellos. Y por algo semejante, los chinos temían ser descapitados, y era para ellos una felicidad en medio de la desgracia de perder la vida, cuando esto se verificaba por horca o fusilamiento: porque, según ellos, no había nada más funesto para un hombre que el que su alma, al ser el cuerpo decapitado, lo fuese también, a menos que una mano piadosa le enterrase poniendo junto al cadáver una cabeza de madera.

En fin, una creencia muy extendida también fue la de la pluralidad de almas, idea corriente aún en muchas regiones no o imperfectamente civilizadas, y que en la antigüedad tenían también algunos pueblos, entre ellos el que más nos interesa ahora, los egipcios que, como veremos, además del "ba" o alma divina, creían en el "ka", especie de cuerpo astral de los espiritistas modernos, y en algunas más todavía. En cuanto a los griegos, en Platón vemos, en el *Timaios,* considerar cuatro variedades de almas en cada individuo.

(4) El hombre de esta época (hace 500.000 años, tal vez más) es el más remoto de nuestros antepasados, de los que tenemos noticia.

(5) Nombre dado por Mortillet a una de las subdivisiones del cuaternario, tomando como tipo la gruta prehistórica del Moustier, en Peyrac (Dordogne).

(6) La *época del reno* es la más próxima a nosotros del período cuaternario que, de acuerdo con los animales que convivían con el hombre, ha sido dividida en época del *hipopótamo,* época del *mamut* y época del *reno.*

(7) Período el más reciente de la edad de piedra, en el que la piedra pulida había sido sustituida por la piedra tallada; hace unos 10.000 años, tal vez más.

(8) Luquet, *L'art et la religión des hommes fossiles.*

(9) Algunos pueblos, como los bambara, admiten la existencia de dos principios inmateriales: el alma vital (que tratan de coger o capturar mediante ritos especiales para que se quede en el altar de los antepasados familiares), y el doble propiamente dicho que se va a vivir a otra parte (dicen que bajo el agua y guardado por un genio), esperando el momento favorable para meterse en el cuerpo de un recién nacido.

(10) Levy-Bruhl, *La mentalité primitive.*

(11) La literatura nórdica está llena de menciones relativas a tradiciones, según las cuales las almas de los difuntos aparecen como diminutas llamas revoloteando en las inmediaciones de los lugares en que yacen sus cadáveres.

(12) Cuando el profeta amenaza: "Por haber desobedecido la orden proferida por la boca del Señor, tu osamenta no entrará en la sepultura de tus padres", evidente es que quiere decir que luego de su muerte "no reposará con sus padres", "no se reunirá con sus padres"; o sea, que será arrancado de la compañía de los suyos.

(13) La costumbre de poner en los epitafios las letras S T T I, contracción de Sit Tibi Terra Levis ("que la tierra te sea leve", que nosotros heredamos y aún repetimos), y los textos de epitafios tales que: "Miro, contemplo a todos los que van a la ciudad y a los que de ella vuelven", o: "Lollius ha sido puesto al borde del camino para que todos los que pasan puedan decirle: ¡Hola, Lo-

lliusl", no dejan lugar a dudas sobre la creencia entre los romanos de que sus muertos seguían viviendo en las tumbas. Ello sin contar, por supuesto, con la costumbre de dejarles alimentos, perfumes y demás cosas que les ofrecían, lo que asimismo comprueba de qué modo estaba arraigada entre ellos esta creencia.

(14) Esta práctica, corriente también en todas partes, llegó a ofrecer particularidades curiosas. Por ejemplo, la de poner una moneda en la boca de los cadáveres como se hacía en Grecia, en China, entre los checos antes de su conversión al cristianismo, y en otros lugares. Muy extendida estuvo también la costumbre de inmolar caballos a la muerte de sus guerreros. Cuando el rey escandinavo Harald recibió, en Bravalla, el golpe mortal, "se envió su carro, con el cadáver dentro, hasta el montículo tumular y allí mataron al caballo". En Herodotos se lee que la misma práctica se realizaba ya siglos antes en varios pueblos. Pero aún mucho más cruel y bárbara era la costumbre de enterrar personas humanas, luego de inmolarlas y a veces incluso vivas, costumbre que ha llegado hasta nuestros días y no ha sido fácil desarraigar. El gobierno británico tuvo que prohibir mediante una ley la *suttes* (traducción fonética al inglés de una palabra sánscrita que nosotros transcribíamos por *sati*; es decir, "fiel"), costumbre de acuerdo con la cual se quemaba vivas a las viudas, en la hoguera que consumía el cuerpo de su marido. Y lo más curioso era, que tal cosa era llevada a cabo generalmente con el beneplácito de las que de tal modo se sacrificaban, y que aún hoy mismo, de vez en cuando y pese a la prohibición, se repite algún caso; de tal modo una costumbre ayudada por el fanatismo, es motivo suficiente para que la ignorancia anclada en los espíritus impulse a obrar contra toda humanidad y buen sentido. Esta costumbre también muy antigua pues Confucio la condenaba ya en China varios siglos antes de Cristo, se practicaba en muchos sitios: Herodotos la menciona entre los escitas; César habla de cómo los esclavos y los clientes más amados por sus amos eran quemados con motivo de los ritos funerarios de éstos; San Bonifacio dice lo mismo de los weds, de Germania; los mexicanos inmolaban también a viudas y esclavos, y lo mismo se hacía en Perú y Colombia. Una de las más antiguas leyendas del Japón refiere que cuando el hermano del Mikado recibió sepultura en Tzuki-zaka: "los que componían su servicio personal fueron reunidos y enterrados vivos, de pie, en el recinto de la tumba. Durante varios días permanecieron con vida, llorando y lamentándose día y noche. Al fin expiraron y se pudrieron". En fin, en todas las regiones de Africa y en algunas islas de Oceanía,

práctica semejante ha costado mucho trabajo extínguirla, no siendo seguro que haya desaparecido completamente en ciertos sitios, como entre los zulús, que alegan en favor de ella que "cómo admitir que el rey pueda ir al país de los muertos sin un cortejo que le honre". La verdad es que cuando se medita sobre que desde que apareció la vida en la Tierra, animales y hombres existen quitándose la vida unos a otros y tanto la historia como las costumbres de éstos no ha sido durante muchos centenares de siglos sino una apenas interrumpida serie de atrocidades, crueldades y crímenes, se comprende la necesidad que mueve a los que creen en una Providencia buena, paternal y justa que rige los destinos del Mundo, para asegurar que sus designios son inescrutables.

(15)   Véase mi *Mitología Universal.*

(16)   En lo que a los suicidas, por ejemplo, respecta, aún es costumbre, en ciertas regiones de Africa, dejarles sin sepultura, o enterrarles de un modo irregular; como se hacía hace siglos en Roma, donde una ley pontifical les negaba el beneficio de los ritos funerarios normales; o el *Prayer-Bock* de la iglesia episcopal americana, que mantuvo hasta 1928 un aviso declarando que su "Orden para el enterramiento de los muertos" no era aplicable "a todo aquel que llevase contra sí sus manos violentamente". Entre los daneses ha existido, hasta hace muy poco, la costumbre de enterrar a los suicidas de noche y de orientar sus tumbas de Norte a Sur, en vez de Este a Oeste. Y en muchos países cristianos no se les daba sepultura en terreno sagrado. En Hamlet oimos decir a un enterrador: "De no haber sido una dama noble (por Ofelia) no hubiese tenido sepultura en tierra cristiana." Muy antigua era también en Inglaterra, y ha durado hasta hace muy poco, la costumbre de enterrar a los suicidas en los cruces de caminos y de fijarlos al suelo mediante un palo aguzado que las atravesaba el corazón.

(17)   Casi da vergüenza confesar que aún se crea en estas cosas y que en Bukovina, el año 1919, fuesen exhumados por un grupo de campesinos, aterrados ante el temor al vampirismo, una veintena de muertos a los que con las debidas precauciones para que no pudiesen salir y cometer fechorías, se les enterró de nuevo. No hace mucho tampoco, un ciudadano de Rhode Island confesó que había desenterrado el cadáver de su propia hija y le había arrancado y quemado el corazón, para impedir y detener el descaecimiento de los demás miembros de su familia.

(18)   La descripción detallada de este viaje se conoce gracias al *Libro de aquel que está en el Mundo Inferior,* escrito en los muros de las cámaras sepulcrales de la decimoctava dinastía egipcia

(1580-1530 a. de J.) y completado posteriormente. Una puerta (las continuamente citadas Puertas del *Libro de los Muertos*) daba paso a cada una de las regiones en las que había campos y casas, todo a lo largo del canal que recorría la Barca de Ra, donde innumerables espíritus o demonios, tanto de forma humana como animal, acechaban a uno y otro lado. Todo ello era visto por Ra, por las divinidades vasallas suyas que le acompañaban y por los muertos que acababan de dejar la Tierra y que en virtud de un privilegio especial (el que eternamente ha concedido la fuerza o la riqueza), habían sido admitidos en la prodigiosa Barca, y a los que Ra iba dejando en las diversas regiones que atravesaban, donde les eran concedidos terrenos y privilegios. En las sexta y séptima eran desembarcados los reyes del Alto y del Bajo Egipto, donde tanto ellos como los países que empezaban a habitar carecían de luz, a excepción de una hora cada veinticuatro, a saber, aquélla durante la cual Ra (el Sol) volvía a pasar por aquella región. Este Libro es un verdadero tratado de geografía fantástica. Un viaje extraordinario que empezaba cada día con el crepúsculo "la tarde brillante y triste", cuando, como ha sido dicho, Ra, el Sol con cuerpo humano y cabeza de carnero, asistido por un equipo de dioses y de diosas, era saludado al emprender su marcha nocturna, por las aclamaciones de los genios y de los cinocéfalos sagrados. Los muertos que el dios había embarcado en "la Boca de la Hendedura" (la falla de Abydos) los dejaba en la primera sección, a excepción de los de la raza real, que se quedaban, como acabo de decir, en la sexta y en la séptima. Y el sorprendente cortejo continuaba su viaje, cuya marcha cerraba la propia Barca solar; cortejo formado por "Verdaderos barcos-hadas que se mueven por sí mismos: barca de Osiris-Luna y de la pluma de la Verdad, barca del sistro de Isis-Hathor, barca de la cabeza de Osiris, barca del Osiris vegetando". Luego había que cambiar de navío. Entonces se trataba de una larga embarcación terminada por cabezas de serpientes, que era arrastrada desde las orillas por dioses antropomórficos y luego por diosas. De aquel modo avanzaban en la oscuridad (no obstante ir presididos por el Sol—Ra—; sin duda el Sol se tornaba noche cuando noche convenía que hubiera; en cuestión de dioses y diosas todo es posible; no hay que pedir razones, sino creer o surge el conflicto; sigamos pues con la noche solar), oscuridad apenas disipada por las llamas que emitía la Barca misma, al tiempo que los gemidos lanzados por los genios del lugar, cuando el dios los iba dejando atrás. De este modo proseguía su viaje (cuya descripción detallada puede leer quien tal guste en la traducción del mencionado libro, hecha y comentada por Maspero), hasta que ya, muy cerca del alba, en la hora octava, se cruzaba por entre seres misteriosos de los que tan sólo se veía la cabeza, encargados de privar de la suya a cuantos intentasen oponerse a la marcha triunfal del Sol. En aquella hora todos los dioses que se iba encontrando hallábanse en estado de momias. En la siguiente se llegaba junto a las deidades cultivadoras que mantenían a los demás dioses del Haides egipcio con los productos de su trabajo, mientras en las orillas doce uraeus (un "uraeus" era una representación de la víbora *naja*, la más venenosa de todas las de su especie) lanzaban llamas a medida que pasaba el Sol, apartando a las demás serpientes peligrosas y destruyendo a aquellos de los muertos cuyos encantamientos eran inexactos. La región de la décima hora era la llamada "abismo de agua de las altas márgenes". Estaba habitada por cuerpos inmergidos. El despuntar del Sol, que ya se anunciaba, acentuábase en la hora once, en la que la Barca, que llevaba en la proa el disco rojo que representaba a la Estrella de la mañana, seguía avanzando arrastrada desde la orilla por un reptil inmenso. Sentadas por parejas sobre uraeus, diosas alababan a Ra según pasaba; sus pies reposaban en el Duat (Iinfierno), pero la brisa del alba acariciaba sus rostros. En fin, el nacimiento del nuevo Sol, el Sol del nuevo día, llegaba exactamente cuando la Barca, en la proa de la cual hallábase entonces el escarabajo sagrado, atravesaba de la cola a la cabeza a una enorme serpiente que representaba "el alma de la vida de los dioses". Luego, mientras la momia del Sol precedente (que al morir había dado paso al nuevo), era abandonada en un rincón, el que nacía de la diosa Nut, la diosa del cielo, hacía su aparición saludado por las aclamaciones de las demás divinidades.

Naturalmente, una vez inventados los dioses, tanto buenos como malos, y tras ellos, como era lógico, sus moradas respectivas, los *viajes* a estas moradas, muy especialmente a las de los dioses temidos, es decir, a las diversas variedades de *infiernos,* que a causa del peligro que ofrecían eran las que más interesaban, tenían que excitar la fantasía de los hombres y multiplicarse, y así ocurrió llegando a constituir toda una literatura en la que fueron amontonándose montañas de insensateces, reflejo de los instintos morbosos hacia lo horrible y lo doloroso, nacidos en multitud de espíritus perversos, enfermizos y anormales.

Tras el mencionado viaje al más allá egipcio que acabo de describir brevísimamente, hay que citar el de Ravana, el poderoso y terrible enemigo de Rama, a la mansión del Plutón hindú, inaudito atrevimiento seguido de fantástica lucha que describe magistralmente el *Ramayana*, a cuyo extraordinario poema remito al lector, invitándole a hojear mi traducción publicada en esta misma colección "Tesoro Literario". Luego hay que colocar las relaciones del mismo género citadas en la literatura religiosa de la Mesopotamia, relaciones que vienen a constituir los primeros cuentos de la Humanidad: los viajes de Gilgamesh y de su amigo Enkidú; el episodio que hizo al dios Nergal, soberano de los Infiernos, tras vencer y dominar a Ereshkigal "la dueña de las tierras grandes", que imperaba en aquel Haides; y la interesantísima *Bajada de Ishtar a los Infiernos* (esta Ishtar era la Venus de la mitología asirio-babilonia), todo ello relatado en mi *Mitología Universal*.

Hago gracia al lector de un texto, no obstante ser muy curioso, relativo al sueño de un rey asirio a propósito del Infierno de este país, texto publicado por Ebelling y del cual Dhorme dio una buena reseña muy detallada en la *Revue de L'Histoire des Religions*, en 1933. Asimismo del *Libro de Zoroastro*, compuesto por el persa Zartusht, en 1278, uno de cuyos capítulos cuenta la visión de un profeta que contempla en sueños el Paraíso y el Infierno; y el *Libro de Arda Viraf*, en el que este Arda Viraf, tras haber absorbido un narcótico, pasa en el templo del Fuego siete días y siete noches, mientras su alma es guiada por Saroche, especie de ángel protector de los difuntos justos, y por el propio fuego divino. Tras haber llegado ante Ahura-Mazda, vuelve al puente Tchinvat y de allí desciende a los cuatro pisos infernales, cuyos suplicios describe, como todos los cicerones infernales, con prolija delectación. En fin, los *descensos* mazdeistas, a propósito de los cuales remito al lector curioso de estas cosas al *Suplemento al Diccionario de la Biblia*, palabra *Bajada*.

Y llegamos a los héroes griegos, que asimismo fueron a los Infiernos, pero cuyas descripciones son más sanas: Herakles, Teseus, Peiritoos, Orfeus y Ulises, cuyos interesantes relatos puede ver el lector en mi *Mitología Universal* y en mi traducción de la *Odisea*. De ellos hay que pasar al relato de Er el pamfilio, relato que refiere el libro X de la *República* de Platón (véase mi traducción), en donde ya aparece un tribunal formado por Aiakos, Minos y Radamantos, encargado de juzgar las almas de los muertos. Luego el *Abaris* de Herakleides de Ponto, del que me he ocupado también en mi obra *Pitágoras*. Inmediatamente la aventura de Tespesios, referida por Ploutarchos en su interesante tratadito titulado *Sobre los plazos de la venganza divina* (véase mi traducción). De aquí hay que pasar a la *Eneida* de Virgilio, en la cual Eneas (mejor

Aineias), a imitación de Ulises en la *Odisea*, baja también al Haides
a entrevistarse con el alma de su padre, con objeto de que ésta le
reconforte y estimule para que pueda llevar a cabo debidamente
su misión de fundador de un pueblo. Dos siglos después de Virgilio, Apuleyo en sus *Metamorfosis* hace referir a su héroe cómo
con motivo de ser iniciado en el culto a Isis se había "acercado
a las fronteras de la muerte y pisado el umbral de Proserpina".

En la "enorme compilación" que constituye la versión etiópica,
única completa, del *Libro de Henoch,* hay un capítulo indudablemente anterior a la era cristiana, que lleva al patriarca a los Infiernos. En otras partes del libro están sus viajes por los diferentes
mundos. El autor hace que Henoch sea arrebatado "allí donde el
trueno tiene su origen y donde están los tesoros de relámpagos",
y tras hacerle ver todos los ríos de la Tierra, los "lugares adonde
toda carne emigra" y "las montañas de tinieblas que procuran el
Invierno", le hace contemplar, asimismo, "los depósitos de todos
los vientos", los "soplos que arrastran a los astros" y "la vía de
los ángeles". Más allá hay montañas de piedras preciosas que
brillan día y noche y siete astros encadenados por haberse rebe-
lado contra Dios. Tras la prisión de los astros está la de los ángeles, donde columnas de fuego parecen combatir mientras se
hunden en el abismo. Los ángeles Uriel y Rafael le llevan al lugar
horadado en una montaña donde los muertos esperan el Juicio. Luego ve también "los receptáculos deliciosos" de los Justos, y los
lugares sombríos, divididos en tres zonas, que encierran, una, a
los pecadores "que serán encadenados durante toda la eternidad";
la segunda, las víctimas de los asesinatos, raza de Abel que grita
contra la de Caín; la tercera, a los pecadores castigados menos
severamente. Al punto es llevado hasta el trono preparado para el
Rey eterno; luego, junto al Arbol de la vida, del cual los justos
gustarán el fruto al final del Mundo, Arbol con el que contrasta
la desecada sima destinada a los blasfemos. Finalmente, visita el
Paraíso terrenal, dominado por el Arbol de la ciencia. Al propio
patriarca Henoch le fue atribuido un *Libro de los secretos* (del
cual existe una traducción eslava de la era cristiana), en el cual
visita también el Edén, los Cielos y el "Infierno más bajo".

La fantasía no es tampoco despreciable en el *Apocalipsis de
Baruch* (siglo I de la era cristiana), que hace alusión a los viajes
de Moisés al más allá. Pero es muy superior el propio *Apocalipsis
de Moisés*, en el que vemos al abuelo del legislador cambiar, por orden de Dios, en fuego el cuerpo del gran mago, con objeto de que
pueda llegar hasta los cielos. En efecto, rodeado de 30.000 ángeles,

Moisés recorre maravillado cada uno de los siete cielos, en los que contempla cosas prodigiosas. Por ejemplo, en el primero, las ventanas por las que suben y bajan las oraciones, las lágrimas, la paz, la guerra, la salud, las epidemias y mil cosas más ora buenas ora malas En el séptimo, Espíritus encadenados mediante ataduras de fuego rojo y negro (el Enfado y la Cólera) y a otro Espíritu, todo sembrado de ojos de llama, que es el Angel de la Muerte y, en fin, otros que están delante de Dios, dotados de seis alas cada uno de longitud igual al camino que se puede recorrer (sin callos evidentemente) durante un viaje de quinientos años.

No contento con hacerle visitar el Cielo, el propio Señor envía a Moisés, siempre conducido por el ángel Gabriel, gran cicerone de profetas (recuérdese que varios siglos después se servirá también de él Mahoma para hilvanar algunos de sus devaneos korano-fantásticos), a visitar asimismo el Infierno. Allí, cuando el hombre de Dios penetra en los lugares de suplicio, el fuego se retira respetuosamente a una distancia de quinientos parasanges (2.500 kilómetros; ¡qué bombero hubiese hecho el excelente patriarca! Que por cierto acabo de recibir el último libro de un eminente hebraísta, Martín Buber, en el que se discuten todas las hipótesis sobre la existencia o no existencia del famoso Moisés; pero esto es cuestión que no interesa ahora). En el antro reina una especie de ley del talión. Sin cesar la Gehenne grita pidiendo que los pecadores sean destruidos, pues jamás está satisfecha. Moisés se dirige, protegido por la divina Shekina (la presencia de Dios manifestada mediante la luz) hacia la región del fuego, en que, prodigio maravilloso, son castigados a la vez por llamas y por nieve, sin que aquéllas se apaguen o ésta se derrita, diferentes crímenes (supongo que los pasionales originados por la indiferencia glacial del difunto o difunta); estos suplicios se interrumpen en los días del "sabbat" y los de fiesta. En fin, Moisés vuelve al Cielo y visita el Edén, que está todo lleno de tronos cuajados de piedras preciosas, más o menos centelleantes y magníficas, según la categoría de los justos para los que están reservados.

Mencionaré aún otros *Apocalipsis*: el de Isaías, el de Elías, el de Sofonio, y un relato también bastante curioso: la *Revelación de Josué, hijo de Leví*. En todos ellos se baja y se sube, según caen las pesas de las regiones malas o buenas, todas en el fondo iguales, bien que todas diferentes a compás de la imaginación de sus creadores.

Los textos cristianos relativos a esta cuestión pueden dividirse en dos grupos: los análogos poco más o menos a estos que acabo de citar y los relativos a la bajada a los Infiernos, del Redentor. Me limitaré a citar el nombre de éstos textos: *Evangelio de Pedro* (siglo II); *Evangelio de Nicodemo* (siglo V); la gran fantasía, no exenta de pasajes muy notables titulada *Evangelio de Bartolomé* (muy superior a los otros dos), libro que fue sumamente celebrado en su época y en el cual el arcángel Miguel conduce al Apóstol a través del Infierno. En fin, gran difusión alcanzó también una imitación de este Apocalipsis, obra del siglo VIII o IX, llamada *Apocalipsis de María*, en el cual vemos a la Virgen conducida por el arcángel Miguel y cuatrocientos ángeles, visitar primero el Infierno, luego el Paraíso.

Y de un salto nos vamos de las leyendas de Palestina a las germanas, en las que mediante curiosa mezcla de elementos paganos y de visiones cristianas, aparecen varias narraciones en las que interviene, pues a causa de él y para él están hechas, la deliciosa figura del dios Balder (véase sobre él mi *Mitología Universal*, es un dios encantador). La primera de estas narraciones, referida brevemente en el *Canto del Viajero*, donde se ve a Odin bajar al Mundo de los Muertos para tratar de averiguar qué hay sobre el presentimiento que acongoja al mejor de los dioses del panteón germánico, a propósito de su muerte que cree próxima. Ocurrida ésta y a causa de ella, nuevo viaje al Infierno, esta vez realizado por Hermord, el veloz criado de Odin, quien durante nueve días recorre el Infierno en busca de Balder. Luego vienen dos relatos debidos a Saxón el Gramático (siglo XII). Después, el ciclo de los viajes al Paraíso terrenal, de los que puede ponerse como tipo la leyenda a propósito de Erik, príncipe noruego que se hace cristiano en Constantinopla y que tras larga peregrinación (pues en Bizancio se sabe que el Paraíso está más allá de la India). Erik y sus compañeros llegan a un bosque en el que los astros brillan aun de día, y a un río junto al cual un dragón guarda el único puente que le cruza. Erik y los suyos se meten en la boca del monstruo, encontrándose de pronto y sin mal alguno en una llanura por la que corren ríos de miel, en la que los árboles no proyectan sombra y donde por una escala llegan hasta una torre que se sostiene en el aire sin apoyo alguno; aire por cierto embalsamado, en el que quedan adormecidos. Entonces Erik, mediante un ensueño, ve a un ángel que le dice que ha llegado al país que buscaba, a la "tierra de los vivos", pero no al Paraíso, que es incomparablemente más glorioso y reservado tan sólo para los Espíritus.

Pasemos a los pueblos célticos, muy particularmente a los irlandeses, campeones en esto de los viajes al otro mundo. El simpático héroe de Ulster, Cuchillaín (con el que el lector que guste puede hacer, si ya no lo ha hecho, conocimiento en mi *Mitología Universal*) es puesto muchas veces en camino hacia comarcas extrañas en nada semejantes a las terrestres. Por ejemplo el mundo siniestro con el que entra en relación en *La enfermedad de Cuchillaín y los grandes celos de Emer* (manuscrito del siglo XVI). Luego viene la novela ("mabigoni") de *Pwyll, príncipe de Dyvet*, serie de aventuras de Cuchillaín y de Loegaire en el país de las hadas de los lagos. Y, finalmente, los relatos conocidos con el nombre de *navegaciones,* relativos todos a viajes remotos y extraños en los que pueden admirarse las cosas más raras y prodigiosas. El más antiguo de estos relatos es el que refiere la navegación de Mael-Duine (probablemente del siglo VIII). De menor opulencia en cuanto a fantasía es el *Viaje de Bran, hijo de Fébal.* Hay que mencionar también el *Viaje de San Brendan,* que es una mezcla de textos fantásticos y hechos reales realizados durante sus viajes por monjes irlandeses, entre ellos el propio San Brendan. Más célebre aún que estos viajes de San Brendan fue la leyenda del Purgatorio de San Patricio, a propósito de la cual me voy a detener un momento, no tan sólo porque demuestra cómo una leyenda, por fantástica e irreal que sea, si atrae sobre ella esa cosa ciega y maravillosa llamada *fe,* puede ser creída como un conjunto de los más verídicos y positivos hechos reales, sino por haber trascendido hasta nuestra literatura. En todo caso ocurre que el llamado *Purgatorio de San Patricio* fue y sigue siendo en nuestros días, y ello, no obstante, la prohibición del Papa Alejandro VI, nuestro compatriota que tanto ha dado que hablar y que escribir, y no por su vida ejemplar (prohibición promulgada a instancias de un canónigo holandés que sin duda racionalista, es decir, desprovisto de la necesaria fe, fue al lugar en cuestión con la esperanza de ver, como todos, maravillas, y no vio nada), que fue y sigue siendo, decía, un lugar de peregrinación tan importante en Irlanda, como Santiago en España, Lourdes en Francia o Fátima en Portugal. ¿Qué Papa, en efecto, tendría autoridad bastante para impedir que millares de enfermos acudiesen a estos dos últimos lugares con la esperanza de sanar milagrosamente? Y he aquí lo que hay sobre la cuestión que nos ocupa.

En el condado de Donegal, en Ulster, hay un lago de aguas rojizas, tal vez por ser el terreno ferruginoso, sembrado de islotes: el "Lock Derg" o Lago Rojo. El color rojo era para los irlandeses paganos el color de la muerte, pero, al llegar el Cristianismo al país, apareció no tardando una leyenda que aseguraba que el color del lago era debido a la sangre de un dragón al que había dado muerte el propio San Patricio, que, como se sabe, es el patrón de Irlanda. El papel de los dragones en las leyendas suele ser tan importante que han llegado a constituir la base de muchísimas; con frecuencia se les asocia a la guarda de bellísimas doncellas, y ello ha servido cuando menos para excitar la inventiva de los artistas que nos han dejado representaciones de estos terribles y venerables animales, por lo general destinados al martirio (siempre suelen ser vencidos por héroes o santos admirables), sumamente variadas y pintorescas. Aquí, sobre la primera leyenda pronto se fueron acumulando otras, pues nada tan prolífico como la fantasía popular, esa fantasía anónima que acaba por dar tono a la espuma psicológica de cada pueblo, y el prestigio del lago fue creciendo, sobre todo cuando a alguien se le ocurrió situar en una caverna de cierta de las islas del lago, la entrada de uno de los locales del más allá, destinado a producir más saneados ingresos: el Purgatorio. El doctor Evans Wentz, en su libro *Fairy Faith in Celtic Countries* (Oxford 1911), sugiere que tal vez esta leyenda del Purgatorio de San Patricio, cuya entrada se localiza en una caverna que sirvió en otro tiempo para las iniciaciones místicas paganas, dio origen a la doctrina del Purgatorio en la Iglesia romana. En todo caso el lugar se convirtió en un famoso centro de peregrinaciones, que no han podido ser abolidas pese a haber sido demolida la caverna en cuestión por orden del gobierno inglés en Irlanda, con el pretexto de destruir, tal se dijo al menos, una superstición pagana. Innegable es también que lugares subterráneos de adoración y de iniciación, dedicados al dios solar Mithra, subsisten en varias comarcas del sur de Europa, y que de tal modo se asemejan al purgatorio irlandés y a otros lugares celtas de iniciación, por ejemplo New Grange, en Irlanda, y Gavrinis, en Bretaña, que parecen indicar un común origen prehistórico, esencialmente religioso, unido al culto de un mundo *post morten* y a sus habitantes. Pero volvamos con San Patricio. El primero que localizó el Purgatorio en el Lago Rojo (lo que prueba que el hallazgo era ya del dominio público) fue el escritor Gallois Giraud de Cambrie, hacia la mitad del siglo XII. Este escritor considera la isla dividida en dos partes: una sagrada, la otra infestada de demonios. Hacia 1189, un religioso cisterciense Enrique de Saltrey, compuso una bajada al "Purgatorio" que tuvo un éxito enorme. Han quedado de ella muchos manuscritos y traducciones diversas. Ni que decir tiene que aquello fue más que suficiente para asegurar ya las peregrinaciones al famoso Lago, peregrinaciones que habían empezado tras la siguiente relatada más tarde con todo detalle por Rogelio de Wendover, muerto en 1236. He aquí un extracto de este relato: San Patricio, hablando y predicando a los paganos de la verde Erin a los que quería convertir, no conseguía convencerles porque aquellos hombres de endurecido corazón le pedían, para creerle algo más que palabras inflamadas, pues por instinto, cuando se oye a alguno alabar algo lleno de pasión, sospechamos que a ello le mueve no nuestro interés sino el suyo. Querían pues pruebas visibles, no palabras, y el Señor en persona, a creer a Rogelio de Wendover, le reveló el secreto del Lago, asegurándole que todo penitente sincero que pasase en la caverna un día y una noche quedaría purificado de sus faltas. Inmediatamente el apóstol de Irlanda mandó construir junto a la caverna una capilla y fijó las formalidades de acceso al subterráneo: si el peregrino no volvía o salía, una vez metido dentro, había que considerarle como perdido, tanto de cuerpo como de alma y ni pronunciar más siquiera su nombre se debía; de lo contrario...

Ni que decir tiene que todo esto fue motivo más que suficiente para que la fe, al fin encendida, empezase a realizar milagros que, naturalmente, fueron plasmados en nuevas leyendas, de las cuales voy a dar una: la recogida por Enrique de Saltrey. Hela aquí: Un caballero llamado Oenus, arrepentido, tras una vida que no había sido sino un tejido de crímenes, pidió a su obispo, de quien precisamente dependía entonces el "Purgatorio", que le autorizase para afrontar la prueba. Llegado el día y tras haber oído misa y comulgado, fue conducido procesionalmente a la entrada de la caverna que, una vez el criminal-arrepentido dentro, fue cerrada tras él. En medio de las tinieblas en que se vio envuelto no tardó en distinguir una claridad semejante al crepúsculo invernal y gracias a ella vio una especie de claustro en el que había quince monjes vestidos de blanco. Uno de ellos dijo a Oenus que iba a encontrarse con demonios que por todos los medios, palabras prometedoras, amenazas e incluso torturas, tratarían de hacerle renunciar a su proyecto; si les escuchaba, perdido estaba sin remedio; de lo contrario, tras poder contemplar los castigos que sufrían los pecadores, así como la felicidad de los justos, él mismo quedaría libre de sus pecados. Y que en medio de los tormentos, por grandes que fuesen, le bastaría invocar el nombre de Jesús para verse libre de ellos. Y, en efecto, lo que le había sido anunciado sucedió: demonios, promesas, amenazas, todo cayó sobre él; más: como castigo a su impenetrable silencio, un inmenso brasero al que fue arrojado bien atado de pies y manos. Pero el nombre de Cristo le salvó al punto. Luego fue el escuchar un inacabable concierto

de voces reclamando piedad, de infinitos seres humanos que tenían
las extremidades sujetas por clavos ardiendo, y mil otros suplicios
atroces en diversos círculos de aquel antro inmenso. Vio también
a varios de sus compañeros de mala vida, que no habían tenido,
como él, el acierto de arrepentirse, sufrir inacabablemente tormentos, y él mismo se sintió arrojado a una tremenda rueda ígnea,
de la que también Dios le liberó.

Tras ello fue llevado a una gran casa toda llena de humo ("los
baños", le dijeron los demonios que era), cuyo suelo estaba plagado
de fosos colmados de líquidos ardiendo y de metales en fusión, en
los que se "bañaban" innumerables condenados. Sobre un monte,
lugar asimismo de tormentos, otros muchos pedían en vano la muerte. De pronto un viento huracanado los arrojó a todos (y a él, y
hasta a los demonios) a un río fétido y helado del cual fue el único
en salir, gracias a la protección divina. Luego llegó al borde de
un pozo terribilísimo que escupía llamas cuyo olor tan sólo era ya
insoportable. Las chispas de aquel pozo eran almas de condenados.
Y en él, que absorbía todo cuanto se le acercaba, se sintió precipi-
tado. En aquel abismo, más ancho a medida que se descendía, los
sufrimientos eran tan atroces que durante largo rato Oenus no
pudo ni recordar el nombre del Redentor. Sólo al conseguirlo fue
sacado de allí. Entonces una nueva pandilla de demonios le ase-
guró que todo lo que había visto hasta entonces no era el verdadero
Infierno, sino una grata antesala, un simple aperitivo infernal,
comparado con lo que seguía, es decir, con el verdadero Infierno
en el que iba a entrar...

Renuncio a seguir. Si algún lector quiere más precisiones acuda
al texto y quedará satisfecho. Es más, se enterará con todo detalle
de cómo cuando Oenus tras bien recorrido el Infierno pasó al
Edén, donde salió a recibirle una procesión en la que figuraban
elegidos de todos los grados religiosos (pontífices, obispos, sacerdotes, es decir, santos de buena cepa, en unión de otros de golpes
de pecho, a saber, sinvergüenzas, criminales arrepentidos, como
él, y demás) llevando cruces, cirios, estandartes y palmas de oro...
Cuando al fin el favorecido penitente vuelve a la Tierra, en lo
sucesivo lleva en ella una vida enteramente santa. Claro que lo
mismo hubiera hecho, escarmentado, el propio Satanás de haber
estado en su lugar.

Ni que decir tiene que en España, país santo, nido de dulce y
bendita fe, cuna de prodigios y milagros y donde, desde Recaredo,
lo mismo toda honda religión que todo fanatismo, tiene su trono
y natural asiento, el edificante relato de Henri de Saltrey no podía

dejar de hallar eco. Para Lope de Vega no podía pasar inadvertido; Pérez de Montalbán, su discípulo (aquel discípulo de quien tan donosamente se burlaba Quevedo), amañó el relato a su gusto y le publicó con el título de *Vida y Purgatorio de San Patricio,* insistiendo sobre la culpable vida de quien él llamó Ludovico Enio. En fin, Calderón, sacerdote y poeta (que si fue tan bueno en una cosa como en otra, lo que yo no dudo, merece por lo menos una beatificación), dio en 1636 una "comedia famosa" titulada *Purgatorio de San Patricio* en la que Enio aparece como contemporáneo del apóstol de Irlanda. La obra de Montalbán traducida al francés, inspiró hacia la época de la Revolución, *Louis Eunius,* misterio en lengua bretona traducido más tarde al francés por Dottin.

En fin, por si todo ello fuese poco, aún en época no muy lejana han circulado por tierras armoricanas numerosos relatos de viajes al más allá, viajes tan populares como los que se acaba de ver, en la edad media, relativos a las recompensas y penas (muy especialmente éstas) destinadas a los mortales cuando pasen a, no ciertamente para muchos, "mejor vida". Me refiero a las famosas *visiones:* visión de Wettin, visión de Alberico, *Visión de Tondale,* en fin, la leyenda de Ludwig Brazo de Hierro. Habiéndome ya ocupado de ellas en la nota 455 de mi *Mitología Universal* no insistiré sobre cosas que de tal modo repugnan al más elemental buen sentido. Mas, por si algún lector gusta de empaparse bien sobre hasta qué punto cosas tan alejadas de la religión como próximas al fanatismo pueden tener cabida en el espíritu humano, tómese la pena de leer los libros siguientes; con tres que voy a citar quedará satisfecho: Delepierre (Octave) *L'enfer décrit par ceux qui l'ont vu,* Londres, *Miscel de Philobiblon Society,* 1863-1866 Ozanam, *De frequienti apud veteres poetas heroum ad inferos descensu,* París, 1837. Labitte, *La Divina Comedie avant Dante,* Revue des Deux Mondes, 1842, tercer trimestre.

Y acabo: honremos la memoria de San Gregorio el Grande, recordando que él fue quien atrajo la atención sobre la vida futura gracias a sus *Diálogos* en cuyo cuarto libro muy especialmente, se leen ejemplos de ensueños y contemplaciones relativas al más allá, tenidos o realizadas por hombres a los que se creyó muertos (como al Er, de Platón), pero que volvieron a la vida para dejar descripciones destinadas a edificar a sus semejantes. Nada más.

(19)   Lo característico de las religiones a base de Misterios es la tendencia a reconocer, proclamar y enseñar *la libertad del alma,* y a fundar en esta libertad la salvación; mientras que en el Budismo la creencia suprema es la relativa a la *transmigración de las*

almas, hasta que alcanzan la perfección suficiente para reintegrarse en el *Todo,* es decir, su *Nirvana* (pues los dioses están ausentes del Budismo, como en realidad de las religiones a base de Misterio, para quienes la Divinidad es también una esencia superior que en nada se diferencia del Todo búdico). Por su parte, Judaísmo, Cristianismo y Mahometismo se asemejan en tener como dogma, es decir, como cosa cierta y segura, la *resurrección de la carne.*

(20) Para detalles amplios sobre ellos, remito al lector a mi *Mitología Universal.*

(21) La maravillosa y esperanzadora idea de que en lo sucesivo los hombres podrían morir tan sólo para renacer a una vida esplendorosa y mejor, estaba sembrada. Platón, gran paladín del alma acabaría por sentar bien sentado, gracias a su talento e influencia enorme, no tan sólo que el alma era inmortal, puesto que de naturaleza divina, sino eterna, anterior al cuerpo y muy superior a él; y que incluso, como asegura Sókrates en el *Faidon,* todo hombre razonable debe tender a liberarse lo más pronto posible de la prisión del cuerpo y dejar que el alma escape feliz, a una vida mejor.

(22) Los motivos de esta evolución son oscuros. Se ha hablado del Mazdeísmo a causa de la cautividad de Babilonia, y, sobre todo, de los dos siglos posteriores durante los cuales los hebreos estuvieron bajo la denominación persa. En todo caso es indudable que a la muerte de Alexandro (Alejandro el Grande), todo el próximo Oriente cayó bajo la influencia griega, y que a causa de ello los judíos, muy especialmente los que estaban en Egipto, entraron en contacto inmediato y directo con la civilización helénica. Tal vez los Profetas, sembrando la idea de un Dios, no del pueblo judío tan sólo, sino de todos los pueblos; es decir, la idea fecunda del monoteísmo (que ya había germinado, pero no de un modo tan claro y rotundo en la India con Brahma y en Grecia con Zeus), sentaran los jalones sobre los que florecían los temas relativos al Fin del Mundo, al Juicio último, a la Nueva Era y a la Resurrección de los Muertos, o sea, todo lo que implicaba la inmortalidad del alma. Pero las alusiones a todo ello son escasas y no muy precisas (bien que se lea en Isaías (XXVI, 14, 19) que los enemigos de Dios "no sobrevivirán..., pues tú los has castigado y destruido" y "Que tus muertos revivan, que mis cadáveres se levanten. Levantaos y estremeceos de placer, habitantes del polvo, pues tu rocío es un rocío vivificador y la tierra volverá a dar el día a las sombras". Y en Daniel (XII, 2): que "al fin de los tiempos, varios de los que duermen en el polvo se levantarán, unos para la vida eterna, los

otros para eterna vergüenza"); escasas y no muy precisas, decía, y hace falta alcanzar los dos siglos anteriores a la venida de Jesús para que se precisen.

(23) En la época del *Libro de Henoch*, el Cheol quedó transformado en una especie de Purgatorio para antes del Juicio final, donde diversas "estancias" estaban reservadas para los muertos, según sus vicios o sus virtudes: los primeros sufriendo un castigo preparatorio, lo segundos gozando de una anticipación de felicidad antes de pasar al verdadero Paraíso, que el Libro evoca como una casa de cristal con el techo estrellado, o limitado por relámpagos, lleno de querubines de fuego; en el interior, un trono de cristal ceñido de ríos y de llamas sobre el cual resplandece la Gran Gloria, ataviada con vestidos más blancos que la nieve, más brillantes que el Sol, que ningún ser de carne puede mirar cara a cara. Otros textos más recientes mencionan los famosos "siete cielos", que luego aparecerán con tanta frecuencia en los relatos tradicionales ulteriores, con gran exhibición de puertas de diamante, de ángeles con rostros luminosos, ríos de leche y de miel, praderas cuajadas de flores, y festines presididos por Dios en mesas de ónice y de piedras preciosas. Pero la ortodoxia rabínica ha modificado todo esto, sin duda por considerarlo falso y estúpido, determinando que tras la muerte el justo ganará, sí una situación venturosa en el Cielo, pero sin meterse en más detalles, y los malos una gehenne en la que "serán atormentados con llamas" en un fuego de temperatura sesenta veces superior al fuego terrestre. Sin duda, pensaron los excelentes rabinos que si respecto al Paraíso convenía ser prudentes, siquiera por no parecer que hablaban influidos por el Edén que Mahoma ofrece a sus creyentes, con el Infierno se podía echar lastre sin miedo a dejar atrás a los muchos ya en funciones. En fin, tras el Juicio final, la única diferencia con las prescripciones coránicas que acaban por salvar a sus creyentes, es que los condenados, como asegura también el dogma cristiano, expiarán sus faltas, y los salvados gozarán de su felicidad *eternamente;* y no inmaterialmente, sino en sus propios cuerpos resucitados.

(24) En uno de los *Upanishad* se lee: "Como una oruga que tras haber trepado arrastrándose y retorciéndose hasta lo más alto del tallo de una hierba, se estira con gran esfuerzo para alcanzar otro tallo, así el hombre, luego de haber salido de su cuerpo se estira con esfuerzo para alcanzar una nueva existencia. Pero su destino está marcado por su conducta: tal ha sido ésta, tal será aquél." De acuerdo con este principio inmutable se lee en otro *Upanishad* que el hombre que se ha conducido bien, renacerá

como brahman, como kchatriya, o como vaisia; es decir, en una de las tres clases superiores, mientras que una mala conducta llevará fatalmente a un nuevo renacimiento como sudra (paria), como perro o como puerco. Y en otro: "Es según lo que ha hecho o lo que ha conocido por lo que un hombre renace como gusano, como insecto, como pez, como pájaro, como león, como jabalí, como serpiente, como tigre, como ser humano, como tal o cual ser de ésta o aquélla condición." En las *Leyes de Manu* el mismo carácter retributivo, unido a la idea de moralidad: "Los hombres que se complacen en la violencia tórnanse animales carnívoros; los que comen alimentos prohibidos, gusanos; los que roban, bestias pertenecientes a especies que devoran a sus congéneres." "Los ladrones de granos se tornan ratas; los de miel, insectos venenosos; los de leche, cuervos; si de carne, buitres; el que roba grasa, cormorán; si sal, grillo; si lino, rana; si melaza, murciélago. El que arrebata a una mujer renace oso; el que un vehículo, camello." "El que roba aceite se torna cucaracha; si una vaca, iguana; si legumbres, pavo real; si grano, puerco-espín; si caballos, tigre; si fruta, mono; si elefantes, tortuga" "Los malhechores pasan a cuerpo de animales; los grandes criminales entran sucesivamente en el cuerpo de todas las plantas; los que han cometido un pecado mortal, en el cuerpo de gusanos o de insectos; los delincuentes menores pasan al cuerpo de pájaros y los criminales de cuarto grado a cuerpos de animales acuáticos." Claro que hombres al fin los que calculaban tan sanos consejos, es decir, los avisados brahmanes que a fuerza de tiempo y de audacia habíanse encaramado en la primera casta desde la que grasos y perfectamente parásitos moralizaban, entre col y col dejaban ver sus verdaderos sentimientos y propósitos, predicando de mal disimulado modo en su provecho: "El asesino de un brahman será condenado a entrar en el cuerpo de un perro, de una cabra o de un asno. Y el seductor de su mujer pasará cien veces a ser hierba, liana o arbusto." O bien, según otro de aquellos profetas *pro domo sua*: "el que mata a un brahman renacerá tuberculoso; el que le quita alimentos, dispéptico; el que maldiga de él, sordo-mudo."

(25)   Véase mi *Historia de las religiones.*

(26)   Entre los raros Apocalipsis admitidos en el *Antiguo Testamento*, hay dos que contienen una alusión a la resurrección. En el primero y más pequeño, que data del siglo III, o tal vez del II antes de Jesucristo, y que ha sido integrado en el libro compuesto con el nombre de *Isaías*, se lee en el versículo 19 del capítulo XXVI: "¡Que tus muertos revivan! ¡Despertad y que el gozo os haga cantar, habitantes del polvo! Pues tu rocío es semejante al que vi-

vifica la hierba, y la tierra volverá a dar el día a las sombras."
Luego, en el *Libro de Daniel,* que es más reciente, pues data de
la época de los Macabeos (es decir, unos 165 años antes de nuestra
era), encontramos (XII, 2) una profecía anunciando claramente la
resurrección individual. En la hora en que Dios triunfará, "muchos
de los que duermen en el polvo despertarán, unos para la vida
eterna, otros para el oprobio y la también eterna vergüenza". En
el *Libro de Henoch* se lee que los justos serán los únicos hijos de
Israel cuyo cadáver se levantará "para que puedan vivir una larga
vida sobre la Tierra". Y en una sección más reciente: "De vosotros que habéis muerto en la justicia, los espíritus vivirán, gustarán
la alegría y estarán llenos de gozo". En el *Testamento de los Doce
Patriarcas*: "Y los que mueran en el dolor se levantarán en la
alegría; y los que soporten la pobreza por causa del Señor conocerán la riqueza; y los indigentes serán hartados de alimentos, así
como los débiles recobrarán sus fuerzas y los que rindieron su
aliento por la causa del Señor despertarán llenos de vida." En
los *Salmos de Salomón* (hacia el año 50 a. d J.): "Los que temen
al Señor alcanzarán la vida eterna." En fin, en el *Segundo Esdras,*
libro aún más reciente (de los años 81 a 96 d. d. J.), hablando ya
claramente de la resurrección, dice: "La tierra restituirá a los que
duermen en su seno, y lo mismo el polvo a los que habitan el
silencio. Y los lugares secretos devolverán estas almas a las que
recibieron en depósito."

(27)   Habla de "la resurrección de los justos" en Lucas (XIV,
1, 14), poniendo en boca de Abraham una alusión a los que no
se dejarían persuadir, "aunque los muertos resucitasen". Pero muy
especialmente, su pensamiento respecto a la naturaleza de la vida
que seguirá a ésta, está consignado en un pasaje famoso que dan
los tres *Evangelios* sinópticos. Véase el de Mateo (XXII, 23-25), que
en esto es quizá el mejor de los tres. Por más que ¿qué mejor testimonio en pro de esta doctrina, para los que creen en ella, que la
esperanza de su propia resurrección?

(28)   Además del *Ba,* rayo emanado de Ammón-Ra, espíritu
oculto, esencia interior del Sol, creían en el *Ka* o doble del cuerpo
(el cuerpo astral del que hablan los ocultistas y teósofos modernos). Este Ka continuaba unido al despojo mortal al que perte-
necía, mientras éste conservaba su forma y apariencia humana (por
ello el embalsamar con tanto cuidado los cadáveres), y le hacía seguir disfrutando de todos los goces materiales de que había partici-
pado en la Tierra. Por lo mismo, los parias a quienes sólo les había
cabido en suerte golpes y trabajos, no eran embalsamados y sí

únicamente los privilegiados de la Fortuna: los reyes y los grandes personajes.

(29) Sólo este conocimiento, como se verá, permitía al alma del muerto dominar mediante el poder de su mirada, y aun más de la magia de sus palabras, a los innumerables monstruos y demonios de los que tantas veces se veía rodeado. Sin estos conocimientos, por virtuoso que hubiese sido en la Tierra, jamás saldría del reino de las sombras y de los temores vanos. El capaz de responder debidamente a causa de su *saber* a las preguntas que le eran formuladas atravesando el río que le separaba de los Campos Elíseos, él tan solo conseguiría llegar ante el tribunal compuesto por Osiris y los 42 jueces. A cada uno de estos 42 jueces correspondía juzgar de una de las 42 faltas que el alma encausada tenía que defenderse de haber cometido. No bastando su palabra, su corazón era pesado en una balanza y sólo de la liviandad de este peso, es decir, de la ausencia de crímenes y faltas de su dueño, dependía, aparentemente, el que el juzgado se viese libre de los lazos que aún le tenían ligado a la Tierra. Caso contrario exponíase a vagar por las 75 regiones del Infierno, en las que, de entrar, sufría diferentes suplicios, antes de ser atraída de nuevo hacia un cuerpo ora de hombre, bien de animal. Pero de todo ello podía librarse (por eso he escrito "aparentemente") si tenía un buen padrino; es decir, si había dejado en la Tierra a un buen director espiritual que mediante sus encantamientos podría, si no atendían debidamente los dioses a su recomendado, jugarles muy malas partidas.

(30) Los kabalistas dicen a propósito de esto: "Dios enseñó la doctrina primeramente al mundo angélico. Tras la caída de los ángeles fue Adán quien conoció los misterios. De Adán pasó a Noé. De Noé a Abraham. Luego a Moisés. De los Patriarcas a los Profetas. Así, sucesivamente, su transmisión se operó sin interrupción." (P. Vulliaud, *La Kabbale juive*).

(31) El trabajo de la muerte, según los kabalistas, es muy largo. Por lo pronto el Talmud distingue 900 variedades de muertes. El primero en dejar el cuerpo es Neschamb, el espíritu. El alma, tras haberse extendido por todos los órganos (obsérvese una vez más qué seguridad, es decir, qué audacia es afirmar lo que es absolutamente imposible saber), lo que constituye la sacudida de la agonía, se refugia en el corazón, que es el centro de la vida. Su separación del cuerpo puede ser, a veces, dolorosa, a causa de una doble llamada de las altas regiones espirituales, y de las regiones inferiores físicas, entre las cuales duda. En el último minuto el alma escapa del corazón y del cuerpo por la boca, a favor de la

última expiración. Tras la marcha del alma el hombre parece muerto, no obstante, Nephesh está aún en él. Para que se marche a su vez será necesario el trabajo de la descomposición y que los Nasikim o malos espíritus lo hagan a su vez. Pero la desintegración total no tiene lugar sino con la putrefacción completa. Mas aun cuando el cuerpo vital, el alma y el espíritu hayan alcanzado su mundo respectivo, continúan unidos entre ellos no formando sino uno. En fin, aunque los kabalistas modernos no creen en la doctrina de la transmigración, las alusiones a ella son frecuentes en el Zohar. Véase una: "Cuando el alma no ha acabado su misión durante su paso por la Tierra, es desarraigada y transplantada de nuevo a ella tal cual está escrito en Job: "¡Y el hombre vuelve a la Tierra!" Las transmigraciones son impuestas al alma como castigo y varían según su culpabilidad. "Toda alma que se ha hecho culpable durante su paso por este bajo Mundo, queda, como castigo, obligada a transmigrar cuantas veces sean necesarias para alcanzr, gracias a su perfección gradual, el sexto grado de la región de la cual emana" (Zohar, II, 24 a). Luego si la vida en la Tierra es considerada como un castigo, ¿por qué la doctrina judía recomienda con tanta insistencia e incluso con amenazas terrestres y supraterrestres la necesidad de procrear hijos? Pero, ¿vale la pena en realidad conceder la menor importancia a esta doctrina tras la mención que acabo de hacer, ¡y sólo ha sido un botón de muestra! del cúmulo de fantasías que la constituyen?

(32)   Pasemos sí, bien que recordando que en Roma, los estoicos, estuvieron a dos pasos del Cristianismo. Oigamos a Séneca: "Cuando llegue el día que deba separarse esta mezcla de divinidad y de humanidad, dejaré este cuerpo donde le he encontrado y volveré hacia los Dioses." Y aún: "La muerte que consideráis como el último de vuestros días es el de vuestro nacimiento para la eternidad." Catón, por su parte, había dicho: "Creo en la inmortalidad del alma, y si esto es un error, es un error que me place."

(33)   Orígenes, exégeta y teólogo nacido en Alejandría (185-253), donde durante veintiocho años regentó escuela. Ordenado sacerdote en Cesarea, allí abrió nueva escuela que adquirió brillo extraordinario. Luego viajó por Arabia, Palestina, Grecia y de regreso llegó hasta Roma. Detenido el año 250 cuando la persecución de Decio sufrió, en Tiro, tormentos crueles, a causa de los cuales murió. Hoy ya nadie discute sus virtudes ni niega sus vastos conocimientos, como tampoco su voluntad de permanecer en la ortodoxia, ni su capacidad de trabajo. Según San Jerónimo com-

puso diez mil obras. San Epifanio redujo este número a seis mil. Aun dejándolo en 600 resultaría que fue un extraordinario polígrafo. La mayor parte de su obra se ha perdido. Mucho de lo que queda nos ha llegado a través de las traducciones (poco seguras) de Rufino de Aquilea. Su libro más conocido es el tratado *Contra Celso*. Sus contemporáneos le llamaban el *Hombre de bronce*. Pero así como ni las maderas más duras ni los propios metales resisten a la acción destructora de los más viles entre los insectos, los perniciosos fólades y los destructores teredos, del mismo modo, nada más expuesto que la grandeza espiritual a los ataques de los fólades de la envidia y de los teredos de la mediocridad. Así el *origenismo* fue condenado en el concilio ecuménico de Constantinopla el año 553, a causa de sostener una subordinación del Hijo respecto al Padre y del Espíritu Santo respecto al Hijo; la creencia en la eternidad de la materia; la creencia, asimismo, en la preexistencia del alma, que caía, como castigo, en el cuerpo (lo que habían creído y afirmado, empezando por Platón, muchos filósofos eminentes) y, en fin, y sobre todo, por negar la *eternidad* de las penas del Infierno.

(34)   Véase mi *Historia de las religiones*.

(35)   La mayor o menor perfección de una mónada consiste en la percepción más o menos neta que tiene de todas las demás, es decir, del Universo.

(36)   Para Leibniz, todo ser complejo, por ejemplo, un cuerpo vivo, es de hecho una aglomeración de mónadas, "como un estanque lleno de peces", dominado por una mónada principal que es el "alma"; alma que no cambia de cuerpo sino gradualmente, mediante una especie de *metamorfosis*: "Jamás hay generación entera ni muerte total, en el riguroso sentido de la palabra, consistente en la separación del alma. Lo que llamamos generación son simples desenvolvimientos y crecimientos; así como lo que llamamos muerte no es sino desenvolvimientos y disminuciones." Por ello, la diferencia entre la vida y la muerte, "no siendo otra cosa que ir de lo más a lo menos, de lo más a lo menos perfecto y al contrario, lo que hace su estado pasado o por venir es tan explicable como el estado presente, puesto que un salto de un ser a otro infinitamente diferente no es cosa natural". Lo que implica, evidentemente, la eternidad de las almas (como la de las mónadas en general); su preexistencia y su supervivencia.

(37)   Dios es la mónada suprema, infinita, totalmente iluminada, asiento de todas las esencias ,todas las verdades y todas las posibilidades lógicas.

(38) Doctrina de la "palingenesis" o renacimiento de todos los seres vivos (expuesta por Bonnet en 1769, en su obra *Palingénesie philosophique*, en quien esta idea está estrechamente unida a la de "evolución" y perfeccionamiento). Según esta doctrina, que enlaza y opone a la de Leibniz, cada individuo vivo lleva en él "gérmenes de restitución", indestructibles, que le permiten renacer tras su muerte aparente y llevar una existencia nueva adaptada a un nuevo estado del Mundo. Varias revoluciones cósmicas, según Bonnet, han acaecido ya en el pasado; la próxima será la última e inaugurará un estado definitivo, en el cual el progreso continuará tal vez sin límites.

(39) *Empirismo* es el nombre genérico de todas las doctrinas filosóficas que niegan la existencia de axiomas considerados como principios de conocimiento lógicamente distintos de la experiencia. Desde el punto de vista psicológico, el empirismo se opone al racionalismo inneísta, que admite la existencia, en el individuo, de principios de conocimiento evidentes. Por ejemplo, Locke contra Descartes.

(40) El *ocultismo* es, como se sabe, el conjunto de creencias de estudios, de tentativas para poner en claro e incluso utilizar lo que Allan Kardec (Rivail, de verdadero nombre) llamaba "fenómenos que salen de las leyes de la ciencia vulgar", fenómenos que, dado el modo como parecen manifestarse, implican, según los que creen en ellos, la existencia de actividades psíquicas desconocidas que parecen quedar fuera de los campos físico-químicos y biológicos clásicos y, por consiguiente, que salen de la realidad tangible o comprobable de las "fuerzas naturales". Grasset definió el ocultismo en su obra que lleva este mismo título (*L'occultisme*, 1908), del siguiente modo: "Entiendo por ocultismo el estudio de los hechos que no pertenecen aún a la ciencia (quiero decir a la ciencia positiva en el sentido de Augusto Comte), pero que pueden pertenecer a ella un día." Esta definición ha sido encontrada insuficiente. F. Mentré ha dicho de ella: "Según ello, el ocultismo abrazaría todo lo que aun no es objeto de ciencia, lo que supondría que la ciencia es el único modo de conocimiento. Yo prefiero la expresión de Boirac: *hechos criptoides*." J. Lachelier, por su parte: "Habría que hacer notar aquí una distinción que, sin duda, hace implícitamente el doctor Grasset, entre lo que, en lo oculto, es puramente quimérico y charlatanesco y lo que está destinado a llegar un día a ser científico. Cierto que el límite es difícil de trazar." Y según L. Boise: "La definición del doctor

Grasset es demasiado amplia: hay fenómenos que no son aún objeto de ciencia positiva y que, no obstante, no tienen ninguno de los caracteres que distinguen a los hechos del ocultismo."

(41) Estos *mediums* son personas que a causa de una disposición natural en ellos están en condiciones de ser sensibles, por decirlo así, a las acciones de los espíritus y, por consiguiente, de comunicarse con ellos y dar cuentas de estas comunicaciones. Gracias a ellos, los espiritistas han llegado a acumular una serie de revelaciones provinientes, según creen y afirman, de los propios espíritus, y que se han expuesto dogmáticamente (ya se sabe que el dogmatismo consiste en hacer creer, por el simple hecho de afirmar, lo que no se puede comprobar) en diversos libros de los cuales el más célebre y conocido es el de Allan Kardec, titulado: *Le livre des Esprits.*

(42) Yo, empujado por la punzante curiosidad de saber y conocer que me ha espoleado siempre, acudí, de joven, varias veces, a cierta reunión de espiritistas de una sociedad o grupo denominado, si no recuerdo mal (pues hace más de cincuenta años que esto ocurría), "La Estrella", que tenía la sede en la calle de Valverde. Y allí, en efecto, fui testigo de ciertos hechos no ordinarios, por ejemplo, las mesas "giratorias" (de esta experiencia testigo y actor en unión de tres mujeres) y las mesas "parlantes" (mesas que se levantaban sobre una de sus patas y con otra golpeaban el suelo, interpretando de este modo, mediante una serie de golpes leídos en virtud de una clave, lo que, según los "creyentes" de la reunión, eran mensajes de un espíritu). Todo ello me dio la impresión siguiente: Desde luego, que jamás se producían los fenómenos indicados u otros (fenómenos mediumnímicos) de no haber entre los presentes una persona *medium* que previamente caía en "trance", y que, por consiguiente, no era difícil deducir que era ella quien, en virtud de sus facultades *especiales,* pero en modo alguno *sobrenaturales,* daba lugar a la realización de los fenómenos. Y, por consiguiente, que no se trataba de *espíritus,* sino simplemente de la exteriorización de acciones o fuerzas a las que Flammarion llamaba "fuerzas naturales desconocidas", pero esto: perfectamente naturales en el "medium", que tenía la facilidad y posibilidad de exteriorizarlas. O sea, que los fenómenos que observábamos eran curiosos y extraños, cierto; que fueran *sobrenaturales,* no. Y como yo ya entonces (tal vez, si se quiere, en virtud de otra tendencia, verdadera fuerza, natural en mí), me era imposible creen en hipótesis relativas a cosas o hechos sobrenaturales, al pensar que había

descubierto lo que allí pasaba, no obstante reconocer que no dejaba de ser curioso y fuera de lo habitual, acabé por desinteresarme. Luego he tenido ocasión de conocer a otras personas dotadas también de poder mediumnímico (personas, por supuesto, perfectamente normales todas, y algunas, incluso, que desconocían de lo que eran capaces), y siempre saqué la misma impresión que la primera vez. Por lo demás, aún quedarán por ahí discípulos del doctor Cajal (no el sabio histológico tan conocido, sino un hermano suyo también eminente, catedrático que fue de la Universidad de Zaragoza), que podrían confirmar cómo su profesor, verdadero maestro en cuestiones de hipnotismo, sugestión y demás, limítrofes del espiritismo, realizaba, muchas veces ante toda la clase, experiencias asombrosas, pero perfectamente naturales. Pues, ¿y el famosísimo Charcot, en París?

(43)   Según los espiritistas, el hombre se compone de tres elementos: *alma,* principio inmaterial, intelectual, moral e inmortal; *cuerpo,* físico, y el *periespíritu,* especie de flúido vital (el "ka" de los egipcios), de energía animal que anima al cuerpo; chispa individual, según ellos, del flúido cósmico universal. En el momento de la muerte—creen y afirman—el alma escapa envuelta en su periespíritu, constituyendo lo que ellos llaman un "Espíritu". Y estos Espíritus son los que, a su entender, pueden comunicarse con los vivos gracias a los "mediums". Es decir, aquellos de entre los hombres y las mujeres dotados de capacidades especiales para tal comunicación. Estas capacidades especiales pueden consistir—hablo siempre en nombre de los espiritistas—en que el periespíritu del medium deje su envoltura física y, en su lugar, se ponga el Espíritu evocado, que es el que habla u obra; bien que el Espíritu venga a reforzar, por decirlo así, al periespíritu del medium, o mejor aún, que el periespíritu del medium corra a sumarse al Espíritu haciéndole más denso y tangible ("ectoplasma"); en ciertos tratados de Espiritismo se ven hasta fotografías de estos ectoplasmas; claro, que se hacen tales prodigios con placas, luces, trucos y habilidad que hay para ser excépticos; también, por lo visto (hablando con más propiedad, por lo oído) el medium difunde en torno suyo una fuerza vital periespirítica en la que los Espíritus o Espíritu invocado se empapan, adquiriendo una energía que les permite manifestarse a los vivos.

(44)   *La mort,* página 93 y sigts.

(45)   A causa de Platón el *alma* y el *cuerpo* han sido considerados como elementos discordantes, hostiles, enemigos incluso. Y este último, el "cuerpo", fuente de miserias y calamidades para el

alma; su "prisión" (como dice Platón en el *Fáidon* complaciéndose en jugar con los vocablos *sema* y *soma*). Y por ello ha sido vilipendiado por los idealistas partidarios, discípulos y seguidores del gran filósofo, y generalizando (bien que generalizar sea prejuzgar) la *materia* ha corrido la misma suerte. Y de este horror a la "materia" ha salido el odio, la verdadera persecución de la carne por el ascetismo. Consecuencia de este estado de cosas dos realidades inmediatas: una, la oposición violenta entre *idealistas* o espiritualistas, y *materialistas*, otra, la que acabo de mencionar: que esa faceta del idealismo que es el ascetismo, exagerando la nota, haya tratado y siga tratando al cuerpo y a todos los instintos naturales como a verdaderos enemigos.

Creo el problema mal encarado y la contienda demasiado apasionada. Entre ambos extremos hay un punto intermedio que me parece razonable. Lamarck (el verdadero padre del transformismo) ha determinado este punto intermedio admirablemente mediante estas palabras: "Nada pude existir sino por voluntad del sublime Autor de todas las cosas. Pero, ¿podemos asignar reglas a la ejecución de su voluntad y fijar el modo que para la ejecución de esta voluntad ha sido seguido?" No obstante, esto es lo que hacen unos y otros: cada bando *dogmatizando* a su capricho y conveniencia. Unos no admitiendo otro "sublime hacedor" que su razón y sus observaciones, sus experiencias de laboratorio y los resultados de estas experiencias. Los otros, atribuyendo al "sublime Autor" una *personalidad* semejante a la suya y empezando al punto a dogmatizar por su parte: "En el principio creó Dios los Cielos y la Tierra." Y cuando se les pregunta que cómo lo saben, responden que mediante *revelaciones*, lo que hace a sus contrarios encogerse de hombros y pedir, mientras señalan con el dedo sus matraces, sus telescopios, sus cálculos y sus libros, *pruebas*, no *palabras*. Consecuencias, *parcialidad*, pasión por ambas partes. Y claro, flotando, la *duda*.

"¿Vuelve el polvo al polvo?—¿Vuela el alma al Cielo?—¿Todo es *vil materia*, podredumbre y cieno?..." Que dijo el poeta lleno también de dudas.

Una cosa hay en todo caso que parece evidente: que es insensato denigrar la *materia* y tasarla de "vil". Mejor sería hablar de ella con respeto, y todavía mejor considerar con admiración lo que tiene de poderosa y grande. Además, ¿no ignoramos absolutamente lo que es? ¿Conocemos otra cosa que algunas de sus manifestaciones tantas veces grandiosas y fenomenales? ¿Y qué sino la ignorancia es capaz de denigrar lo que desconoce? Más respetuoso,

el mejor de los filósofos del siglo XIX ha escrito en su obra capital:
"¿Es que conocéis acaso este polvo (al que llamáis "vil")? ¿Estáis
seguros de saber cuál es su naturaleza y su poder? (¡y apenas se
podía sospechar, cuando escribía esto, la fuerza que podía des-
arrollar la desintegración de los átomos!). Aprended a conocerla
antes de despreciarla. Esta materia, en este momento ceniza y polvo
extendido por el suelo, no tardará una vez disuelta en agua, en
volverse cristal; brillará como metal, luego proyectará chispas
eléctricas, y su tensión galvánica la permitirá suministrar una fuerza suficientemente poderosa como para descomponer las combina-
ciones más resistentes, para reducir la tierra a metales; se metamor-
foseará por sí misma en planta, en animal, y de su seno misterioso
nacerá y se desarrollará esta vida cuya pérdida turba con tanta
inquietud a la naturaleza limitada..."

(46) Uno dice: "En el Haides no hay ni Charón ni Aiakos,
ni Kerberos. Nosotros a los que la muerte envía allí somos tan
sólo huesos y cenizas." Otro: "Muerto ya para toda la eternidad
no diré ni cuál es mi nombre, quién mi padre ni cuáles han sido
mis actos. Cuanto soy es un poco de ceniza, nada más; y jamás
seré otra cosa. Mi suerte os espera." Un tercero: "El Amenti es el
país del sueño pesado y de la oscuridad, mansión de duelo para
quienes le habitan". El primero, que es el más característico por
expresar de un modo claro y sin ambigüedades lo que pensaban
los discípulos de Epikouros, filósofo que al revés de Platón negaba
la sobrevivencia del alma, dice exactamente en ocho elegantes versos
yámbicos griegos, bien que se haya descifrado de una piedra de
tumba encontrada en Roma, lo siguiente: "Viajero, no pases (sin
leerle ante) este epigrama; al contrario detente, y escúchame; luego,
una vez instruido, seguirás tu camino. No hay Haides ni barca; no
hay barquero Charón (Caronte), carcelero Aiakos, ni perro Kerberos
(Cerbero). Sino que todos nosotros, los muertos que (habitamos)
bajo la tierra, hemos llegado a ser huesos y ceniza, y nada más.
He dicho. Vuelve a emprender tu camino, viajero. Tengo miedo de
que, no obstante estar muerto y por ello mismo, te parezca charlatán."

(47) Esta palabra quiere decir o representa a la "ciencia del
comportamiento", ciencia que tiende cada vez con más fuerza a
llegar a ser una verdadera filosofía del conocimiento y de la acción, fundada en una psicología de reacción. Sus tesis principales
tal vez son, el determinismo, el monismo materialista, la adaptación activa del ser al medio, y la continuidad de las especies humanas. El behaviorismo sobrepuja ya, pues, a los simples estudios

de psicopatología que dieron origen a esta doctrina. La palabra es de origen americano (salió del inglés *behaviour* o *behavior*, conducta, comportamiento) y designa, como se ve, la doctrina que limita la psicología al estudio del comportamiento o de las reacciones. El iniciador de esta doctrina, o por lo menos su campeón más decidido fue John B. Watson. Andrés Tilquin ha publicado un extenso volumen, muy documentado, sobre ella.

(48)   Véase mi *Historia de las religiones.*

(49)   Hermes Trismegisto (Tres veces grande), nombre dado por los griegos a Thoth, dios lunar de los egipcios, era ya considerado por estos como el inventor de todas las artes y todas las ciencias. Los griegos hicieron de él un antiquísimo rey del país del Nilo, al cual la tradición atribuía un número considerable de libros secretos relativos a la magia, la astronomía y la alquimia. Estos libros influyeron mucho en las polémicas religiosas del siglo IV de nuestra era. Los fragmentos que quedan de ellos fueron traducidos al latín por Masilio Ficin en 1471 y publicados por Turnébe en 1544, y luego por Parthey exactamente tres siglos más tarde. La Sociedad "Les Belles Lettres" de París, ha dado recientemente una excelente traducción bilingüe.

(50)   Alejandro, conde de Cagliostro, célebre aventurero cuyo verdadero nombre era José Bálsamo (1743-1795). Su vida es mal conocida pese a su fama. Parece ser que empezó tomando el hábito de hermano de la Misericordia. Más pronto, de simple enfermero se hizo o hizo suponer, que era médico y, expulsado de la orden a causa de su mala conducta (perseguido incluso por robo), tuvo que escapar. Tras un viaje por Oriente, cruzó varias ciudades de Europa explotando los secretos médicos que aseguraba poseer (la en un momento famosa "Agua de la Juventud", entre otros). Luego de pasar por Estrasburgo y ya gozando de gran renombre, llegó a París en 1785. Allí alcanzó un éxito asombroso entre la llamada "alta sociedad". A imitación de la masonería, muy importante entonces, y en la que entró, fundó él otra: la "masonería egipcia". Complicado con el cardenal Rohán en el asunto del Collar, conoció, primero, la Bastilla, luego el destierro. Y de nuevo anduvo errante de un lado para otro hasta que en 1789 fue detenido en Roma. Todo su "saber" y su ciencia de "mago" no fueron capaces de advertirle de la imprudencia que cometía yendo con toda su fama de masón, brujo-curandero y demás, a la ciudad de los papas. El tribunal de la Inquisición podía perdonar a un simple granuja y a un vividor, no a un masón iluminado. Condenado a muerte y conmutada esta pena por la de cadena perpetua,

en la prisión acabó; última aventura de su aventurera vida—. El conde de Saint-Germain fue otro audaz cuya vida tampoco es bien conocida. De 1750 a 1760 vivió en la corte donde asombró a todos a causa de sus maneras, su memoria prodigiosa, el encanto de su conversación (era un gran fantástico, un gran embustero y suficientemente desvergonzado; excelencias las tres más que suficientes para triunfar en un ambiente de ignorancia y parasitismo como el en que él se movía), y, sobre todo, la extraordinaria audacia con que aseguraba cosas tales, por ejemplo, como que había vivido en la época del Concilio de Trento. Claro que su desvergüenza, incredulidad y picardía parecían abonar que, en efecto, hubiera podido adquirirlas por entonces. Como además decía poseer un elixir de larga vida y la gente es tan propicia a creer todo lo falso y si es algo estúpido mejor, fue muy solicitado. En pleno triunfo se vio obligado (se ignora la causa) a abandonar bruscamente París y a refugiarse en Inglaterra. Tal vez esta desconocida causa fue, que vio llegado inevitablemente el momento de tener que transformar en realidad algunas de sus atrevidas promesas y, ante la imposibilidad de hacerlo puso tierra, por mejor decir, agua, por medio, y se marchó a buscar tontos al otro lado del Canal. Y en efecto, los encontró y no menos numerosos y rendidos pues la masa, sea oscura o falsamente brillante, corte o cortijo, es igual en todas partes. Cuando la revolución rusa de 1762, en este país estaba. Luego pasó a Alemania y más tarde a Italia. Finalmente fijó su residencia en el ducado de Schleswig, muy protegido por su soberano, y allí murió en 1784. Cagliostro, el otro tuno, se alababa de haber sido su discípulo. Por cierto que Alejandro Dumas se ocupó con gran fortuna de José Bálsamo en su interesante novela *El collar de la Reina*.

(51) Conviene no olvidar (pues las alusiones a la tragedia son constantes en el *Libro de los Muertos*), que la clave, por decirlo así, de la Mitología egipcia gira en torno a la muerte y a la resurrección de Osiris: Osiris, dios bueno, es envidiado y odiado por Seth, su hermano, dios malo. Este, habiendo conseguido con engaños apoderarse de él (véase la descripción detallada de la interesante leyenda en mi *Mitología Universal*), le dio muerte, le descuartizó y esparció aquí y allá los pedazos del cadáver. Isis, su hermana y esposa, enloquecida de dolor, se echó a buscar estos pedazos, que al cabo de grandes esfuerzos consiguió reunir, excepto uno. Luego, poniéndose sobre ellos convertida en halcón, consiguió, mediante artes mágicas, volverle a la vida. Mas precisamente por haber muerto (como más tarde Dionisos-Iakchos en Grecia y luego

otros dioses) y resucitado tras la muerte. Osiris era considerado gran Señor de los muertos y de su Reino.

(52) Los sacerdotes embalsamadores formaban una verdadera casta. Ello mismo prueba la importancia de los embalsamamientos en Egipto.

(53) Para los egipcios, como para otros pueblos antiguos (entre ellos los judíos), el poder de la palabra era soberano. Nada existía, según ellos, antes de haber sido pronunciado. Las cosas, para adquirir existencia real, tenían que ser pronunciadas, "sacadas de dentro afuera" por los que las habían pensado. Los dioses mismos no se liberaban de esta regla. En varias inscripciones jeroglíficas (y asimismo en la piedra de Shabaka, rey etíope que hizo grabar en ella un extracto de cierto "libro escrito por los antepasados"), se lee: "La lengua crea la totalidad de las cosas. Nada existe antes de que su nombre haya sido pronunciado en voz alta." A causa de ello la enorme importancia de las fórmulas rituales en la vida de los egipcios y, consecuentemente, el gran valor de los nombres. El nombre de una persona formaba parte integrante de su "ka" (doble del muerto que en la tumba vivía junto a la momia en medio de los objetos familiares; una especie de cuerpo astral como el en que ahora creen los espiritistas. Por cierto, puesto que he dicho "objetos familiares", añadiré que en la tumba de Hemaka, dignatario de un rey de la primera dinastía —3.500 años después de Jesucristo—, descubierta en Sakkara, en 1936, por Walter B. Emery, entre otras cosas juzgadas necesarias para la vida del muerto en ultratumba, colocaron, y fueron halladas, 2.000 jarras que contuvieron cerveza), parte integrante del "ka", decía, de la que era, en cierto modo, como su síntesis psíquica, puesto que toda la fuerza magnética del individuo estaba encerrada en su nombre. "A la poderosa llamada del nombre, las fuerzas del "ka" del nombrado se extremecen." He aquí por qué los egipcios solían ocultar su verdadero nombre bajo seudónimos, con objeto de que sus enemigos no pudieran servirse de él para embrujarles y destruir su doble, y por qué se encuentran con tanta frecuencia restos de vasos del Imperio Medio (en los que están escritos los nombres de príncipes enemigos de Egipto, y los de pueblos rebeldes), rotos, con objeto de que al quedar tales nombres destrozados, el "ka" de estos enemigos quedase destrozado también. Hasta para un dios, conocer su verdadero nombre era entrar en posesión de todo su poder y dejarle a merced de quien tal nombre descubría. En mi *Mitología Universal* puede verse, sobre esto, un interesante episodio entre Ra e Isis, en el que ésta, astuta y versada en magia,

le obliga, para ser más fuerte que él y dominarle, a que le descubra su verdadero nombre.

(54) Herodotos el primero y luego otros autores antiguos han afirmado incluso que los egipcios creían en la doctrina de la transmigración de las almas, lo que parecen confirmar ciertos pasajes del *Libro de las respiraciones* y del propio *Libro de los Muertos.*

(55) Pretensión insensata, se dirá tal vez. Según: el color de las cosas depende, sabido es, del que tenga el cristal a través del cual se mira. Para un materialista, evidentemente; pero para un idealista nada más natural e incluso su ilusión más acariciada. Racionalmente cuanto se puede hacer es reflexionar con serenidad, tanto más cuanto que en realidad se carece de datos ciertos para juzgar sobre lo que podrían ser, o mejor, en qué podrían consistir los Misterios (pues qué eran sí lo sabemos: eran el medio para los que creían en ellos, en virtud del cual alcanzar una vida mejor tras la muerte, e igualarse a la Divinidad). Y esta reflexión parece indicar que, sobre todo en un principio, pues luego se malearían como todas las cosas, "misterios" e iniciación en ellos, debió de ser cosa exclusiva de un puñado de escogidos. Después, como suele ocurrir siempre, la parte que pudiéramos llamar crematística (económica, material) acabaría por aparecer junto a lo puramente especulativo (místico), y se impondría la necesidad de abrir la mano, sobre todo en lo relativo a las iniciaciones, para que los creyentes acudiesen en mayor número. Y decidido esto los misterios se dividirían en dos tipos o ramas: los verdaderos, por decirlo así, para los menos, para los escogidos, para los capaces a causa de su inteligencia y cultura de abrir los ojos y abandonar mitos, leyendas y prejuicios, y las iniciaciones de éstos consistiría en exponerles con toda claridad la mentira, engaño y hasta torpeza de la religión corriente con toda su caterva de dioses y de patrañas a propósito de ellos, y consecuentemente iniciarles en una creencia más pura y en la posibilidad de una nueva vida en ultratumba más elevada y mejor. Para los demás, para el gran número, sin echar por tierra a las divinidades en las que creían, lo que hubiera sido peligroso, pues el fanatismo, por ciego, fácilmente es agresivo, se limitarían a elevar un poco el concepto que tenían de ellas a iniciarles también en la esperanza de una posible vida mejor para luego de la muerte; pero (pero saludable) a condición de iniciarse también en una creencia mejor, un culto más racional y, sobre todo, una mayor pureza de vida y de costumbres, tanto físicas (templanza en los goces materiales) como espirituales (una moral superior y una asimismo superior idea de las sanas costumbres). De ser esto así,

como parece lógico, sólo alazanbas merecerían los famosos Misterios.

(56)   Entiéndase siempre su "ba" o alma divina, pues el "ka" o doble, cuya separación del cuerpo había ocasionado la muerte, continuaba viviendo en la tumba junto a la momia y demás almas, que según la escatología constituían el completo del ser humano. Estas otras almas eran: *Sahú* o alma humana, *Xebit* o alma animal, *Tet* o variedad de cuerpo astral, digo variedad, pues el "ka" también lo era; *Hati* o fuerza vital y *Xu* o cuerpo plástico, sin duda el cuerpo material.

(57)   *Amenti* o Paraíso Occidental donde estaba la morada de Osiris, Rey del Mundo Inferior. Este Mundo, además del Amenti, comprendía el Duat, región más sombría y desolada, en la cual estaba el Lago (o Isla) de Fuego, los Campos de Fuego (Infiernos propiamente dicho) y los subterráneos de tortura, donde los demonios se entregaban alegremente a torturar a los que caían en sus manos. Manos "cuyos dedos hacen tanto daño". Por cierto, que leyendo todo lo relativo a los demonios "torturadores" del Libro de los Muertos, no se puede menos de pensar (como cuando se lee el relato de Er el pamfilio en la *República* de Platón), que el *dualismo* había hecho ya su aparición en Egipto; pues hasta Zaratustra que fue el primero que tuvo la idea de oponer a un dios bueno otro malo, los demonios cumplían en los infiernos de todas las creencias en que tales infiernos existían, el papel de simples servidores del rey del lugar, y, a lo más, el de carceleros de los allí congregados; pero no tenían como misión atormentarles y menos la de perseguirles en la Tierra e incitarles a pecar, tan sólo por la vanidad de quitarle partidarios al dios bueno.

(58)   Digo "parece", porque nunca se está seguro de saber lo que en realidad dice el *Libro de los Muertos*. ¿Hay que acusar de ello a los traductores o más bien a otras causas, tales que la incorrección de los manuscritos, las diferencias del texto entre unos y otros ejemplares, las alusiones misteriosas y los esoterismos (indudablemente hechos a propósito para sorprender y embaucar mejor) de muchas fórmulas? ¿O tal vez por las dificultades inherentes ya de por sí a un libro que en vez de constituir un tratado homogéneo es una simple compilación de fórmulas destinadas a ser útiles a los difuntos empleadas mágicamente? En todo caso, una cosa es indudable, a saber, que la traducción de este Libro es empresa punto menos que imposible. P. Pierret, autor de la primera francesa, en 1882, declaraba: "Una traducción irreprochable y definitiva del Libro es un ensueño irrealizable." Además, de tra-

ducirle "literalmente", no habría medio de comprenderle. Renouf, autor en 1897 de cierta traducción inglesa que no terminó, decía a su vez, refiriéndose a la primera versión hecha por Birch en 1867: "El más precioso conocimiento del vocabulario y de la gramática egipcia no podría atravesar la oscuridad proviniente de las alegorías y de las alusiones. La dificultad reside no en la traducción literal, sino en la comprensión del sentido... La traducción de Birch, a causa de su extremada fidelidad respecto al original, es enteramente ininteligible."

(59) Para éstos y confirmando las palabras del *Evangelio* de Lucas: "Nada hay imposible para el que cree", ninguna cosa más positiva y verdadera que la ciencia y la realidad que encierran esoterismos, ocultismos y misterios y magias de todas clases. Respecto a ésta, y limitándome a la del pueblo egipcio, única que por el momento nos interesa, seguros están los aficionados a los esoterismos de su eficacia; de tal manera seguros que por enteramente cierta tienen la protección que los amuletos, por ejemplo, conferían a las momias a cuyo lado estaban puestos. Así como de que de los mayores peligros e incluso de la muerte misma, serían víctimas quienes profanasen una tumba, rompiendo con ello el ambiente mágico creado por la acción ritual del kher-heb (sacerdote mago "escriba del libro de dios") que, mediante la ceremonia del "sa" transmitió al lugar el flúido mágico de que era portador, creando en torno a la momia de su protegido una vida inefable y misteriosa incapaz de ser advertida por los ojos profanos. Y por si se cree que bromeo o que exagero y que no es posible que haya quienes crean en serio estas cosas, me limitaré a rcordar unos cuantos hechos ya olvidados, pero que cuando ocurrieron, hace algunos años, causaron un revuelo fenomenal. Me refiero al descubrimiento de la tumba de Tut-Ank-Amón.

En efecto, en el otoño del año 1923, un arqueólogo inglés, lord Carnavón, descubrió en Egipto, en el valle de los Reyes, la entrada de una sepultura intacta. *Rara avis,* puesto que el deseo de lucro ha hecho que ya desde hace muchos años se hayan cometido en todo el Egipto verdaderas profanaciones a causa de las cuales manos inexpertas para quienes sólo las joyas y objetos de metales preciosos tenían valor, hicieron que se perdiesen verdaderos tesoros arqulógicos. La sepultura en cuestión era una sepultura real: la del citado Tut-Ank-Amón. Al año siguiente, el 18 de febrero, el hipogeo en que reposaba la momia del faraón fue abierto. El acto constituyó "un acontecimiento extraordinario "que impresionó al Mundo entero (entiéndase al mundo que es capaz de interesarse por algo más que el boxeo, el fútbol, las carreras de bicicletas o de caballos, los noviazgos y bodas reales, la aparición de artistas cinematográficos y otras cosas indudablemente muy interesantes, bien que a algunos, muy pocos, nos tengan sin cuidado). Asistieron a tal acontecimiento entre otros ilustres parásitos, la reina Elisabeth de Bélgica, el príncipe Leopoldo de este mismo país y, naturalmente, lord Carnavón, que era quien pagaba el espectáculo. Y me apresuro a decir que no era a éstos ni demás de su clase a los que incluía entre los que no gustan de lo que suele gustar a la masa. El curioso y acaudalado lord fue el primero en entrar, por derecho de conquista económica, en el sepulcro. Esto ocurría, como digo, el 18 de febrero. El 5 de abril el procer egiptólogo moría víctima de un mal misterioso. Seis días más tarde, su colaborador, Hower Carter, caía enfermo, herido por una afección desconocida de la que jamás ya se repuso completamente. A principios de verano, Aubrey Herbert, uno de los invitados que asistieron a la apertura de la tumba, fallecía a causa de una enfermedad mal definida. El primero de julio, un mensaje de Baltimore hacía saber que Philip Poe, que también había penetrado en la tumba del faraón, sufría de una enfermedad que presentaba los mismos síntomas que la que se había llevado a lord Carnavón a reunirse con el espíritu de la momia que había profanado con sus aristocráticas manos. El 15 de noviembre, Wolf Joel, otro de los honorables y desocupados "turistas" que asistieron al macabro festival del 18 de febrero, perdía la vida en el mar, cuando abandonaba Egipto. Al finalizar aquel mismo año, el arqueólogo Archibaldo Douglas, no obstante ser dos veces Baldo, como su nombre indica, se iba con Ra, con Isis, Osiris y Horus súbitamente, y precisamente en el momento en que se disponía a observar con los rayos X la apreciable momia de Tut-Ank-Amón. En total, antes de que acabase el año 1923, cuatro fallecidos completamente muertos, cadáveres, exánimes, difuntos, sin vida y sin aliento y dos enfermos graves. Otros egiptólogos y curiosos que se atrevieron a visitar posteriormente la famoso sepultura, fueron víctimas de accidentes más o menos graves, incluso mortales. Y que todos los que se fueron con los gusanos murieron misteriosamente parece indudable: a los anteriores hay que añadir Richard Bethell, secretario de Howard Carter, encontrado muerto en su lecho en 1929, sin que el médico pudiese descubrir qué le había hecho irse al Amenti, es decir, a mejor vida (si aquí la llevaba peor); algunos meses más tarde, el padre de Richard Bethell se arrojó por la ventana de su casa de Saint James Court, teniendo la suerte de ir a reunirse con sus antepasados. Por cierto que antes de tener tan delicada atención había dejado una nota lacónica que decía, no el consabido: "que no se culpe a nadie de mi muerte", sino: "Me es imposible soportar por más tiempo estos horrores."

Me limitó a referir hechos jaleándolos un poco para que no resulten tan tristes. Si se hubiese realizado una "encuesta" sobre el particular, seguro estoy que de mil personas, 999 hubiesen jurado que todo aquello era obra de la terrible "fuerza mágica", latente durante siglos, por obra de los kher-heb o directores espirituales del Faraón, es decir dejada por aquellos virtuosos sacerdotes para proteger la tumba de su dios y señor, y castigar a posibles profanadores. Yo me limité entonces y sigo limitándome, a encogerme de hombros, como ante otros hechos asombrosos (o como tal interpretados) y a preguntarme: ¿murieron todos los excelentes desocupados que asistieron a la profanación de la tumba o unos sí y otros no? Y aunque hubiesen muerto todos me hubiese dicho, ¿es que acaso se podría creer que el hecho de ser ricos y curiosos les hacía inmortales? ¿No murieron por la misma época y seguramente muchos de enfermedades que los médicos fueron incapaces de calificar, infinidad de mortales más o menos ricos y gloriosos asimismo?

Pero es claro, yo tengo tal vez la desgracia de no creer en cosas sobrenaturales, aunque vea que millones de criaturas semejantes a mí en muchas cosas, menos en esto, crean sin vacilar. Ni en el ocultismo; ni en esoterismos; ni en la magia, sea antigua o moderna; ni en la cartomancia; ni en la quiromancia, ni en ninguna de las mancias, como tampoco en los hechos llamados sobrenaturales, apariciones y milagros. Yo soy, sí, un ser absurdo. Para ser un monstruo no me falta sino una cosa: serlo. O que se crea que lo soy. Pues no hay duda que somos, para los demás, no lo que somos sino lo que les parece que somos. Y por ello el que para unos sean simples idiotas los que otros estimen mártires y santos; locos muchos héroes, simples emblemas de la estupidez e ignorancia ajena, muchos tenidos por "genios".

Por supuesto, admito (¿qué otra cosa podría haber además?), y hasta no me parece mal, que otros crean en todo ello y más, pero yo ya digo que soy impermeable, la verdad, a muchas cosas que a los demás les empapan fácilmente. Así, cuando me hablan de los hechos sobreanturales realizados por los dioses, magos y sacerdotes antiguos, hago que no oigo. Si de flúidos mágicos y estatuas que hablaban, se movían, giraban los ojos y proferían oráculos, también. Y no obstante (a creer a ciertos documentos egipcios), la corte de un monarca cuyo palacio se reflejaba en las aguas del

Nilo, e incluso su pueblo entero, fueron maravillados testigos de revelaciones divinas hechas por bocas de estatuas parlantes, y de asombrosas relaciones establecidas gracias a ellas, entre los avisados sacerdotes y los dioses. Voy a citar algunas, porque a mí, pese a ser algo descreído, no me duelen prendas. Lo que me dolería, de darme cuenta, sería de ser tan idiota como para creerme lo que voy a referir.

En tiempos de la reina Hatshepsut, durante una ceremonia, la estatua del gran dios Ammón, descendió del zócalo en el que de ordinario solía estar tan tranquila y recorrió la vasta sala hasta ir a detenerse ante un joven que más tarde sería Tuthmosis III. Como el documento que refiere hecho tan prodigioso nada dice de que la preciosa Hatshepsut se hiciese un ocho al ver al dios bajar del zócalo, ni que toda la concurrencia menos los capaces de salir corriendo y tirarse de cabeza al Nilo, se quedasen allí mismo hechos jalea, estimo que el verdadero milagro fue la serenidad de los presentes. Otro ejemplo: la víctima de un robo se dirigió a la misma estatua con objeto de saber quién era el ladrón. Y en efecto, durante una procesión, la estatua indicó mediante un gesto de su divina cabeza, el escondite del amigo de lo ajeno; donde incluso se descubrió lo que había robado. Hay, sí, cierta cantidad de milagro, pero ¿no hubiera sido mayor de haber encontrado lo robado en casa de un hombre decente? Un prodigio aún: Un obrero estaba en litigio con un vecino a propósito de la propiedad de la casa. En lo más enconado de la disputa, se dirigió a la estatua exclamando: "¡Ven en mi socorro, oh tú mi gran Sol!" Y en efecto, la estatua resolvió el conflicto opinando con la cabeza en favor de su invocador (¿no se trataría de un dios vanidosillo que le gustaba que le invocasen?). Otro prodigio: Un sacerdote de Ammón era sospechoso de haber: (¿cómo diría para no pecar; dada la calidad del sospechoso?) de haber... requisado, requisado sí, algunos granos que juntos hacían varias fanegas, del bien provisto granero del dios. Los diezmos y primicias eran, sin duda, cosa establecida ya cuatro o cinco mil años antes de nuestra era. Al cabo (tal vez el asunto no había medio de ponerle en claro, pues el sacerdote en cuestión sobre ser algo ladrón sería suficientemente listo), se decidió que el propio dios decidiera y resolviese la duda. Para facilitarle la tarea se establecieron dos textos. En el primero se preguntaba al dios si el sacerdote "estaba en posesión de algo que no se podía encontrar"; en el segundo, si "no estaba en posesión de nada de lo que no se podía encontrar". Como era normal que el dios no acusase a uno de sus sacerdotes, contestó, en efecto, que no a la primera cuestión y que sí a la segunda, con lo que el sacerdote quedaba limpio de polvo y paja. Pero como no de grano, pues no tardó en comprobarse que era más ladrón, ¡perdón!, más requisador que Caco, y como con todos los respetos los otros sacerdotes se volviesen hacia el dios con los puños cerrados, éste habló una vez más: "Se me ha preguntad si estaba en posesión de algo que no se podía encontrar."—"¡Pues a ver, Señor...!"—"Ni "haber" ni músicas... No estaba en posesión de algo, porque ¿verdad, Radamés, que ya lo habías vendido?"

Pero aún hay un ejemplo más reciente. Porque de lo anterior pueden decir los incrédulos que como hace tantísimos años... Pero lo que voy a referir ahora es casi de hace un momento y relativo a un personaje que casi también hemos conocido todos: Alejandro el Grande. Total hace trescientos y pico años más un millar. Ayer como quien dice. Pero he ahí el hecho: Había en el oasis de Siwa (un oasis con dátiles si había palmeras, y agua si pozos que no estuviesen secos) un oráculo de Ammón, célebre no tan sólo en todo el Oriente sino en la propia Grecia. Y Alejandro que se había apoderado de Egipto con la ayuda de Ammón, pues de otro modo le hubiese sido imposible (lo de que no cae la hoja del árbol, etc., se decía también allí), y que se había hecho elevar a la dignidad de faraón en el templo de Phtah con el nombre de Meriamón Aleksandros, decidió ir en persona para interrogar al dios sobre su futuro destino. Ammón respondía siempre que se le interrogaba, por escrito (exactamente por mano de sus serviciales sacerdotes), pero por tratarse de quien se trataba (¡ahí era nada el hijo de la hembra de zorro de Olimpias!), se dignó hablar: "¿Me concederás la posesión del Mundo entero?", le preguntó el gran capitán. "Sí", respondió el dios, "Gracias, Ammón. Y ahora dime: alguno de los asesinos de mi padre ¿ha escapado quizá a mi venganza?" "No blasfemes. Ningún mortal puede nada contra tu padre", le replicó Ammón. Para comprender esta respuesta, algo esotérica como correspondía a un dios egipcio, es preciso no olvidar que sólo los descendientes de los faraones, es decir, la estirpe de los dioses, puesto que los faraones eran dioses, podían subir al trono de Egipto. ¿Era, pues, Alejandro hijo de un faraón? Las malas lenguas contaban que Olimpias y Nektanemo (faraón destronado que se había refugiado años antes en Macedonia) habían jugueteado sobre un colchón, a espaldas de Filippos, jugueteó tras el cual Alejandro había venido al Mundo al cabo de nueve meses día más o menos. Luego el dios, a riesgo de llamar a su egregio visitante, hijo de... tal, había confirmado la murmuración.

Ya no me queda sino decir que el sucedido, que se haría mal en no creer auténtico, es referido por Rochemonteix, que asegura haberlo encontrado en un papiro de la Biblioteca del Cairo. Y como sería demasiado creer que mentía Ammón, que mentía el papiro y que miente, sobre todo, hombre tan serio como el señor Rochemonteix, debemos tener: el hecho como indudable, a Alejandro por hijo de tal (si queremos extender el calificativo a algún otro gran conquistador, atendiendo al rastro de sangre y fuego que esta ralea de hombres ha dejado a su paso, hagámoslo sin escrúpulo), e incluso sumarnos a los que creen en las estatuas parlantes.

(60) Adolfo Erman definía la mentalidad de los egipcios, a causa de este Libro, como "locura, absurdo total, falta de razón". Muchos egiptólogos ingleses han dicho, o hablado, burlandose, de "un pueblo de locos" y han tachado el *Libro de los Muertos* de "cuento bueno para dormir oyéndole, de aburrimiento total, de cúmulo de insensateces y de locuras". Los médicos han opinado juzgando el todo por la parte: que se trata de un pueblo que presenta todos los síntomas de la histeria colectiva y de la esquizofrenia. Salomón Reinach ha dicho de esta obra que es un "monumento de extravagancia y de impostura", opinión, a mi juicio, la más próxima a la verdad, pues las otras son consecuencia de haberse desesperado los que tal opinan, tratando en vano de comprender lo que leían. Repetiré aún, que los traductores, que han tratado de cumplir su cometido de un modo concienzudo, no son responsables de lo que hicieron aquéllos que escribieron a propósito este libro en "oscuro" para mejor engañar a los que iban a pagarle; es decir, de que le convirtiesen, en verdad, en un montón de extravagancias. Por lo demás, obrando así aquellos avisados sacerdotes, demostraron un conocimiento perfecto de la psicología de sus administrados espiritualmente. A un pueblo que creía en infinitos dioses-animales y se prosternaba ante un buey, el buey Apis, ¿qué podían hacer, dispuestos a seguir engañándole sino acumular misterios y disparates seguros de que cuanto mayor fuese la montaña con más fe la escalarían? ¿Pero es que de juzgar al hombre por lo que ha creído, es decir, a través de sus fanatismos y de sus supersticiones, se le podría llamar el rey de la Humanidad?

(61) Esta manía de buscar y encontrar sentido oculto a las cosas a causa de enfocarlas con la lupa de lo esotérico, no se ha limitado a libros realmente incomprensibles, como éste, el *Libro de los Muertos* que nos ocupa, sino a muchos más. Así, no sólo han visto (los aficionado a ver lo invisible) misterios en los jerogli-

ficos egipcios y en los de México, sino en los *Diálogos* de Platón y de otros filósofos griegos, así como en lo relativo a órficos y pitagóricos. Luego, en el mundo céltico, a las enseñanzas de los druidas. Y en la *Biblia*. Y en las parábolas de Jesús y en las de Buda y demás grandes inspirados. Y en las *Fábulas* de Aisopos (Esopo) confundiendo lo simplemente simbólico con lo misterioso y de doble sentido. Y en... ¡qué sé yo! viendo enigmas y enseñanzas especiales en todo lo habido y por haber. Y es que el resultado tiene que ser diferente de examinar las cosas a través de la razón que a través de la fantasía. De ello resulta, que allí donde los sabios no aciertan a ver nada no obstante examinar lo sometido a su consideración a través de las triples gafas de la ciencia, la imparcialidad y la honradez profesional que da la sabiduría, los ocultistas, levantando un velo que sólo ellos ven, el velo de lo maravilloso inexistente, hacen brotar por todas partes ilusiones centelleantes. En lo que a Egipto respecta, como todo lo relativo a su civilización, salvo los restos que podemos apreciar con los ojos (Pirámides y enterramientos) es punto menos que hermético a causa de habernos llegado incompletamente y a través de jeroglíficos que, no obstante las averiguaciones de los Maspero y de los Lepsius, siguen guardando, en realidad, sus enigmas, no quedan sino dos caminos: o dejamos correr la fantasía, como hacen los esoteristas, o tenemos que seguir esperando. Porque mientras los versados en egiptología no acaben de ponerse de acuerdo sobre la interpretación de los símbolos y el sentido de textos e inscripciones, forzoso es pensar como Chantepie de la Saussaye: "Las conjeturas con frecuencia aventuradas recubren mal las enormes lagunas de una ciencia que quisiéramos segura. Pero cuestiones fundamentales quedan aún sin respuesta."

Pero he hablado de los Masperos y de los Lepsius de un modo que, aunque no me lo haya propuesto, pudiera parecer despectivo, y no quisiera seguir adelante sin demostrar la mucha estima y admiración que siento hacia sus talentos. Y como el mejor modo de hacerlo me parece que pudiera ser diciendo unas palabras sobre el padre de la egiptología moderna el genial Juan Francisco Champollion (1790-1832) gracias a cuya sagacidad y esfuerzos han podido ser leídos los jeroglíficos, allá van estas palabras sacadas de la excelente *Historia de la Criptografía*, de Pratt.

El punto de partida de los justamente alabados descubrimientos de Champollion el Joven (pues tuvo un hermano también egiptólogo ilustre), fue el célebre fragmento de estela encontrado por los soldados del ejército de Napoleón cuando su campaña de Egipto,

recogído luego por los ingleses con los restos de esta expedición: la
famosa piedra hallada en Rosette (Bajo Egipto). Esta piedra contiene tres inscripciones: una en griego, otra en jeroglíficos y la tercera
en egipcio demótico (lenguaje popular simplificación del hierático,
como éste lo era a su vez del jeroglífico), tan desconocido entonces
como los jeroglíficos. No hacía falta ser muy inteligente para suponer que las tres inscripciones tenían la misma significación; pero
algunos de los mejores cerebros de Europa en estas cuestiones,
habían ensayado, durante años, por ver de transformar los jeroglíficos en lengua inteligible, e incluso con la ayuda del texto griego
no lo habían conseguido. Todos habían acabado por estar de acuerdo en que el problema era insoluble. En efecto, todo parecía indicar
que si los jeroglíficos constituían verdaderamente una lengua, y no
una serie de dibujos con sentido secreto, ésta tenía que ser, cosa
extremadamente rara, una lengua silábica. Así, por ejemplo, para
corresponder a la palabra *rey* en el texto griego, el dibujo de los
jeroglíficos era un hombre de gran estatura que tenía una espada
en la mano. Esto parecía un símbolo lógico para un rey: una palabra entera como imagen. Y de ser ello cierto, otros símbolos tenían que reemplazar a palabras enteras o, por lo menos, a sílabas;
pero como no había medio de conocer la relación entre las letras
y la pronunciación de la lengua, ésta permanecería siempre desconocida. Había también otra dificultad: los primeros sabios ingleses que habían examinado la piedra de Rosette, habían esta-
blecido, empujados por un sentimiento enteramente natural, listas
paralelas de las palabras griegas y de los jeroglíficos que suponían
debían representarlas. Pero quedaron consternados al constatar
que las palabras griegas que aparecían varias veces en la inscripción, eran representadas por jeroglíficos completamente diferentes
y que, inversamente, los mismos jeroglíficos representaban a veces
palabras diferentes del texto griego. Los nombres mismos (gracias
a los cuales Grotefend estaba resolviendo en aquel momento el
antiguo persa), no representaban aquí recurso alguno. El único nombre propio del texto griego era el del rey Ptolemaios V, y estaba
representado en los jeroglíficos por cuatro símbolos: para deletrearle letra por letra no bastaban; para descomponerle en sílabas
era demasiado. Parecía pues que no había otra conclusión por sacar,
que deducir de ello que los jeroglíficos eran puramente símbolos y,
como tales, habían sido generalmente abandonados cuando Juan
Francisco Champollion, el cerebro prodigioso que ya a los quince
años había publicado una sabia disertación sobre "los gigantes
de la Biblia", que había obtenido los sufragios del Instituto de
Francia, entró en liza.

Su primer cuidado fue contar el número total de los símbolos en los textos griego y jeroglífico. Este método empleado hoy corrientemente en criptografía, parece ser que a quien se le ocurrió y empleó por primera vez fue a él. Este cálculo reveló un error radical en las búsquedas anteriores puesto que los caracteres egipcios eran tres veces más numerosos que las letras griegas. Luego si los jeroglíficos representaban sílabas o ideas expresadas no menos formalmente que el gamo del hombre de las cavernas, el texto egipcio tenía que ser, por lo menos, tres veces más largo que la inscripción griega. Ahora bien, la base misma de la deducción era que las dos inscripciones significaban la misma cosa, y lo que decía el texto griego era un cántico en honor de Ptolemaios V hecho por una comunidad de ministros religiosos, luego parecía poco verosímil que pudiera existir una gran diferencia en ambos textos. Por consiguiente, si las inscripciones eran idénticas como todo permitía hacer suponer, los jeroglíficos tenían que ser símbolos representando letras. Pero es que había demasiados para admitir esta hipótesis.

Por otra parte, un alfabeto de 160 letras era cosa imposible de admitir. Mas puesto que otros sabios se habían dejado atrapar entre los tentáculos de este dilema, Champollion le dejó a un lado y se lanzó a fondo en la teoría alfabética, atacando a los nombres propios como había hecho Grotefend con el persa. El nombre Ptolemaios estaba cuidadosamente rodeado de un rasgo y precedido de un signo que los buscadores ingleses habían supuesto ser la repetición de la palabra rey. Pero "Ptolemaios" es un nombre griego y Champollion pensó muy acertadamente que era preciso deletrearle fonéticamente. Si los cuatro símbolos que representaban este nombre en la piedra de Rosette eran letras, ¿cuáles eran las que habían suprimido? Las vocales, supuso Champollion recordando que los hebreos, grandes herederos de los egipcios, suprimían las vocales. Los cuatro símbolos del nombre eran, pues, las consonantes P. T. L y M.

Llegado a este punto, el buscador se dirigió a otras inscripciones jeroglíficas con objeto de verificar sus conclusiones. Las tenía a su disposición provenientes de los reinados de Ramsés y de Thutmosis, lo que estaba atestiguado por retratos y otras pruebas. El símbolo que había adoptado por M se hallaba en los dos nombres y en el segundo la T aparecía dos veces en el sitio deseado. Esta verificación le dio los valores de R y de S y, con estas seis letras como punto de partida, el sabio criptólogo se puso a estudiar todas las inscripciones egipcias que contenían nombres conocidos, obteniendo poco a poco nuevos valores de letras.

Muy rápidamente, es decir, a la velocidad a la que progresa la ciencia, en el espacio de algunos años, los nombres propios le suministraron suficientes datos para permitirle establecer los símbolos correctos de todas las consonantes posibles. Pero quedaban muchas letras para las que no había equivalencia: eran las que no se habían encontrado en ningún nombre. Champollion estableció una lista por separado.

Volviendo a la piedra de Rosette, notó que uno de los signos no identificados aparecía entre cada nombre del texto jeroglífico y que algunos de entre ellos procedían de los verbos. Uno de estos símbolos era la imagen de un hombre de gran estatura que aparecía también delante del nombre del rey Ptolemaios. Además, cuando se trataba de un templo la palabra estaba precedida de la imagen convencional de una casa y cuando se trataba del nombre de Ra, dios del Sol, aparecía una especie de disco solar. Champollion pensó que estos caracteres eran "determinativos", es decir signos especiales colocados en el texto por los egipcios para indicar el objeto de que se trataba Champollion murió en el año citado a la edad de cuaretna y dos años, sin haber terminado su trabajo sobre el alfabeto y sin haber explicado el enorme excedente de letras: en efecto, incluso deduciendo los signos determinativos la mayor parte de las palabras eran demasiado largas. Debería corresponder a otros investigadores (E. de Rougé, Lepoins, Brugsch, Chabas, Birch, Goodwin, Mariette, Naville y Maspero, por no citar sino los principales) el demostrar, que los egipcios, al escribir, no se contentaban nunca con expresar un sonido mediante una sola letra, sino que repetían el mismo sonido de tres o cuatro maneras diferentes para estar bien seguros de que el lector se había apoderado de la idea. Desde el punto de vista criptográfico se puede considerar a los jeroglíficos entre los sistemas de sustitución simple a representación múltiple y adición de un gran número de nulos. El gran mérito de Champollion está en haber llegado a su fin sin dejarse extraviar por estas complicaciones. Teniendo esto en cuenta se puede advertir lo que representa la traducción de un libro como el que nos ha traído hasta aquí, en el que sin contar ya lo hecho a propósito esotéricamente, es decir, ininteligible a no ser para los destinados a explicarle haciéndose pagar por ello (principio y fin de todos los esoterismos), hay las dificultades inherentes a todos los textos egipcios, compuestos de una sucesión de jeroglíficos dibujados unos a continuación de los otros sin signo alguno de puntuación, por lo que el que trata de descifrarlos tiene, a fuerza de instinto y de intuición sabia, que cortar debidamente lo que va

descifrando con objeto de que el texto tenga sentido. Por ello Pierret decía con razón que "Una traducción irreprochable y definitiva
del *Libro de los Muertos* es un ensueño irrealizable".

(62) Por supuesto, desconocer la influencia y poder de las religiones en la vida de los pueblos sería desconocer algo evidente
y mostrar una parcialidad difícilmente sostenible. Pero también sería
parcial negarse a admitir que en la vida pública, si la religión
ha tenido en todas partes una gran importancia ha sido por haber
buscado siempre lo político la ayuda de lo religioso para robus-
tecer su férula y poder dominar mejor al pueblo uniendo a la
fuerza el engaño. El más ligero examen de los centenares de religiones que ha habido y hay aún, si se exceptúan tres o cuatro de
las superiores, me excusa de insistir sobre lo que afirmo, pues
evidente es que asombra cómo se ha podido creer durante siglos
en los dioses y "verdades" que afirmaban. Y no obstante, ¡civili-
zaciones e imperios nacieron a su "luz" y fueron sostenidos por
ellas!

En cuanto al pueblo, la masa, la gente, es decir, en lo que respecta a la vida privada, innegable parece también si un interés particular, o la pasión, no se empeñan en cerrarnos la boca y hacernos
volver la espalda a la Historia, que la importancia de tales religiones ha sido tanto mayor cuanta mayor era la ignorancia. Pues
es un hecho que demuestra toda experiencia histórica, que a medida que los espíritus se aclaran la fe desaparece, y que fue precisamente porque la luz fue llegando poco a poco, muy poco a
poco, por lo que desaparecieron tras haber triunfado durante siglos, religiones que parecían eternas. Es más, si el hinduismo con
sus cultos a Siva, Vishnú y demás prácticas y creencias de hace
treinta siglos persiste aún, ¿a qué se debe sino a que el pueblo
de la India es uno de los más atrasados (el más, quitando a los
llamados salvajes) de la Tierra? (El puñado de hombres eminentes
bien conocidos de todos, verdaderas excepciones, no quita en modo
alguno verdad ni valor a lo que digo.) Ahora bien, que la "luz"
a que me refería sea obra de los filósofos o de una *fe* superior
traída por otra religión más perfecta, el resultado es igual: *luz*
siempre que llega a luchar contra la mentira el fanatismo y la
oscuridad de la ignorancia.

Otro hecho innegable es que lo que en todas partes se llama
religión es una mezcla compuesta, en realidad, de un tanto por
ciento mínimo de religión (religión vinculada siempre tan sólo en
los espíritus clarividentes), y un tanto por ciento máximo de *fanatismo* vinculado en la verdadera (o fingida) sumisión borreguil

a ciertas prácticas y a ciertos ritos. Es más, que este fanatismo ocupa incluso hoy en todas partes un lugar muy secundario (repito que las excepciones no hacen sino justificar las reglas) en medio de la diversidad de funciones de la vida corriente. En el antiguo Egipto mismo, pese a que todo cuanto de él ha perdurado parece ser de tipo religioso (los grandes enterramientos—Pirámides y sarcófagos encontrados en el valle de los Reyes u otros lugares—, inscripciones mágicas de estelas y templos, el propio *Libro de los Muertos* y otros), no obstante, hay para pensar más que en el sentimiento religioso del pueblo, en el poder de los faraones jefes a un tiempo de lo político y lo religioso. Es decir, en el deseo y conveniencia de los sucesores de cada monarca en honrarse y consolidarse, honrando y engrandeciendo (entiéndase, sosteniendo la leyenda de que eran dioses) a sus antepasados. En cuanto a la existencia de los poderosos colegios sacerdotales, tampoco prueba en Egipto, como en la India, sino que una minoría audaz, había aprovechado la absoluta ignorancia general y la tendencia de los hombres hacia lo fantástico y maravilloso, para imponerse luego de hacer alianza con los jefes políticos.

En lo que al pueblo afecta, allí como en todas partes, lo que hizo durante muchos siglos fue trabajar y someterse a creer. Pero si el trabajo era obligatorio, la sumisión a la creencia no; o podía dejar de serlo en cuanto despertase. Y aun cuando siglos de estar bajo el yugo de una continuada ignorancia y de una misma religión por absurda que ésta sea, acaba por formar una especie de costra espiritual en las conciencias, esta costra ni es verdadera religión, puesto que en cuanto otra se pone de moda salta (de no ser así, ¿bastaría que un Recaredo o un Enrique VIII lo ordenasen para que todo un pueblo cambiase de casaca espiritual, o que particularmente, tan sólo por hacer un matrimonio considerado ventajoso se vean tantos casos de apostasía?), ni llega aun en las mejores religiones a verdadera y positiva creencia. De tal modo que cabría preguntarse cuántos hombres hay o ha habido en cada país verdaderamente religiosos. Entiéndase no fanáticos o indiferentes, sino esto: religiosos.

Si se interrogase a la mayor parte de los que actualmente se dicen católicos, musulmanes o budistas, pronto nos daríamos cuenta de que si bien de buena fe asegurarían que profesaban tales creencias, de interrogarles sobre ellas, ¿qué escucharíamos? Pues seguramente muy poca cosa y lo poco que escuchásemos inexacto.

Saurat tiene razón cuando hace observar que en lo que a la

religión afecta ha habido siempre tres clases de hombres: Un pequeño número *muy religiosos* (e incluso para ellos la religión, salvo casos absolutamente excepcionales, está o estuvo muy lejos de ser toda su vida y toda su actividad). Un pequeño número de hombres *no religiosos* (que frecuentemente son, sin saberlo, más religiosos de lo que se creen ellos mismos, e incluso más que muchos que se dicen religiosos, bien que no crean en un dios personal). Y una masa, una gran masa de hombres para quienes la religión *existe más o menos*, generalmente menos; más en los momentos de crisis. Pueblos no religiosos no hay; o poquísimos. Pero, ¿se puede llamar religión a lo que como tal consideran la mayor parte de los pueblos? ¿Lo es la de los pueblos salvajes, por ejemplo?

Si se quiere pues considerar las cosas como son en realidad, habrá que separar la *religión* del *fanatismo* y de la *superstición*, y reconocer que la importancia de estos tres factores va, en cuanto a número, en escala enormemente ascendente del primero a los otros dos. Supersticiones hay infinitas, puesto que existen no tan sólo respecto a lo religioso, sino a todo los demás; escribir la historia de las supersticiones es escribir la historia de la Humanidad. Fanatismo, mucho. Religión, verdadera religión, es decir, creencia sabia, seria, elevada, razonable, muy poca.

El faraón era un dios, pero los cuentos populares egipcios prueban que nadie tomaba en serio a tales divinidades. Zeus está a la cabeza del panteón religioso griego: no obstante ya desde el siglo V (que se sepa con certeza) los filósofos le habían desacreditado y los poetas cómicos se burlaban de él y de todos los dioses que le estaban sometidos entre las carcajadas generales del pueblo. Las propias guerras llamadas religiosas, apenas se empieza a estudiarlas se advierte que en ellas la religión fue sólo una excusa, la chispa que encendió la hoguera aparentemente, pero que las verdaderas causas eran otras y que la religión sólo era tomada como pretexto. En nombre de Alá conquistaron los árabes, en menos de un siglo, un Imperio inmenso; no obstante, sabemos muy bien que tras una de las batallas más decisivas de la conquista musulmana, los jefes del ejército quisieron recompensar a los más religiosos de entre los más valientes ¡y no encontraron un solo héroe capaz de recitar un versículo del *Korán!*

(63) Advertiré, para que los que no piensen como él no lo juzguen demasiado severamente, que se *nace* ocultista, esoterista o espiritista, es decir, con tendencia a ver por todas partes enseñanzas y misterios sublimes, o espíritus desencarnados, como se nace materialista; y como se nace artista, médico, militar, labrador

o carpintero. Y que siendo las inclinaciones naturales una consecuencia fatal de la idiosincracia, es decir, del carácter y modo de
ser propio y natural de cada uno, y siendo este sello que imprime
la Naturaleza *invariable,* el que viene al Mundo con tendencias
bien marcadas hacia algo, nada ni nadie podrá apartarle de ellas,
y sólo circunstancias contrarias, impedirle momentáneamente que
no caiga en lo que le es propio y para lo que ha nacido. Pero que
cesen estas circunstancias y se le verá ir de nuevo hacia lo *suyo*
atraído por ello como el hierro por el imán.

(64) *Sinarquía,* gobierno simultáneo de varios príncipes que
administran las diversas partes de un Estado.

(65) Sobre Basílides y Valentín, véase mi obra *Pitágoras.*

(66) Véase mi *Mitoolgía Universal.*

(67) Si a algo tan exquisitamente espiritual como sin duda es
lo *esotérico* se lo pudiese comparar con una cosa material o física,
creo que la mejor comparación que podría hacerse sería aseme-
jándolo a una cebolla. Una cebolla es, como se sabe, un pequeño
núcleo central perfectamente protegido y rodeado de una serie
de capas que le envuelven amorosamente. Pues bien, así me ima-
gino yo cada cuestión esotérica y cada laberinto ocultista: rodeados y protegidos por admirable cebollerismo psíquico. Me veo
proponiendo tímidamente a un campeón del esoterismo (por ejemplo, ahora al señor Kolpaktchy) una de las muchas dudas que lo
oculto me sugiere: "Y dígame, caballero, ¿por qué asegura usted
que la naturaleza "psíquica" de la Luna es vaga y cambiante?" Y
el señor Kolpaktchy, disculpando sin duda a fuer de hombre
inteligente mi ignorancia de lo profundo y sublime (pues no hay
mejor medida que la tolerancia y la intolerancia para juzgar de la
sabiduría y abundancia de luces espirituales de un hombre o de
lo contrario), quitaría dos capas a la cebolla de la Barca de Ra;
es decir, trataría (o lo intentaría al menos) de iluminar mis dos
primeras dudas. Luego te preguntaría aún: ¿Y por qué gobierna la
germinación, la gestación, la imaginación y la esfera afectiva? Y
amablemente esta vez, llenaría otro de los hoyos de mis conocimientos negativos en cuestiones esotéricas. Y de este modo, yo
interrogando siempre, y él quitando con sus sabias respuestas capa
a capa las de la cebolla ocultista, al tiempo que las de mi ignorancia,
llegaríamos, evidentemente, al corazón de la sana legumbre, es
decir, a un punto en que no tendría más remedio que decirme como
si se tratase de cualquier otro bulbo religioso: "Aquí, amigo mío,
ya no hay explicación posible. Esto no hay medio de compren-
derlo. Esto es preciso creerlo mediante un acto de fe. Esto es

dogmático." Tal vez añadiese: "Esto lo tenemos mediante revelación." Y entonces yo, lo sé, recuperaría de golpe toda mi ignorancia y no tendría más remedio que decirle: "Señor Kolpaktchy, es lamentable tal vez, pero me es imposible fabricar en mí, fe, así, a secas. Comprendo e incluso admiro que haya espíritus idealistas, como usted, pero yo no puedo serlo, pues fui concebido de otra manera. Yo no puedo tener fe sino en aquello de lo que antes mi pobre razón me ha convencido. De modo que perdóneme usted pero renuncio al esoterismo. Es más, aunque su misteriosa ciencia me fuese ofrecida de golpe, creo que me negaría a aceptarla. Tal vez le duela a usted que lo diga, pero la verdad es que entre estar lleno de esoterismo o de... lo que sea, qué sé yo, de granos si usted quiere, ¡venga enhorabuena un abundante salpullido! No, lo siento, no he nacido para ser ocultista ni para pasmarme ante lo que no comprendo, ni para creer así porque sí en dobles sentidos, prodigios inexplicables, oróscopos caprichosos y afirmaciones gratuitas. Tal vez hago mal, pero no me duele tener la sinceridad de confesarlo. Conque adiós, señor Kolpaktchy. Quédese usted con su ciencia oculta, como yo con mi ignorancia evidente.

(68)   Otra interpretación del señor Kolpaktchy que a mí me parece puramente caprichosa, bien que tal vez esotéricamente sea fenomenal, es la siguiente: En el capítulo CLXX dice el texto: "Horus en persona te pone en pie" (refiriéndose a Osiris). A esto el señor Kolpaktchy pone, como explicación o aclaración una nota al pie: "Motivo del "enderezamiento": el cadáver está acostado horizontalmente; la posición vertical simboliza la vuelta a la vida, la resurrección; la intersección de dos ractas (horizontal y vertical) constituye el símbolo de la Cruz, victoria de la Vida sobre la Muerte. Este enderezamiento se impone porque la horizontal es la negación, el principio del Mal; paralela (el alma sin duda) a la superficie de la tierra, es encadenada por su pesantez y encerrada en la cárcel terrestre; incapaz de todo impulso hacia el Cielo, está aplastada: ora rampante—como la serpiente—, ora inmóvil como el cadáver." Perfectamente. Como tipo de interpretación esotérica vale la pena exponerla. Allá cada uno. Ahora bien, por lo que no paso es por lo de que la horizontal sea otra cosa que la negación de lo vertical. Y mucho menos que sea el principio del Mal (así, con mayúscula y todo). Y ello por varias razones: La primera, porque ¡se pasa tan buenos ratos tumbado! Segunda, porque imposible que sea principio de mal lo que la Naturaleza, madre y maestra, nos impulsa a hacer todos los días, de tal modo que por

mandato e imposición suya no tenemos más remedio que pasarnos en posición horizontal la mitad por lo menos de la vida. Tercera, porque tumbados nos suelen dejar cuando se trata de pasar a una vida que se estima como definitiva y mejor. En fin, porque siempre he tenido como muy sabio el proverbio-consejo árabe que dice: "Más vale estar sentado que de pie. Más tumbado (horizontal), que sentado. Más muerto (la horizontal perfecta, total, eterna), que tumbado." Salud, señor Kolpaktchy.

(69)   El más completo que se posee, el papiro de Turín, consta de unos 160 capítulos.

(70)   La palabra "ra-u" que he traducido por "Capítulos", por conformarme al sentido que los egiptólogos han conservado, quiere decir, en realidad, encantamientos o sortilegios.

(71)   Para todo lo relativo a los dioses egipcios, véase mi *Mitología Universal*. El difunto empieza con estas palabras su discurso dirigido naturalmente a Osiris, como soberano que era este dios, de los muertos. Y le llama Toro del Más allá (Amenti), que equivale a llamarle el Todopoderoso del Reino de los Muertos, pues el toro era el emblema, el símbolo de la fuerza y, por consiguiente, del poder. En cuanto a él, el difunto figura identificarse con el dios lunar Thoth, por ser este dios el que presidía la sabiduría iniciática. Este dios, como se dice inmediatamente "acompaña" en su navegación a la Barca celeste. ¿Qué barca era esta? La que, según la imaginación de los egipcios, conducía al dios Ra, personificación del Sol, a través del espacio, de día, y por misteriosas regiones, durante la noche. Naturalmente, la ocasión era de perlas para, a favor de la fantasía, inventar una leyenda que diese motivo a nuevas iniciaciones. De día, todo el mundo podía ver, por difícil que sea mirar cara a cara al Sol, como el grande y poderoso dios Ra recorría el cielo de Oriente a Occidente subido en su Barca (¿quién no hubiera visto la barca también, puesto que los sacerdotes, profundamente sabios y versados en cosas divinas aseguraban que allí estaba?), y cómo crepúsculo tras crepúsculo se hundía allá al fondo al Oeste del Nilo. Pues bien, este viaje nocturno en sentido contrario era lo que se explicaba al pueblo ignorante, a los no inciados, diciéndoles que durante la noche, la famosa Barca y su celeste Barquero recorrían una región que no era ni celeste ni terrestre y, por consiguiente, la región dominio de la Muerte. Y como a esta región tenían que ir cuantos morían y preciso les era atravesarla, de aquí la importancia del *Libro de los Muertos*, verdadera guía de tan difícil y peligrosa región, y gracias al cual cada difunto podía cruzarla, no por sus propios medios, sino subido en la Barca

de Ra. Por si este utilísimo libro fuese aún insuficiente, se escribieron, que sepamos (tal vez hubo más, pues por mucho trigo nunca es mal año, y la cuestión bien valía la pena), otros dos: uno conocido con el nombre de *Lo que hay en el Más allá*, y el otro el *Libro de las Puertas*. Ambos dan no tan sólo una descripción, bastante seca y técnica por cierto, de las diversas regiones del Mundo subterráneo, sino los nombres de las divinidades benévolas y hostiles, pues como es lógico las había de ambas clases, que el difunto iba a encontrar, y contra las cuales, las hostiles naturalmente, tendría que tomar toda clase de precauciones. El *Libro de los Muertos* sería para ello la más preciosa ayuda. Doce "Puertas" tenía que atravesar la Barca una vez llegada al Más allá; para los iniciados, cada una de ellas correspondía a una de las etapas de la iniciación, para los no iniciados la descripción bastaba y a ellos el arreglárselas con las angustias, que de creer lo que solemnemente les era contado, les produjese. Porque a la cuarta hora de la noche, la Barca del Sol entraba y cruzaba la inhóspita región del dios Sokari (que hasta la aparición de Osiris fue la divinidad del reino de los muertos, y dios por lo tanto, que a causa de su destitución, siempre malhumorado, era poco o nada favorable, por supuesto, como su región, desierto inmenso, tenebroso, recorrido en todas direcciones por monstruosas serpientes), donde la Barca tenía que ser conducida por trineos que se deslizaban entre paredes abruptas a través de un corredor sombrío y estrecho entrecortado por numerosas puertas por las que, de entrar, hubiera sido difícil salir. Si duro era este pasaje, peor aún aquel al que se entraba al llegar la quinta "hora", lugar todavía más profundo y difícil, conocido con el nombre de Re-staú, a propósito del cual verá el lector frecuentes alusiones en el *Libro de los Muertos*. En fin, a partir de la sexta "hora", la Barca volvía a reemplazar al trineo o trineos, y el río empezaba a subir gradualmente para atravesr un "Abismo de ls aguas" (durante la décima hora) y un "Infierno de fuego (no podía faltar), durante la undécima.

Hasta aquí la parte *exotérica*, al alcance de todos por decirlo así, de la cuestión; pero es que esto de la Barca de Ra tiene, como no podía menos de ocurrir, su significado *esotérico*, oculto, para los iniciados tan sólo. Pero antes de decir unas palabras sobre este significado misterioso, convendrá advertir que el Egipto antiguo fue el gran y tal vez el primero de los países de *misterios*. En todas partes la religión ha tenido dos caras, la "popular" y la "sabia". Esta a base de misterios, de enseñanzas misteriosas, elevadas (tal decían al menos los que vivían explotándolas) y sólo al alcance de los iniciados, y la popular o religión corriente y de todo el mundo. Pues bien, la cuna de esta importante diferencia, es decir donde antes que en otro alguno, antes que en la China y en la India, hubo un cuerpo de sacerdotes depositarios de incalculable sabiduría, fue Egipto. En efecto, la "sabiduría" de los sacerdotes egipcios era legendaria en la antigüedad, y a causa de ello el Egipto el país que no podía dejar de visitar todo aquel que pretendía tener relación con la ciencia. El propio Platón habla de esta sabiduría y él mismo no dejó de ir a Egipto con la esperanza de ser iniciado en aquellos templos, arcas de conocimientos misteriosos y profundos, en muchas cosas. ¿Aprendió allí algo? ¿Sufrió, por el contrario, un desengaño? Nada especial dice sobre ello en los *Diálogos*, lo que parece probar que si algo aprendió, pues aprender se puede aprender siempre y en todas partes, ya que hasta los desengaños enseñan, sería parte de lo que únicamente constituiría la famosa sabiduría de aquel cuerpo sacerdotal: algunas nociones de astronomía bien mezcladas de astrología y otras de matemáticas, especialmente de geometría. Esto, unido a la ciencia esotérica religiosa, es decir, a la interpretación fantástico-misteriosa de la astrología en relación con aquel no menos fantástico panteón de divinidades, debía de constituir toda aquella ciencia maravillosa del maravilloso cuerpo sacerdotal. Por supuesto, si se considera el estado social de Egipto durante centenares de siglos (un puñado de hombres: el cuerpo sacerdotal y los consejeros y ministros del faraón imperando sobre millones, sobre rebaños de esclavos en estado de ignorancia total de todo lo que no fuese las artes e industrias más elementales de la vida), se comprende, pues todo es relativo, que aquellos sacerdotes que sabían leer y escribir (trazar jeroglíficos e interpretarlos) y unas nociones de las ciencias que entonces alboreaban, pasasen por verdaderas lumbreras y por pozos de sabiduría. En todo caso, lo que ocurrió cuando gracias a Champollion se pudieron descifrar los jeroglíficos, comprueba que las hipótesis anteriores dictadas por el buen sentido, eran verdaderas. En efecto, el mundo sabio moderno se llenó de gozo pensando que el velo que durante siglos había cubierto la misteriosa sabiduría egipcia antigua iba al fin a poder ser levantado, y ¿qué ocurrió? Pues ocurrió que no había nada; que no había tal sabiduría ni tal ciencia; es decir, sí, sí había, había que toda la ciencia de aquel cuerpo de sacerdotes consistió, y no fue poco, en vivir pretextando misterios e iniciaciones, durante siglos y siglos, a costa

de los incautos, de los rebaños de esclavos que murieron agotados
a fuerza de construir, bajo el látigo, templos suntuosísimos para
aquellos "avisados" sabios, y palacios, pirámides y monumentos
funerarios, no menos grandiosos, para los faraones-dioses.

En todo caso, como decía, junto a nociones de ciencia real (astronomía, matemáticas, geometría), un buen tesoro de esa otra
necesaria para ir fabricando e interpretando exotérica y esotéricamente aquellas religiones primitivas a base de fantasías y de
ciencia falsa (astrología y magia). Veamos en función de esta
ciencia, la explicación esotérica, es decir, lo que se enseñaba a los
iniciados a propósito de la Barca de Ra (en la que el pueblo no
veía sino una barca como las que navegaban por el Nilo, solo que
arriba, en el cielo, conduciendo al dios Sol, Ra), y de Thoth, en
el que asimismo no veía y adoraba sino a uno de tantos dioses
estelares.

Esotéricamente la Barca de Ra era un símbolo que representaba
la unión del Sol y de la Luna; es decir, de Ra, el disco solar, con
Thoth, la Luna, representada en su cuarto creciente por la Barca.
O sea, que el símbolo representaba una Unión, una Sinarquía (gobierno simultáneo) de dos Luminarias. Si ahora se considera que
el mismo símbolo (el Sol inscrito en el semicírculo de la Luna en
creciente) aparece adornando la cabeza, no tan sólo de Apis, el
Buey divino, sino de una porción de Divinidades egipcias (Hathor,
Isis, Khonsu, el propio Thoth, etc.), se pregunta uno, ¿qué importancia atribuía el esoterismo egipcio a esta sinarquía de Luminarias?
Hela aquí según los "esoteristas" modernos (que el gusto o manía
de lanzar la fantasía por los senderos de lo misterioso y de mentir
escudándose en lo secreto-religioso, no desapareció al desaparecer
las religiones antiguas), únicos capaces de bucear en los antiguos
misterios.

Para los sabios egipcios, la Luna, considerada desde el punto
de vista espiritual no era inferior al Sol. Unidos en un principio
a creer a la tradición esotérica, en los orígenes, formaban un cuerpo con la Tierra. Separada ésta de ellos, y luego ellos entre sí,
empezó la Involución cósmica (y conste que yo me lavo las manos;
que no hago sino ser intérprete con objeto de ilustrar o iniciar al
lector—según su manera de ser y de ver y juzgar las cosas—de lo
que a mí, particularmente, me parecen un atajo de insensateces)
o, usando el lenguaje de la *Biblia*, la etapa inicial de la "caída".
Caída, por supuesto, no tan sólo del Hombre, sino del Cosmos
todo entero. Pues la catástrofe bíblica, esotéricamente considerada
no fue sino el último eslabón de una larga cadena de derrumba-
mientos cósmicos de los que habla el *Libro de los Muertos*; ahora

bien, una de las etapas iniciales recorridas fue la oposición de las dos Luminarias, entiéndase (si se puede) de los Seres espirituales en dos campos, dado que sus naturalezas son opuestas diametralmente. La naturaleza *física* de la Luna es húmeda y fría, la del Sol seca y caliente; *psíquicamente,* la naturaleza de la Luna es vaga y cambiante; gobierna la germinación, la gestación, la imaginación y la esfera afectiva; mientras que el Sol gobierna la razón discursiva, impersonal y objetiva; la Luna favorece la adaptación, la asimilación, las metamorfosis, mientras que el Sol, principio de integración, fija e inmoviliza todo cuanto penetra en su campo de acción; la Luna manda e impera en las fuerzas de diferenciación y en todo lo relativo a lo por venir, mientras que el Sol es el Orden cósmico, la Justicia imparcial, el Ser absoluto (opuesto a lo por venir); en fin, por si todo fuese poco, la Luna es "femenina", el Sol, "masculino".

Desde el punto de vista espiritual, cada una de estas dos Luminarias está a la cabeza de un campo de fuerzas, y la interacción de estos dos principios (Yinn y Yang del esoterismo chino—pues en todas partes cuecen habas—, las dos columnas del Arbol sefirótico de la Kabbala, el Sulfur y el Mercurio de la Alquimia) produce "la subida y la baja de los Cubos de Oro". Nada más. Mas como según parece el propósito esencial de cuanto se produjo y se produce es la vuelta hacia la Subida, hacia la Evolución, los autores del *Libro de los Muertos,* lo que proponían a la meditación de sus lectores (y no se olvide que estos lectores eran los muertos mismos, pues para que su lectura les sirviese de guía en el otro mundo era puesto el libro junto a su momia, antes de enterrarles) era, que el símbolo de la Barca Solar representaba la salvación suprema. Que cuando el Sol y la Luna en vez de oponerse y agravar el estado de Involución llegasen a una perfecta sinarquía, a gobernar juntos de total y completo acuerdo, Sexo y Muerte (nefastas consecuencias de la "Caída") serían vencidos.

Demos aún valerosamente unos pasos: la pareja *inicial* Sol-Luna, era Osiris. En mi *Mitología Universal* podrá ver el lector, si ya no está al tanto, la bribonada que hizo a este dios excelente su hermano Seth, que era un pícaro; le mató y cortó en pedazos. Pues bien, rota la sinarquía original, los "miembros" arrancados del "cuerpo" divino fueron diseminados, esparcidos, desparramados por todos los rincones de Egipto, es decir, del Universo. Entiéndase bien: los planetas, las estrellas fijas, las Luminarias celestes y por si ello fuese poco, todos los seres de la Naturaleza. La "resurrección" del dios-mártir tan sólo, significaría el restablecimiento de la sinarquía. Mientras tanto, Osiris, esclavo de la muerte, sujeto por las vendas de la momia, es el Mundo entero, fijo, petrificado, cristalizado, anquilosado y materializado, en una palabra, privado de libertad y sometido a las "leyes" de la Naturaleza y a los ritmos implacables del destino. Aun se pretende que Osiris es el Cristo prefigurado; el Anunciador del Mesías; el que le preparó el camino; que la derrota de Osiris hizo más tarde inevitable el sacrificio redentor que tuvo lugar en el Gólgota. Pero creo que con lo dicho está ya bien, y que el lector tendrá un idea (que es lo que me proponía), de lo que es una interpretación esotérica de un símbolo cósmico-religioso.

(72) Esta *Pesada de las Palabras* era la manera corriente de designar el Juicio que los difuntos sufrían ante el tribunal de Osiris (Véase mi *Mitología Universal*).

(73) *Djed* era un pilar liso, más ancho en la base que en su mitad, cruzado por la parte superior por cuatro barras horizontales. Este símbolo, en el antiguo Egipto, era no menos sagrado que la cruz para los cristianos, pues era empleado para designar cosas de la mayor importancia: la columna vertebral de Osiris (dicho de otro modo, el eje del Mundo); a Osiris mismo; la duración, la eternidad, la estabilidad, y al Ser en oposición al Llegar a Ser. En efecto una de las más antiguas ceremonias consistía en el *enderezamiento* de la momia o levantamiento de Osiris, que de Horizontal llegaba a ser Vertical: era la ceremonia llamada Djed (Zed) practicada sobre todo en la ciudad de Djed y que representaba el enderezamiento cósmico, como contrapartida al hundimiento cósmico. Puesta de pie, la momia triunfaba de la inercia y de la muerte. La posición vertical de la columna vertebral (este triunfo del hombre sobre el animal; del bípedo sobre el cuadrúpedo) era simbolizada mediante un prisma cuadrado inscrito en un tronco de árbol y llevando igualmente el nombre de Djed o Zed; hacia su parte media iba cruzado, como he dicho, por cuatro barras horizontales. Más tarde, este símbolo llegó a ser la imagen jeroglífica de la estabilidad y de la inmutabilidad. La ceremonia de levantar el Djed tumbado simbolizaba la resurrección de Osiris y a causa de ello la esperanza de la salvación eterna para el difunto en cuyo favor se efectuaba. *Djedi* era un epíteto de Osiris. En fin, Djedu y Djedit eran dos ciudades del Delta (Busiris y Mendés), en la que Osiris era particularmente venerado.

(74) Título oficial de Osiris, rey de los muertos y dios del Más allá.

(75) Estos Misterios eran los de Re-staú, región, como hemos

visto en la nota 71, la más terrible del Más allá y la más difícil de atravesar durante el viaje nocturno de la Barca de Ra; quinta etapa del viaje que, como sabemos ya, comprendía doce.

(76) Sekhem, es decir, Letópolis.

(77) Según Czermak, el brazo izquierdo de Osiris correspondía al Oriente, y un ataque dirigido a "este lado débil", representaba para Osiris un peligro mortal .

(78) Sobre Heliópolis, véase la nota primera del tomo IX de mi traducción de los *Diálogos* de Platón.

(79) En la nota 71 hemos visto que este Sokari había sido el primer dios de la región de los muertos, y que furioso, sin duda, por haber sido destronado, su mansión o región en que había quedado confinado, representaba el paso más peligroso de cuantos tenía que recorrer la Barca de Ra. De tal modo que incapaz ésta de avanzar, tenía que ser reemplazada por trineos.

(80) La diosa Maat. Se la representaba llevando dos plumas en la cabeza. Presente en todos los juicios de los muertos, de ella dependía su salvación (Véase mi *Mitología Universal*).

(81) Ciertos capítulos, como se verá, terminan, como éste, con una "rúbrica". Estas rúbricas (que suelen responder a indicaciones de orden litúrgico y mágico, o que dan indicaciones históricas a propósito del capítulo que las precede), están, en el original, y por ello su nombre, escritas con tinta roja.

(82) No hace falta seguir leyendo para comprender que *El Libro de los Muertos* era un simple negocio, o si se quiere engaño, si place más, estafa, sacerdotal: se hacía creer que bastaba colocar un ejemplar junto a la momia, en el ataúd, para que el difunto se "salvase" con sólo recitar lo que en él se decía y seguir sus instrucciones, y ¿quién no hubiera pagado lo que se exigía por él con tal de volverse dios y codearse con Ra?

(83) Los "Dos Combatientes" son Horus, hijo de Osiris, y Seth (Véase mi *Mitología Universal*).

(84) Los Espíritus-servidores de Thoth, Aani (o Iaani), adoradores del Sol al alba y maestros en sabiduría, se manifestaban en forma de cinocéfalos.

(85) Se ha encontrado en las tumbas y sarcófagos egipcios una gran cantidad de figurillas, representando hombres, animales, etc. Estas figurillas, conocidas con el nombre de "ushebti" (o "shauebti"), es decir, "los que responden a la llamada" manipuladas mediante procedimientos mágicos, agrandadas o dotadas de poder, no obstante su estado de sombras, debían encargarse de todos los trabajos impuestos al difunto. O sea que, los hombres que habían pasado su vida sembrando los campos, regando y transportando

arena (cuando no construyendo sepulcros reales y pirámides) suspiraban, como último anhelo, por no hacer otro tanto en los campos y desiertos del otro Mundo; pero aquellos cuyo todo trabajo había consistido en ver desfallecer de sudor y esfuerzo a los demás, se las arreglaban aún para ver de engañarles a costa de las últimas monedas que les quedaban haciéndoles comprar el *Libro de los Muertos*.

(86) Apopi (Apepi o Apofi) era el Espíritu del Mal, por excelencia, de la teología egipcia. Aquí se le denomina "criatura de cera", porque, sin duda, ponían figurillas de esta sustancia, que le representaban, destinadas a ser objeto de conjuros e invocaciones mágicas.

(87) El dios Tum corresponde al estado del que había de darles los medios para ello. Cosmos antes de la "escisión", es decir, antes de que el Sol, la Luna y los planetas saliesen de la Tierra original, la cual, según la tradición, englobaba el sistema solar todo entero. Tum estaba libre, pues de la muerte que, según la teología egipcia, alcanzaba a los demás dioses sin distinción. Identificando su cuerpo con el de Tum, el difunto aspiraba y proclamaba su naturaleza incorruptible.

(88) Poseer el nombre de algo o de alguien era poseer este algo o a este alguien. Los dioses mismos no se libraban de esta ley (véase en mi *Mitología Universal* cómo Isis se apodera de Ra, haciéndole pronunciar su nombre). En Israel, al implantarse esta idea, llegó a ser terribilísimo el pronunciar el nombre de Iahvé, que se solía sustituir por El, el Grande o el Señor.

(89) El templo de Hermópolis era la sede de los misterios de Thoth (el Hermes griego) y de una escuela de teología que rivalizaba con la de Heliópolis. En cuanto al "Ojo de Horus", mencionado, como se verá, con frecuencia (a veces como "Ojo de Ra" u "Ojo de Tum", etc.), este Ojo era una imagen-visión de las más poderosas. Su equivalente en el plan terrestre era el Disco solar. El Ojo de Horus, emanación de Horus, era una divinidad distinta, poderosa, de perfil bien designado, guerrera, activa, que velaba sobre la Ordenación cósmica y combatía a sus enemigos; vengaba también a la Justicia ultrajada. En un Cosmos en pleno desarreglo, yendo a la deriva, era el arcángel San Miguel (o el Metatrón de la Kabbala), es decir, el poder eficiente de enderezamiento.

(90) Osiris.

(91) Siempre y en todas partes la esperanza de que la vida no acabe aquí en la Tierra, esperanza e ilusión que aunque fundada en la caprichosa fantasía, basta para crear dioses y sostener religiones: si la muerte fuese, en efecto, un "nacimiento" hacia una

nueva vida, al muerto, sería, claro, como un niño que empezaba a recorrer un nuevo ciclo.

(92) Horus-Khuti (o Horakthe, Harmakhis) es el Horus de los Dos Horizontes" (matutino y vespertino), las ruinas de cuyo templo, célebre en otro tiempo, están en Edfú.

(93) El Fénix (Bennu) era una manifestación del Alma de Ra. Heliópolis (Annu o Iunu) era el centro iniciático consagrado al culto de esta divinidad.

(94) Es decir, el Más allá.

(95) El Ojo divino (de Horus, de Tum, de Ra, etc.) es una divinidad poderosa, guerrera, vengadora; una especie de emanación del dios respectivo. Sobre la batalla de Horus y Seth, véase mi *Mitología Universal;* luego se habla también de ella aquí.

(96) Hotep-Sekhus es otra designación del "Ojo de Ra", que combate y quema a sus enemigos. No se olvide que Ra es esencialmente el Sol.

(97) Anubis, dios psicopompo (conductor de muertos, como el Hermes griego).

(98) Djafi es un "alma doble", o dualidad de Osiris y de Ra en una sola persona.

(99) El "gato divino" era una manifestación de Ra.

(100) Neberdjer ("Señor de lo Mundos") era un epíteto corriente de Osiris (o de Ra).

(101) Neheh-Kau (o Ko) = Ra.

(102) Hershefi ("Arsafe") que era representada con cabeza de carnero.

(103) Las dos Tierras (o los dos Países), los dos Egiptos, el bajo y el alto que, simbólicamente, tenían gran importancia en la teología egipcia.

(104) Khepra, divinidad que presidía el Porvenir Cósmico. Se la representaba bajo los trazos de un escarabajo.

(105) Mesket y Tehenet: dos regiones de Duat (del Mundo Inferior).

(106) Dos centros de Misterios.

(107) Uadjit: "El ojo de Ra", diosa-vigía del Bajo Egipto.

(108) Véase en mi *Mitología Universal* la gran tragedia de Osiris, muerto y descuartizado por Seth, y cómo Isis, su hermana y esposa, le volvió a la vida tras larguísimos esfuerzos y trabajos. Y aquí se comprueba una vez más la influencia de la religión entre los hombres, tanto más, naturalmente, cuanto más su ignorancia transforma esta religión en fanatismo puro y simple: Como Isis y Osiris eran hermanos y esposos a la vez, los matrimonios entre

hermanos se extendieron en Egipto, sobre todo entre los más próximos, tal se decían y se creía, a los dioses: es decir, entre la familia real y la más elevada nobleza. Los Ptolomeos mismos, pese a su origen griego (de Macedonia exactamente, puesto que a un general de este país le correspondió el Egipto en el reparto del Imperio de Alejandro a la muerte de éste), tuvieron que conformarse a esta costumbre. Por ello mismo, por la inevitable influencia de las religiones en hombres y costumbres, influencia no siempre benéfica, la necesidad de contenerlas en los más estrictos límites tanto materiales como espirituales. En su esfera, una vez bien definida y delimitada esta esfera.

(109) Keb, dios de la Tierra, tenía una gran importancia en el Más allá, por el hecho de proteger los primeros pasos de los difuntos.

(110) "De una eficacia infalible", evidentemente: Para los familiares, si *creían,* puesto que recitado lo anterior, no habría medio de quitarles de la cabeza que su allegado, cuyo despojo estaba allí coronado, perfumado y embalsamado ante ellos, en realidad estaba ya echando una brisca con Osiris; y, en todo caso, para los honorables sacerdotes (dignos cofrades de los que en la India conminaban con terribles penas a los que no "daban" suficientemente a los benéficos y pobrecitos brahamanes, o a los que en todo el mundo antiguo estimulaban a ofrecer cuantiosos sacrificios a los innumerables dioses), para los honorables sacerdotes, decía, que por el ímprobo trabajo de pronunciar el nombre del muerto y echar incienso al fuego, saldrían de allí con qué llenar abundantemente durante muchos días el santísimo vientre.

(111) Es decir, luego de la muerte. Como en la nota anterior, este capítulo era un nuevo pretexto para engañar a los crédulos que no dudaban, como ahora otros muchos no dudan, que bastan unas palabras para salvarse. Aquí, estas palabras debían de ser pronunciadas por un hombre "ritualmente puro". Lástima que con alguno de los ejemplares de este *Libro de los Muertos* no haya quedado la tarifa de lo que costaba poner a un hombre en estado de pureza ritual.

(112) La Zona de Fuego: el Infierno. En todas las religiones, Infiernos donde el principal elemento de castigo era el fuego. Esto es natural si se piensa, no tan sólo que para los antiguos el alma era mucho más fluída que el cuerpo, pero material no obstante, sino porque debieron observar que hasta ciertos gases chisporroteaban en contacto con el fuego; luego, ¿cómo no habría éste de

atacar a las propias almas? Y si no ocurría, buen pretexto siempre para intimidar por si acaso.

(113) La fuerza mágica de la palabra, pronunciada en determinadas condiciones, era cosa admitida no tan sólo entre los egipcios, sino en otros muchos pueblos antiguos.

(114) Se refiere al peso de los actos del Pasado que abruman el alma del muerto; aquí, el alma de Osiris.

(115) La doctrina del Huevo cósmico es común a todas las teologías: hindú, griega (órfica), escandinava, etc.

(116) El Infierno.

(117) Las vendas o bandillas que se ponían todo en torno de las momias eran el símbolo mismo de la muerte, y por ello, la "herencia de Seth"; pues Seth, por haber dado muerte a Osiris, el principio de Vida, había llegado a ser el más importante representante de lo contrario, la Muerte.

(118) El abrir la boca de los muertos mediante un instrumento de hierro especialmente dedicado a este efecto, era una ceremonia a la que se atribuía importante poderes mágicos; se creía que ello devolvía al difunto la facultad de la palabra y que dotaba a ésta de poderes misteriosos.

(119) Es decir la de Orión.

(120) Este capítulo es un ejemplo típico de encantamiento egipcio.

(121) "Hati" significaba en un principio: "lo que está delante", "pecho"; posteriormente (en los textos del Imperio Nuevo) fue empleado este vocablo en el sentido de corazón físico, de sitio de la vida subconsciente e instintiva, "Ib", por el contrario, era en un principio el corazón consciente, activo, lleno de aspiraciones y de deseos, el sitio de la voluntad lúcida y de la conciencia moral. Tras la muerte, era "ib", quien en primer lugar, juzgaba la vida terrestre del difunto. En la época romana, ambos términos, "hati" e "ib", fueron empleados indistintamente; finalmente "hati" hizo desaparecer a "ib" (A. Piankoff, *Le Coeur dans les Textes égyptiens*).

(122) Las entrañas (hígado, riñones, pulmón, etc.), como centro de muchas pasiones, cual se creía en la antigüedad, también testimoniaban en favor o en contra del difunto.

(123) El peinado, la cabellera y la forma de la cabeza de cada divinidad correspondían a su "aura" específica.

(124) Diosa con cabeza de escorpión.

(125) La importancia de la laringe era debida a ser el órgano de la palabra.

(126) Apopi (Apepi, Apofi), el dragón del Abismo y de las Tinieblas, era la encarnación del Mal absoluto y el principal enemigo de Ra. La idea mazdeana de la lucha entre la luz y las tinieblas (el Bien y el Mal), así como el rigorismo moral de Zoroastro, fueron llevados a Egipto por Hermes Trismegisto. Luego la antigüedad de este *Libro de los Muertos* o por lo menos la redacción de algunos de sus capítulos, no es excesivamente remota.

(127) Los nombres de los demonios Am-aau, Hai y Ha-as, apenas son conocidos sino por este texto. Los demonios que amenazaban la existencia de los difuntos en el Más allá, eran de dos categorías: 1.ª Aquéllos cuya única función consistía en tender lazos en los caminos frecuentados por los habitantes del Duat, de espiarlos, atacarlos, torturarlos o devorarlos, sin tener en cuenta sus méritos o deméritos, peligros todos que sólo conocimientos mágicos podían evitar; y 2.ª Los que tenían en cuenta algún defecto moral del difunto; pero en este caso el perseguido podía negar el defecto reprochado y proclamar su inocencia. Y claro, de haber demonios que lo que perseguían eran las faltas, es decir, demonios morales y justicieros, ¿cómo pretender que eran malos?

(128) Osiris.

(129) La corona blanca, cónica, de Osiris, simbolizaba el Alto Egipto; la del Bajo Egipto, plana, era de color rojo; servía también de adorno a varias diosas.

(130) El difunto *nacía* para el Más allá; por ello las frecuentes alusiones a su primera juventud, a su infancia incluso, o a su vigor juvenil, etc. Lo que no impide que el difunto experimentase ciertas privaciones que le hacían sufrir; a causa de ello el llamar a Osiris "Señor de la Sed".

(131) El cuadro de la vida pasada surgía, con todos sus extravíos, como "despertado", ante la mirada del difunto que, para ver de ser disculpado, empezaba a afirmar orgullosamente sus relaciones con lo divino. Este pasaje es doblemente interesante: aparte de su valor desde el punto de vista literario, prueba, como trozo escatológico relativo a la fe en cosas totalmente alejadas del más elemental buen sentido, que al compararle con lo que no menos ciegamente se cree hoy en otras religiones, se puede observar que la inteligencia humana en estas cuestiones, es decir, en creencias relativas al más allá, ha avanzado muy pocos pasos, por no decir ninguno. Y que en todos los tiempos y en todas las religiones, el hombre, llevado de una vanidad que nada justifica (pues incluso si se juzga por lo que *cree*, su misma inteligencia no puede mostrarse más inferior e insignificante), ha pretendido ser de origen divino

y tener concomitancias que nada justifica, con lo que cree superior: la Divinidad.

(132)   El Cosmos con frecuencia, en religiones y mitologías, es simbolizado por un árbol gigantesco. Véase en mi *Mitología Universal* el árbol Igdrasil, por ejemplo, de los germanos.

(133)   Según la Tradición, la vida en el más allá parece como "cambiada", invertida, con respecto a la terrestre: lo que en esta vida era *interior*, rodeado, luego de la muerte sería *exterior*, y viceversa.

(134)   La posición vertical de la columna vertebral, era considerada de la mayor importancia para la evolución espiritual. Y se la consideraba dependiente, en gran parte, del juego normal de las vértebras del cuello. Es increíble la cantidad de insensateces, como por lo que se va leyendo se puede comprobar una vez más, que han creído los hombres en todas partes y en todos los tiempos, amparadas del modo más solemne y formal por el manto de las religiones.

(135)   La Comunión en sus especies (sólidas y líquida) era simbólicamente expresada mediante los colores respectivos del Sol y de la Luna: blanco y rojo.

(136)   Una de las prácticas del embalsamamiento consistía en sacar por la nariz, con garfios o ganchos especiales, la materia encefálica, poniendo en su lugar sustancias aromáticas; como las narices quedaban, una vez terminada la operación, enteramente obturadas, por eso se habla de "abrir las ventanas de la nariz", para poder respirar en la nueva vida que se creía o esperaba conseguir luego de acabada la de la Tierra. (Véase la práctica completa del "embalsamamiento" en mi *Mitología Universal*.)

(137)   Sesheta: la diosa del Saber sagrado.

(138)   Literalmente: el "dios-Víctima".

(139)   La constelación de la Osa Mayor.

(140)   El color negro era el símbolo de la potencialidad.

(141)   Toda emotividad personal, en un iniciado, sería prueba de debilidad que era preciso evitar.

(142)   Ogó o Igó, Anubis.

(143)   Como se comprende por lo que se dice al punto, todas las indicaciones de orden geográfico se refieren no al Egipto terrestre sino al *prototipo* que se suponía existir en el Más allá. Cada una de las referencias (Heliópolis tantas veces citada. Buto, Busiris, Letópolis, Hermópolis, Abidos, etc.) eran centros iniciáticos del otro Mundo, junto a los cuales los correspondientes de la Tierra apenas eran nada. Más tarde, el cristianismo tendría también su "Jerusalén celeste".

(144)   Modo típico, egipcio, de expresar la ley abstracta del KARMA. El Karma o Karman (en sánscrito, acción), es, en el Budismo y en el Hinduísmo, una teoría, según la cual todas las acciones (no tan sólo los actos, sino las palabras y los pensamientos) adquieren una fuerza dinámica que tiene su expresión en las existencias sucesivas durante el curso de las edades. Corresponde, por decirlo así, al antiguo proverbio judío que dice que cada hombre "recoge lo que siembra". Luego el karma viene a ser como una especie "de retribución inevitable". Esta idea, de "premio o de castigo" en otra vida, ha entrado, por lo demás, en diversas religiones, y es uno de los grandes recursos de todas ellas, mediante el pretexto de un indudable fin moral, de atenazar a los creyentes, y de crearse, de paso, una saneada fuente de ingresos económicos. Es decir, que lejos ya de toda metafísica, el "karma" de las religiones modernas es una pura y simple fuente económica para aquellos que lo predican en una u otra forma.

(145)   Akerú: divinidades de la Tierra.

(146)   Ni que decir tiene que se trata de la "segunda muerte" en el Más allá.

(147)   Dos mil setecientos años antes de Jesucristo.

(148)   Véase el capítulo XXX.

(149)   La Región del Llegar a ser (literalmente: la Casa del dios Khepré) era, entre los mundos suprasensibles el más inmediato a nuestra Tierra, y también aquél en el que la espiritualidad egipcia se sentía "como en su casa". Lo Porvenir era opuesto a la inmutable Eternidad (el plano mental), región esta muy alejada, para los antiguos egipcios, de una experiencia vivida, inmediata: la adivinaban más bien, se acordaban de ella, soñaban con ella como con un paraíso perdido. Para darse cuenta de todo el alcance de esta distinción, basta comprender la actitud de los antiguos hindúes tratando a lo Absoluto y a la Eternidad de igual a igual, mirándolas fríamente en plenos ojos, y compararla con la de los egipcios, llena de sentimientos melancólicos, nostálgicos, de remembranzas románticas, de idealización desenfrenada. Hay quien sospecha incluso, bien que sea mucho suponer, que de esta oposición básica de la ontología egipcia nació toda la filosofía griega. Y se menciona a Pitágoras, a los milesios, el antagonismo entre los eleatas y Herakleitos, las tentativas de síntesis de Platón y Aristóteles, y, finalmente, la vuelta hacia lo absoluto de Plotino que, se dice, o cuando menos se puede suponer (¿pues qué es todo lo anterior sino suposición pura?) que trajo de su Egipto, donde había nacido, la enseñanza de los santuarios iniciáticos. Cierto que también pudiera ocurrir que nada de todo ello hubiese sucedido, y que

la tan declamada ciencia de los santuarios egipcios y la igualmente
declamada sabiduría de sus sacerdotes no pasase (si juzgamos por
el *Libro de los Muertos* puede tenerse por seguro), de pura pala-
brería y engaño.

(150)   Esto se ha interpretado: "Comiendo las ofrendas sólidas
y bebiendo las líquidas". Como dentro de lo esotérico y misterioso todo cabe, podrían darse media docena de interpretaciones
más con el mismo fundamento. Es decir, con ninguno.

(151)   Thot era el dios de la Palabra creadora y mágica (Logos),
así como de la palabra escrita.

(152)   Keb era el dios de la Tierra; Nut, la diosa del Cielo. La
afirmación: "Yo soy hijo de la Tierra y del Cielo" recuerda la célebre fórmula órfica:

$$\text{Γης παις είμι και Ουρανυ ἀστεροεντος}$$

G.Maspero y P. Foucart han demostrado admirablemente que el
orfismo y los misterios de Eleusis (véase sobre ellos mi *Mitología
Universal*) no eran sino a modo de imitaciones de los inmensos
misterios egipcios. Y, en efecto, inmensos y numerosos tenían que
ser, tan inmensos como la "ignorancia" de aquel pueblo de esclavos,
como para poder engañar aún a los iniciados en ellos, con nuevas
mentiras, dadas como verdades solemnes, acerca de religión tan
absurda y disparatada. ¿Quién era, por ejemplo, a través de *la luz*
de los Misterios, el Buey Apis, aquel animal de carne y hueso que
durante tanto tiempo fue adorado como real y positivo dios? En
todo caso, dos cosas parecen fuera de duda con Misterios y sin
Misterios: 1.ª la enorme impostura sacerdotal que con animales-
dioses engañaba al pueblo para vivir a su costa, y con Misterios
al Rey y a su corte, para que cerrasen los ojos sobre su expolia-
ción de siglos; 2.ª la *ignorancia* increíble de quienes creían tales
infundios. El hecho de que en otros pueblos pasase poco más o menos algo semejante, no demuestra sino una consecuencia que no
tiene vuelta de hoja: Que durante siglos, las religiones no tuvieron otro fundamento que *mentiras* audaces por parte de sus ex-
plotadores, y que tanto mayor era el espíritu y sentimiento religioso
de los pueblos, cuanta mayor era su *ignorancia*. Hoy mismo, esto es
regla aún en muchos sitios.

(153)   Mehurt: "Vaca celeste", diosa del Cielo, o una diosa
más del Cielo.

(154)   Horus y Ra, o bien: Osiris y Ra.

(155)   Pe y Dep: las dos mitades de la ciudad de Buto.

(156)   La constelación de la Osa Mayor.

(157)   Los servidores de Toht, adoradores del Sol, eran represen-

tados con cabeza de mono y se decía de ellos, Iaani, ser los guardadores del saber esotérico. La *iniciación* o iniciaciones, en el mundo antiguo, tenían por objeto, ora *conocer,* tal se afirmaba al menos, lo relativo a los *misterios* del mundo *exterior* (Sol, Luna, planetas, fenómenos atmosféricos, etc.), iniciaciones de tipo babilónico y mazdeista, ora lo relativo a los misterios del mundo *interior,* es decir, del cuerpo del hombre. Normalmente, todo ello hubiera creado poco a poco una verdadera *ciencia,* una "astronomía" y una "organografía médica" de haber sido practicado racionalmente, pero lanzados por el camino de lo *misterioso,* de lo falso y de lo simplemente espectacular, cuanto originaron fue una complicada "astrología" y la "magia". Es decir, puras *mentiras* amparadas y protegidas por el manto de no menos falsas y mentidas *religiones.* El mismo Pitágoras y su Escuela, al abandonar lo práctico por lo torcidamente especulativo, en vez de hacer avanzar la matemática, cayeron en la más inútil y ridícula aritmología (véase mi obra *Pitágoras).* Tales fueron, es decir, puros engaños místico-religiosos desprovistos de toda razón y de todo valor práctico (salvo, claro está, las ilusiones y esperanza que pudiesen engendrar), las iniciaciones egipcias y más tarde las griegas, tanto órficas como luego de Eleusis, etc.

(158)   Las divinidades: Remrem, Kemkem, Akhsesef, Khebent y Seksekt apenas son conocidas fuera de este libro.

(159)   La Corona Blanca, signo distintivo de los reyes del Alto Egipto, lo era asimismo de una de las etapas de la iniciación.

(160)   Mandjit era el nombre de la Barca de Ra, hasta el mediodía. Por la tarde era llamada Sektet.

(161)   El Sol se manifestaba: por la mañana con los rasgos de Khepra; a mediodía con los de Ra; el Sol poniente era identificado con Tum. Sin embargo, a veces, Tum sustituía a Ra.

(162)   Nemmés: peinado real en forma de peluca.

(163)   Sahú: último o penúltimo escalón de la divinización del alma humana. Venía a ser como el "buddhi" del esoterismo hindú.

(164)   Osiris.

(165)   Tal vez más exactamente: "donde en los bordes del Tiempo sin límites, se ven las huellas del Naufragio".

(166)   Horus, como Siva, tiene un tercer ojo en la frente. Sobre el "ojo vertical", de este dios y sus acciones prodigiosas, véase mi *Mitología Universal.*

(167)   Tenait: un distrito del Duat.

(168)   Las dos hijas divinas: Isis y Neftis.

(169)   El "Padre" es Osiris, cuyo santuario estaba en Abydos.

(170)   Nefer-Tum: dios del Sol, hijo de Ptah y de Sekhmet.

(171) Khonsu: el dios de la Luna.

(172) Los ritmos cósmicos pasaban por manifestación de la Sabiduría divina creadora, por la fuente de vida, por la harmonía y el orden. Frente a ellos se erguían las fuerzas destructivas del Caos: la arritmia, la acosmia, la anarquía, la muerte.

(173) Aukert (Augert): el Más allá, el Mundo Inferior.

(174) Tatunen, otro nombre del dios Ptah.

(175) El dios Nu: el Caos original.

(176) Divinidad todopoderosa: Neb-er-Djer, Señor del Cosmos, es decir Osiris.

(177) Sebek, divinidad que se manifestaba en forma de cocodrilo y que simbolizaba la Inteligencia y la Destreza.

(178) Kem-Ur, uno de los lagos salados del Delta oriental.

(179) Las Formas mágicas (véase el capítulo VI), eran figurillas colocadas en los ataúdes y que, animadas mágicamente, debían de cumplir determinados trabajos en el más allá.

(180) Aker, divinidad chetónica, como Seth mismo e incluso Osiris, rey por excelencia de los muertos. Aker era representado en forma de león de dos cabezas.

(181) Como no faltan hoy mismo espíritus dados a lo maravilloso, ¡qué han de faltar!, e inclinados a ver e interpretar de modo esotérico las cosas más insensatas y sin valor alguno, en esto se ha pretendido ver una idea muy profunda. Es decir, que así como el mundo visible es para ellos (y según afirman para la sabiduría egipcia antigua), el Libro cósmico, libro que ofrecía un cuadro del desparramamiento de los descuartizados miembros de Osiris, así los caracteres sagrados, los jeroglíficos, don de Toht, habían sido primitivamente trazados con ayuda del "polvo de Osiris". Inútil decir que suposiciones quiméricas, fantásticas e insensatas, semejantes, se podían establecer por docenas. Y lo curioso es que cosas tales fueron la base de los Misterios (engaños) y de la sabiduría maravillosa de aquellos sacerdotes que durante siglos, mediante patrañas parecidas, medraron y sometieron a esclavitud material y espiritual a millones de sus infelices semejantes.

(182) Osiris.

(183) La Osa Mayor.

(184) Aquí, laguna en el texto.

(185) Apopi (Apepi): el dragón, Espíritu del Mal.

(186) Mesket: una región del Mundo Inferior.

(187) El dios Sokari, la antigua divinidad del Mundo Inferior (antes de ser destronado por Osiris), no podía desplazarse sino en trineo, puesto que su barco había quedado inutilizado. Esotéricamente, todo desplazamiento espiritual es traducido como un *des-*

lizamiento; el trineo indica, además, las dificultades (a causa del frotamiento) creadas por los obstáculos.

(188) Se trata aquí de ese famoso KA, extraña variedad de doble o de alma, que en realidad, por no saber exactamente qué es y qué querían decir los antiguos egipcios con esta palabra, tantas controversias ha suscitado entre los egiptólogos. Para unos era el "doble" de un muerto, para otros su genio protector (el ángel guardián, el "daimon" de los griegos), aun para otros, el "cuerpo vital", una variedad extraña de alma, para muchos, etc., etc. Véase mi *Mitología Universal.*

(189) El Anca sagrada: instrumento mágico con el cual se abría la boca del muerto.

(190) El Cielo estaba sostenido por dos montañas: Bakhau, al Este, y Manu, al Oeste. En todas las Mitologías y religiones antiguas observamos lo mismo, obra del antropomorfismo y de la limitada fantasía de los hombres: el Cielo, suspendido sobre la cabeza de los hombres (aparentemente), y la Tierra misma, tenían que estar sostenidos uno y otra por algo, así como el hombre, para sostener las cosas, se valía de algo también. Estas dos Montañas, los cuatro Elefantes hindúes, el Atlas griego, eran las réplicas a esta manera inocente pero lógica, al parecer, de considerar las cosas.

(191) En el capítulo que va a continuación, el término Sekht-Hotep es traducido por "los Campos de la Paz", y el Sekht-Ianrú o (Iarú), por "los Campos de los Bienaventurados".

(192) Los dos Ojos del Cielo son el Sol y la Luna.

(193) El "Lago de Fuego", el Infierno.

(194) Este néctar no es otra cosa que el dios Hu: lo mismo que el Soma de los hindúes, que el Haoma de los iranios y que el néctar y la ambrosía de los griegos, era el manantial de inmortalidad de los dioses.

(195) Septet; Sothis, la estrella Sirio.

(196) Este capítulo y los que le siguen han dado mucho hilo que torcer a los egiptólogos tratando de, no ya traducirlos, por decirlo así, pues una traducción literal hubiera sido aún más incomprensible que el resto del Libro, sino de hacer lo único que se podía hacer, interpretarlos. La carencia de lógica que se observa en ellos ("Más tarde, cuando Horus llegó a ser su propio hijo", o cuando se lee, por ejemplo, que Isis, madre de Horus, es la madre de los hijos de su Hijo, bien que entre los dioses antiguos los más atroces contubernios fuesen cosa corriente) ha hecho suponer que la falta de sentido, por decirlo así, obedece a que éstos capítulos eran elementos propios de los misterios de Buto; y siendo así, ya todo se explica: la falta de lógica y la falta de claridad. Pues

naturalmente, el intríngulis y gracia del negocio estaba en que nadie entendiese una sola palabra, para dar neecsidad a una aclaración sacrosanta que probablemente dejaría a los benditos iniciados... tan en ayunas como antes; pero como de antemano se contaba con su tontería y su vanidad, fingirían quedar tan sabios, enterados y satisfechos, y con ello conseguido lo que se quería conseguir: engañar y dejar a los engañados contentos. Explicar de un modo claro y sin rodeos y misterios la lucha entre Horus y Seth, no hubiera tenido gracia: en cambio, como se hace aquí de un modo buscadamente simbólico y entre medias palabras, para dar luego la explicación iniciática, era seguramente lo interesante, lo que se buscaba y lo que se hacía. Y los que pagaban las iniciaciones felices, y los que cobrabán más.

(197)   El combate entre Horus y Seth, tal cual lo refiere Ploutarchos (puede verse en mi *Mitología Universals*, es decir, tal cual era conocido por los no iniciados, no puede ser más sencillo: Horus desposee a Seth de sus testículos, y éste a él de un ojo. Pero claro, esto, así, por "natural" (dentro de la natural insensatez de la leyenda) que fuese, no tenía gracia. Para los "ignorantes", podía pasar; los "iniciados" lo comprendían de otro modo. Para éstos la lucha tenía carácter astrofísico: Los dos "ojos" de Horus eran el Sol y la Luna. Ahora bien, las fases de la Luna eran consideradas como la consecuencia de una catástrofe cosmogónica. En cuanto a la catástrofe de Seth (si terrible cosa es para cualquiera ser emasculado, ¡qué debe ser para un dios eternamente joven dada su propia cualidad de dios!), dejo al lector que imagine cosmogónicamente, o como mejor le plazca, lo que quiera. Es decir, que se ponga él mismo en el plan de sacerdote revelador de misterios, y que se resuelva el problema, si gusta planteárselo. Pero ya hay quien ha pretendido ver en tan importante desvirilización, una alusión a la Raíz del Mal, e incluso a la "caída" adámica.

(198)   Hierakónpolis.

(199)   El título de este capítulo, como el de los dos siguientes, no miente al menos: "Para conocer los *Misterios* de Nekhen (o de Khemenú o de Heliópolis)", es decir, para conocer algo que sin explicación exotérica, tan esotérico es, que no hay medio de comprender. Y luego, durante la *iniciación*, vendría la explicación. ¿La explicación en verdad o nuevos misterios, nuevos "camelos" sacrosantos que dejarían la ignorancia del iniciado tan completa como antes, pero su tonta credulidad satisfecha? Si al menos tenían la honradez de decirles: "No hay dioses. Isis, Osiris, Horus, Seth y los otros muchos dioses y diosas con cabezas de animales, no son sino fantasías para satisfacer la necesidad que sienten los hombres

hacia lo desconocido y lo maravilloso; para calmar su inquietud espiritual, es decir, su miedo, e incluso para ver de poner un freno a la innata maldad de muchos. Pero tú, que vienes a iniciarte, sabe que no hay dioses o que si los hay, no los conocemos. Y si tu necesidad de que haya "algo superior a ti" no puede ser calmada, "adora a Ra, ¡el Sol!, a quien todo en la Tierra debe la vida. Pues, en verdad, le debemos tanto que si queremos un Dios, nadie mejor que a él podríamos reverenciar; como prueba el que aquí y allá, por todas y en todas partes es reverenciado y adorado." Pero en vez de hablar a los que trataban de iniciarse con esta honradez, probablemente, pues la experiencia probaría a aquellos sacerdotes que no se gana nada no pudiendo añadir inteligencia a los hombres y quitándoles, en cambio, ilusiones, se limitarían a sustituir unos misterios por otros, y a dejarles partir tan engañados como habían llegado, pero satisfechos creyendo poseer conocimientos que no estaban al alcance sino de los escogidos. Y en todas partes debió de ocurrir igual en el Mundo antiguo.

(200) Este "Gran Vidente" sería tal vez el principal de los hierofantes de cada centro iniciático. Es decir, el que, tal se aseguraría al menos (pues en la audacia de afirmar ha estado siempre el secreto de los triunfos de religiones y ciencias), poseía el Saber en virtud, no tan sólo de estudios durante muchos y largos años, sino principalmente a causa de su gran Poder como Vidente. Los "obstáculos" serían las pruebas a que se sometería a los iniciados. Cuanto más largas, misteriosas y hasta duras, mejor para el caso.

(201) El Niño divino—Harpokrates o Harsiesi—era el hijo de Isis. La Hebilla—una espiral—era el símbolo de la evolución espiritual y, por supuesto, como todos los símbolos misteriosos, dotada de gran eficacia mágica.

(202) El Re-staú era la parte más difícil de atravesar del Mundo Inferior.

(203 Como ya ha dicho, Sektet y Mandjit eran las dos Barcas del Sol. Esta última la de la mañana, la otra la de la tarde.

(204) Tal vez quiere decir una vida honesta y libre de pecados, ofrenda la mejor que sin duda podría ofrecerse a los dioses en Egipto, como en todas partes.

(205) Las almas desencarnadas (benmemit) en expectativa de su encarnación.

(206) Los egipcios antiguos cifraban su Paraíso, un poco como los árabes, en lugares cubiertos de árboles umbrosos bajo los cuales descansarían sin tener que trabajar, eternamente. Es decir, algo enteramente distinto de los desiertos que les rodeaban por todas partes, en cuanto se alejaban un poco de las márgenes del

Nilo. Los sectarios de Mahoma, como en la Arabia había, además de desiertos, escasez de agua, soñaban y siguen soñando para el más allá, con fuentes y arroyos cristalinos, además de vergeles maravillosos continuamente cargados de frutos y flores. Las huríes es ya el complemento de tanta esperanza de goces materiales.

(207)	Kam-Ur, nombre de un toro sagrado de cierta ciudad que fue consagrada, y de un lago en el Duat.

(208)	Las 42 divinidades que formaban el jurado en el momento en que ante el Tribunal de Osiris, era juzgada cada alma.

(209)	Babai o Baba, divinidad con cabeza de cocodrilo que devoraba a las almas condenadas.

(210)	Aukert (Okert): el Mundo Inferior.

(211)	Se trata de los Iaani, espíritus cinocéfalos, servidores de Thoth, maestro y dueño de la sabiduría, y adoradores de Ra al alba.

(212)	Kerti era, o por este nombre se entendía: bien las subdivisiones del Mundo Inferior (grutas circulares), bien las divinidades que en ellas moraban.

(213)	Akert (u Ogert): el Mundo Inferior.

(214)	Hneni-nesu: Herakleópolis. Atef: la corona del Alto Egipto.

(215)	Uu-Uaut o Uu-Uot, divinidad con forma de chacal, que "abre los caminos".

(216)	Sepdú: se conocen varias divinidades de este nombre, unas con cabeza de cocodrilo, otras de león, otras aún, de Ibis.

(217)	En lo que sigue se ha creído ver la primera. o una de las primeras manifestaciones de la doctrina (conocida del maniqueísmo y del ocultismo occidental) según la cual el Hombre es la clave de la obra del Cosmos. Es decir, de la orgullosa manifestación esotérica producto de la vanidad humana, cuyas expresiones más conocidas y corrientes son las que aseguran aquí y allá que el hombre fue hecho "a imagen y semejanza de Dios", "que su alma es de origen divino", "que la raza humana es descendencia o hija de la raza divina", y, en fin, que el hombre es el último escalón (en prosapia celestial el primero) en la jerarquía de todos los seres que pueblan la Tierra. La teoría de la *evolución* prueba sin dejar lugar a duda alguna que, en efecto, el hombre es el último y más perfecto escalón de la serie animal, pero no pretende, claro, como las pintorescas doctrinas esotéricas, que este vasto Universo, con sus inventadas jerarquías de dioses, alterado por no menos inventados motivos, no podría ser salvado y restablecido en su integridad original sino mediante el sacrificio libremente consentido del Ser humano purificado, santificado y tras haber alcanzado la perfección divina... Doctrina enseñada en los Misterios de la Antigüedad y en las iniciaciones alquimistas de la Edad Media. ¡Pero qué tendencia, qué gusto ha tenido siempre el espíritu humano hacia lo misterioso, hacia lo imposible, hacia lo falso, hacio lo irreal, no obstante proclamarse orgullosamente el único animal dotado de razón!

(218) Comentario de tipo "misterio": Tras la muerte física y el eclipse temporal de conciencia que sigue, el difunto, liberado del cuerpo terrestre y de sus trabas, se despierta y empieza a adaptarse a nuevas condiciones de vida. No obstante, su conciencia tras la muerte tiene como substrato la "envoltura sutil" (sukshma, sarira de los hindúes, el "cuerpo astral" de Paracelso), heredera de todas las taras e imperfecciones de la Tierra. Siendo función de la muerte eliminar lo impuro e imperfecto, este substrato es amenazado de una "segunda muerte", es decir, de la extinción total de la conciencia en el difunto. Era esta amenaza (consecuencia de la imperfección moral durante la existencia terrestre) lo que hacia que los antiguos egipcios temblasen de angustia. La muerte física, por el contrario, les dejaba indiferentes, pues se sentían suficientemente armados para abordar el más allá e incluso creían no perder nada en el cambio. Excelente hubiese sido esto último, es decir, no temer la *muerte*, término natural de toda criatura que alcanza el fin de su polo opuesto, la *vida*, sin la citada angustia emanada de la creencia en un tan extraño y pintoresco más allá como nos revela este *Libro de los Muertos*. De donde resulta, que todo el bien que representaba el no temer partir de la vida, era completament anulado por las mentiras que se les enseñaba respecto a lo que ocurría después, mentiras que creían a pie juntillas.

(219) La muerte (condenación) en el más allá.

(220) Ni que decir tiene que esto es esoterismo puro y que se puede suponer, en cierto modo, equivalente, en lo que afecta a fantasía sobre el más allá, a lo que se dice en los cantos IX y X del Bhagavad-gita, donde el alma divina de Krishna o Chrishna es revelada a Arjuna. Pues según creyeron muchos visionarios antiguos (o fingieron que creían) y siguen creyendo no pocos modernos (ocultistas, teósofos, espiritistas...) tras la cortina ilusoria del plan de la materia se ocultan, según ellos, inmensos panoramas del plan visionario, y en parte alguna son tan vastos como tras la ilusión del cuerpo humano y la del alma humana...

(221) Mehen: la diosa-serpiente que protegía a Afu-Ra en su Barca durante el viaje nocturno del Duat.

(222) Las fronteras entre el Yo y el No-Yo no existían por decirlo así en el plan visionario; el difunto, en el momento en que

atravesaba el Ojo de Horus, se identificaba con él (interpretación esotérica).

(223) Ureret: corona real de Ra.

(224) Kher-Aha, ciudad que estaba situada en donde hoy Fustat, el viejo Cairo actual. Por supuesto, como ya he indicado, todas estas ciudades no son las terrestres, sino su copia ideal en el Cielo.

(225) Sebagú o Sbagú, el planeta Mercurio.

(226) Uadjit: antigua diosa-serpiente, cuyo templo estaba en Buto (Per-Uadjit), en el Delta. Era la gran diosa-egregora del Bajo Egipto; la del Alto Egipto lo era Nekhebit. Estas dos diosas eran simbolizadas en la frente de Ra mediante dos uraei. También se las simbolizaba de un modo semejante en la corona real de los reyes egipcios.

(227) Véase en mi Mitología Universal, y compárense unas con otras, con objeto de comprobar una vez más las muchas semejanzas que hay entre todas las religiones antiguas, como hijas que eran de la fantasía de los hombres y ésta limitada, las "Epocas" egipcias y las hindúes: esta "Cuarta Epoca" de los egipcios no es sino la Kali-Yuga india.

(228) Udjat: el Ojo de Horus.

(229) Los Arrits o Arruts eran las puertas macizas que daban acceso a las siete "mansiones" del Duat, puertas que tenían el mismo nombre. Ante cada puerta, sentados y armados con cuchillos, había tres Espíritus: un guardián, un vigilante y un alguacil, bedel o portero, que anunciaba a los que llegaban y penetraban en el interior.

(230) Traduzco por Pilón algo que no debe entenderse en ninguno de los sentidos que tiene corrientemente esta palabra en castellano, sino cierto motivo de arquitectura egipcia donde daban este nombre (en realidad la palabra aquí empleada viene del griego pulon, portal; de pulé, puerta) a una especie de antecuerpo en forma de pirámide cuadrangular truncada, atravesado por una puerta y su pasillo, que los egipcios levantaban ante la entrada de sus templos. Las dos regiones del más allá eran: Una, los "Campos de la divina Faz" (Sekht-Hotep), y otra, los "Campos de los Juncos" (Sekht-Ianrú o Sekht-Ialú, de donde salieron los "Campos Elíseos" de los griegos). Estas dos mansiones destinadas a los Bienaventurados, equivalían al Paraíso moderno.

(231) Sigue, en la misma forma, la enumeración de los 21 pilones.

(232) Siguen los "Nombres" de las siete vacas y del toro.

(233) IAT: una "división" (o "morada") del Sekht-Ianrú. Había catorce. Según G. Maspero, eran "islas".

(234) Como ha sido dicho, la cabeza de la diosa Maat iba adornada con dos plumas, símbolos de la Verdad-Justicia.

(235) Immehet, el reino del dios Sokari.

(236) Esto se ha interpretado como queriendo decir: las experiencias de mi vida en la Tierra.

(237) Sothis = Sirio.

(238) Hapi: el Nilo.

(239) Kher-Aha, ciudad cerca de Menfis.

(240) Porque, sin duda, las emanaciones de Osiris, a causa de su santidad y de la propia pureza de sus vibraciones, obraban como un disolvente en las almas de los pecadores.

(241) Anubis, el dios de cabeza de chacal, residía en las colinas que bordeaban el desierto de Libia. El era quien presidía el embalsamamiento de los muertos y quien les acompañaba ante el tribunal de Osiris (conductor de almas, como el Hermes griego). Era asimismo, el protector de los cementerios ("Señor de la Tierra Sagrada").

(242) Duamuft, Mestha, Hapi, Kebhsennuf: los hijos de Horus, Guardianes de los Cuatro Pilares del Cielo.

(243) Literalmente: "Yo doy (asigno) a los hombres los dioses que dan nacimiento a sus padres."

(244) Sesheta: la diosa del Saber.

(245) Interpretación: Se trata de la implacable guerra, implacable, astuta y llena de sorpresas disimuladas, que pudiera ocurrir en el más allá (según, naturalmente, los que tal imaginan). Según ellos asimismo, está simbolizada en el texto (lleno de alusiones iniciáticas), bajo los rasgos de la *pesca*. Pues el pescador no ataca apenas al enemigo, es decir, al pez, a cara descubierta. Se oculta, es apenas visible, acecha con paciencia el menor movimiento del adversario. En el más allá los Espíritus-Pescadores hacen lo mismo (repito que yo que traduzco me lavo las manos; si he de hablar con propiedad, me río de fantasías y esoterismos sobre el desconocido más allá) en esta lucha implacable en la que todas las tretas son permitidas. Combaten a los demonios, pero ¡ay si un Espíritu inadvertido se aventura aturdidamente en uno de estos "campos de minas"! He aquí por qué el difunto, sabiendo que el aire en torno a él está saturado de odios, de emboscadas y de lazos, de cuerdas y de redes, etc., y de todas estas armas bien disimuladas, teme caer en el garlito tendido por un demonio. Afirma, pues, que él es un "pescador" también; es decir, que también combate a los demonios.

(246)   Inexplicable. Esoterismo puro.

(247)   Es decir, el KA.

(248)   Como se ve, los que inventaron a los dioses egipcios, llevados de un perfecto antropomorfismo, no pudieron imaginarles, esencialmente, distintos de ellos mismos: les dieron con formas de hombres y animales, elementos que su fantasía podía manejar, atributos superiores: poder, inteligencia, fuerza, duración de existencia más larga... Pero al mismo tiempo les sometieron al mismo ciclo evolutivo que observaban en todo y en todas partes: nacimiento, crecimiento y muerte o desintegración. Por supuesto, esta misma acabaron por magnificarla, por decirlo así, por ajustarla a la superior naturaleza divina y la transformaron en una especie de "sueño" sin ensueños y, por supuesto, libres a causa de ello mismo del terible trance que era el pasar de "ser" a no "ser" que de tal modo temían, como todos los hombres de todos los pueblos, que todo este *Libro* que nos ocupa no es otra cosa, como se va viendo, sino el medio de seguir viviendo en el más allá, y hacerlo del modo mejor posible; sin trabajos y entre venturas, como los dioses. Y por ello, la constante aspiración que se observa a tornarse dioses por todos los medios, en el soñado y misterioso más allá.

(249)   Como se ve, no obstante el KA y todas las diversas variedades o transformaciones que sufría el "espíritu" luego de la muerte, según los egipcios, el concepto "alma" no había aún evolucionado allí lo suficiente como para no temer ante todo, y sobre todo, por el "cuerpo". Y es que, en realidad, debían de considerar los teólogos egipcios, que hacer sufrir a algo inmaterial mediante los tormentos infernales, parecía cosa imposible y, por ello, el que lo que principalmente les preocupase era, como se ve, los castigos y vicisitudes del cuerpo. Sin duda, esto mismo y por esto mismo, es decir, para que los castigos y recompensas en la otra vida pudiesen tener efectividad, se mantendría la idea, corriente en muchos pueblos antiguos, de que el "alma", si bien etérea y sumamente fiúida era, no obstante, no enteramente inmaterial. Cuando ya se decidió que lo fuese hubo que pensar en el "castigo" a causa de "la privación de la vista de Dios".

(250)   Como ya ha sido dicho, un Djed era un amuleto en forma de pilar, ancho en la base, más estrecho hacia el medio y que llevaba, hacia su parte superior, cuatro barras horizontales. Este amuleto era el símbolo de Osiris resucitado, y las cuatro barras sus cuatro excelencias: resurrección, eternidad (vida sin fin), inmutabilidad (estabilidad, incorruptibilidad), y fuerza (poder) inagotable.

(251) Los hindúes tienen dos fórmulas también para expresar esta fusión del Yo y del Tú, del Hombre y de la Divinidad, en el plan supremo espiritual, pues forzosamente, de proceder todo de la Divinidad, todo tendría que volver a ella, en definitiva, tras las pruebas y purificaciones neecsarias: he aquí estas fórmulas: "TAT TWAM ASI" y "AHAM BRAHMASMI": (todo) "Eres tú" y (yo soy todo) "Yo soy brahma". Inmediatamente se habla de la "Vaca sagrada" celestial egipcia; también en la Mitología hindú abundan las Vacas Sagradas, es decir, la Vaca o Vacas de la "abundancia", vestigio tardío, pero que ha perdurado hasta el punto de constituir una verdadera calamidad público-religiosa (véase mi estudio preliminar a mi traducción del *Ramayana*), de un *totemismo* primitivo en ambos países. Durante muchos siglos, uno de los grandes recursos de la vida de muchos pueblos debieron ser las vacas, animal dócil, casero, de múltiples aprovechamientos y hasta no difícil de transportar de hacerse la vida errante; todo ello unido a la tendencia innata en el hombre de divinizar todo lo que juzga superior y útil (de la que no es sino una modalidad el servilismo adulador hacia jefes y caudillos que empuja a considerarles como verdaderos seres superiores, aunque su superioridad no sea, por lo general, sino un puro espejismo obra de las circunstancias y de la inferioridad y miseria espiritual de sus admiradores), llevó a muchos pueblos a divinizar a ciertos animales, *totemismo* (y hasta a plantas cuyos frutos eran muy estimados), ora en vista de su *utilidad*, bien del *miedo* que inspiraban. Es decir, una vez más la *debilidad* y el *egoísmo* humano como fuentes de usos, costumbres, modos e instituciones tanto sociales como religiosas.

(252) Todas las descripciones y alusiones que siguen (cuerpo inmenso inanimado, postrado: el brazo arrancado; el corazón detenido, etc.) se refieren a Osiris, descuartizado por Seth, con el que el difunto se identifica al tiempo de implorarle.

(253) Una serpiente con dos piernas y cuernos, en verdad (como tantas veces dice *El Libro de los Muertos*), no es cosa corriente, pero mucho menos lo es, confesémoslo, las serpientes con plumas de las Mitologías americanas (véase mi *Mitología Universal*). Por supuesto, una serpiente con patas (con cuatro mejor que con dos), no es difícil de imaginar pensando en un buen lagarto; ahora bien, lo de los cuernos ya es más peliagudo. Pero como los cuernos eran símbolo de fuerza, no era enteramente ilógico, dentro de lo ilógico, aplicárselos a una serpiente si se la imaginaba muy poderosa. Como tampoco es ilógico dentro de lo ilógico, que los hombres, empu-

jados por la ignorancia, por el miedo y por el fanatismo creyesen aquí y allá en estas y otras mil fantasías que constituyeron en todas partes la pintoresca trama de las religiones antiguas.

(254) Recordemos que Udiat era una divinidad de combate y de Justicia retributiva. Se manifestaba (o por mejor decir, era representada) en forma de un Ojo alado.

(255) Sesenú o Khemenú, las ocho grandes y antiguas divinidades de Hermópolis.

(256) Thoi o Thauí significaba ora los dioses gemelos Shu y Tefnut, ora las diosas gemelas asimismo Isis y Neftis; pero aquí quiere decir Osiris.

(257) Este pasaje y muchos otros del mismo género que aparecen particularmente en las *Rúbricas* (consecuencias prácticas e interesadas de un texto que de punta a cabo no es sino el buscado manto esotérico y hecho adrede misterioso de una religión de por sí ya enteramente disparatada) han movido a ciertos egiptólogos a decir que los antiguos egipcios eran víctimas de una "imaginación enfermiza", que sufrían de "alucinaciones colectivas", etcétera. A esto, los que no obstante sus vastos conocimientos se sienten fatalmente inclinados a lo esotérico y a lo esencialmente antirreal, es decir, los esencialmente *idealistas* añaden que tal suposición sería justa, si todo *visionario* fuese necesariamente un neurópata, un histérico o un maniático, y para probar que no es así, sino que hay visionarios geniales, invocan nombres tales que los de Jacob Boehme, Paracelso, Swedenborg y otros que, como sin duda ciertos visionarios de allá del Nilo, en la antigüedad veían realidades o símbolos que el estado del espíritu moderno hace a los hombres *incapaces* de ver ni de comprender.

A esto creo que no se puede responder sino una cosa: que todo lo relativo al *espíritu* en cuestiones religioso-filosóficas, en todos sus variadísimos matices, es cuestión de *fe* y, por tanto, inútil discutir sobre ello. Y con esta fe, es decir, con tendencia a *creer* y a inclinarse por temperamento a lo *ideal*, se nace, como se nace con no menos naturales inclinaciones a lo *racional*. Entre aquellos, los de espíritu poderoso y exaltado serán fatalmente *visionarios, místicos* y arrastrarán tras ellos mediante la fascinación de su talento poderoso a los inclinados también por temperamento espiritual, a pensar como ellos. Así Swedenborg (1688-1772), cerebro nada vulgar que tras haber recorrido Europa estudiando y aprendiendo en todas partes, le ocurrió, ya teósofo convencido, empezaba a tener, en Londres, el año 1743, visiones o alucinaciones, como se quiera, cuyo resultado fue asegurar, como lo hacía, que un mundo espiritual nos envuelve y que los seres que le pueblan, ángeles o demonios, obran en nosotros; que bajo el sentido "literal" de las Escrituras (*Biblia, Evangelios,* etc.) se ocultaba otro "espiritual". Que la Trinidad estaba concentrada en la sola persona de Cristo. Que la muerte de Cristo había sido el triunfo de la luz sobre las tinieblas. Que se llegaba a él por amor y en él la humanidad se justificaba y divinizaba. Apenas empezar a decir estas cosas tuvo en seguida admiradores y partidarios. Sus discípulos fundaron la *Iglesia de la nueva Jerusalén* que se extendió mucho, tanto en Inglaterra como en los Estados Unidos.

Jacobo Boehme, por su parte (1575-1624), denominado el *Filósofo alemán,* es uno de los principales representantes del *misticismo* en este país. También desde muy temprano tuvo *visiones* cuya consecuencia fueron afirmaciones tales que Dios es el principio, la sustancia, el fin de todas las cosas; que lo finito como lo infinito, el mal como el bien, de Él emanaban. Es decir, que, en cierto modo, fue el precursor de Spinoza, de Schelling y de Hegel. Escribió mucho, pero sólo citaré, tres de sus obras, cuyos títulos son ya espejo, por decirlo así, de su modo de pensar: *De los tres principios de la esencia divina* (1619), *De la triple vida del hombre* (1620), y *Misterium magnum.*

En cuanto a Paracelso, padre de la medicina hermética, y además de médico, alquimista y mago, ¿qué decir? En este por lo menos, ¿no se daba, como suele ocurrir con hombres parecidos, el charlatán junto al hombre de gran talento? Pues ¿cómo juzgar si no a un hombre que entre atisbos geniales pretendía haber descubierto y experimentado el elixir que concedía la eterna juventud y haber fabricado el *homunculus* (dió incluso la receta), es decir, un hombrecillo sin cuerpo, sin peso, sin sexo y dotado de poderes sobrenaturales?

Repito que para juzgar estas cuestiones no hay criterio más acertado que la afirmación del *Evangelio* de San Lucas: "Todo es posible para el que cree", y para pesarlas ninguna balanza como la de la *fe.* El inclinado a creer, el que guste de todo lo *ideal,* verá siempre en *visionarios* y *místicos* verdaderos superhombres; los que no cuentan para juzgar y apreciar las cosas con otro criterio o metro que su *razón* en cuanto les hablen de hombres que sufrieron o gozaron, cada uno que aplique el verbo que guste, de visiones, apariciones y demás fenómenos extranormales, dirán: "Que venga un psicópata."

Pero aquí el caso es otro. Aquí no se trata de *visionarios* egipcios, sino tan sólo, como he dicho, de impostores que abusaban de la incauta credulidad general y de la ignorancia ambiente, para engañar en provecho propio.

(258) La muerte.

(259) Se y Sesheta: divinidades que presidían la Sabiduría y el Saber sagrados.

(260) Sekhat-Herú, diosa en forma de Vaca celestial, que era identificada con Isis o con Hathor.

(261) El motivo del "enderezamiento" del cadáver, echado o tendido horizontalmente, es interpretado exotéricamente o místicamente del modo siguiente: la posición vertical simboliza la vuelta a la vida, la resurrección; la intersección de ambas rectas (la horizontal y la vertical) constituye el símbolo de la Cruz: victoria de la vida sobre la muerte. Este levantamiento o enderezamiento se impone porque la horizontal es la negación, el principio del Mal; paralelo a la superficie de la Tierra, es encadenado por su pesantez y encerrado en la caja terrestre; incapaz de todo movimiento hacia el Cielo, está aplastado: ora rampante, como la serpiente; ora inmóvil, como el cadáver.

(262) Rennut o Rennit, diosa-nodriza.

(263) Sebek: dios con cabeza de cocodrilo.

(264) He aquí aún una, digamos visión, bastante realista por cierto (bien que enteramente carente de realidad, es decir, de verdad), de las Transformaciones que según la Tradición místico-esotérica antigua, sufre el ser humano en el otro mundo: mientras que las fuerzas y las sustancias del organismo de la cabeza se disuelven en el Cosmos, las de las extremidades (brazos y piernas) están, por el contrario, en disposición de formar una nueva "cabeza": los "brazos" extendiéndose hasta lo infinito se tornan la mandíbula superior; las "piernas" forman la mandíbula inferior de una nueva "cabeza" para la encarnación por venir. De nuevo advierto que yo no hago sino "repetir", y no sin repugnancia espiritual, pues mi razón se revuelve contra tanta insensatez, lo que la Tradición esotérica afirma. Sigo: El pecho, por el contrario (es decir, el organismo respiratorio: los pulmones, el corazón, etcétera) es el lugar y el substrato de la visión *moral* del cosmos del juicio moral. Este organismo pertenece al pasado y, sobre todo, al presente, pero no al futuro; debe sufrir la ley del KARMA. He aquí por qué el pecho "permanece en su sitio" y no sigue a las "mandíbulas" (pues no evoluciona hacia el porvenir): se dirige hacia los lugares del rescate moral, es decir, hacia el Amenti. Este pasaje, que testimonia (según dicen los que tal creen y piensan), como tantos otros de este Libro, profundos conocimientos de las doctrinas esotéricas entre los antiguos egipcios, dejan entrever la

inmensa complejidad de las transformaciones que, según estas doctrinas, el ser humano puede sufrir tras la muerte... Nada más.

(265) La conservación del cadáver incumbía a Anubis; ahora bien, para los egipcios nada había más importante que el funcionamiento normal de la laringe, órgano de la Palabra mágica. Como vemos por el Libro, conocer el Nombre de los dioses, su verdadero nombre, era tenerlos a su disposición. En cuanto a la diosa Uadjit, ésta regía las fuerzas etéricas del Cosmos cuya ley base, según las doctrinas esotéricas, era el principio de la repetición rítmica, principio que presidía la formación en cadena de las vértebras. El "Nilo sin aguas", es decir, el dios Nilo al ser representado, aparecía" como es natural, en la forma que se le atribuía fuera de las aguas, su elemento.

(266) Sekhem: el poder mágico de la *voluntad.*

(267) Para meternos en el Mundo Interior de las personas no tenemos más remedio que hacerlo esotéricamente por ser cosa, además de naturalmente profunda, grave e importante (para los que creen en estas cosas, como es lógico). En efecto, según la antiquísima doctrina esotérica del Hombre-Microcosmos, nuestro "Mundo Interior" son los órganos de nuestro cuerpo ocultos a la mirada (corazón, riñones, hígado, pulmones, bazo, etc.); ahora bien, estos órganos son, según la mencionada doctrina, de la misma naturaleza que los que gobiernan el Mundo. El hígado es Júpiter; el corazón, el Sol; la vesícula biliar, Marte, etc. Esto por lo visto, es una verdad que cualquier vidente que ha alcanzado cierto grado de evolución, puede incluso demostrar. Yo estoy lejos, claro está, de ser un *vidente* (de ser algo sería más bien un *visionario,* pero modesto, muy modesto; más bien y simplemente un iluso, a veces), no obstante, estoy perfectamente conforme que del mismo modo que si a nuestro sistema planetario le arrancasen de pronto a Júpiter o a Marte cualquiera sabe qué ocurriría, cuando a un hombre le extirpan el hígado o la misma vesícula biliar, las consecuencias pueden ser incalculables. Creo pues que convendría iniciar a los cirujanos, para que fuesen más cautos y respetuosos de lo que suelen ser con nuestros órganos internos, en la doctrina esotérica mencionada del Hombre-Microcosmo.

(268) Así como el ombligo constituye el centro del cuerpo humano, del mismo modo el Duat ocupaba el centro del Mundo.

(269) En este capítulo el difunto se identifica con Horus.

(270) En este capítulo hay varias lagunas.

(271) El dios Nefer-Tun, divinidad solar de Menfis, era hijo de Ptah y de Sekhmet.

(272)   El estado del resto de capítulo no permite, a causa de las lagunas y alteraciones introducidas por los copistas, una interpretación satisfactoria.

(273)   Interpretación místico-esotérica: Se ve en esto un símbolo: la triada (trinidades) representan o caracterizan el plan celestial (mental); el número dos la "díada" (que tanta importancia tendría entre los pitagóricos), el plan terrenal. El que quiera dar otra interpretación puede hacerlo. Aquí se admite todo. Y además siempre encontrará quien le siga, ¡ventaja admirable de todo lo que huele a esotérico, a oculto, a misterioso, a sobrenatural!

(274)   Khenti-Amenti: Osiris, Rey, como se dirá en el capítulo siguiente, del Aukert, es decir, del Mundo Inferior.

(275)   Interpretación místico-esotérica: El difunto "alimenta" el Duat, es decir, a los dioses y Espíritus que en él se supone habitan, con su ser. Y ello partiendo del supuesto de que alimento es todo cuanto intensifica la vida y la hace más capaz de resistir a la muerte. En este sentido, el difunto, al que se supone puro (pues o lo es o ha sido "purificado" por la iniciación, antecedentes teológicos, por decirlo así, de las actuales "confesiones", cuyo objeto es el mismo, "limpiar de las manchas del pecado a los penitentes"), y que además tiene tras de sí la experiencia de toda una vida pasada en la Tierra, llega a ser, a causa de su ser mismo, un depósito, un almacén de fuerza, de salud moral y de alimetno espiritual para el más allá. Esta teoría podría no ser verdad, pues no tenemos de ella sino la fe de los que en ella creen, pero en todo caso es consoladora si se piensa en la facilidad que nos brinda, con sólo una previa purificación, de transformarnos en verdaderas peritas en dulce para el otro mundo.

(276)   Tatunen, es decir, Ptah.

(277)   Había tres divinidades esencialmente lunares: Thoth, Iah y Khonsu. Estos dos últimos eran representación o expresión respectivamente de la radiación de la Luna y de su movilidad; Thoth, por su parte, era la encarnación de los Amos de la Sabiduría (los pitris de los hindúes), cuya morada era la parte invisible de la Luna. Toda la cultura humana era obra de sus inspiraciones.

(278)   Estas Almas eran los "henmemit", seres desencarnados que habiendo sobrepujado el punto culminante de la vida en el más allá, se preparaban para un nueva existencia.

(279)   Up-Uaut o Up-Uot: dios que "abre los caminos".

(280)   Los cinco dioses, hijos de Keb y de Nut, eran: Osiris, Isis, Neftis, Seth y Horus. Véase mi Mitología Universal.

(281)   El Chikhai Bardo es el estado transitorio en el que se

entra en el momento de la muerte, entre la vida que se acaba de abandonar y la nueva. Según las creencias escatológicas tibetanas, inmediatamente tras de la muerte y durante un período de tres o cuatro días, el *principio consciente* de las personas ordinarias permanece en una especie de sopor, de sueño angustioso durante el cual no se da cuenta de un modo claro de que habiendo dejado el cuerpo ha salido, por decirlo así, del plan humano. Una luz nueva en su estado de pureza primordial empieza a iluminarle. Entonces pueden ocurrir dos cosas: o que sea capaz de reconocer esta Luz por estar su espíritu en estado trascendental, o que no lo sea. En este caso percibe la luz oscurecida kármicamente hasta que terminado el primer *Bardo* (este primer período de tránsito), empieza el segundo, el *Chonyid Bardo,* estado transitorio de la Realidad, es decir, durante el cual despierta, por decirlo así, y empieza a comprender que, en efecto, está muerto, en relación al anterior estado de vida. Este estado se deshace, se desvanece, se diluye para dar paso a un tercer Bardo, el *Sidpa Bardo,* estado transitorio de renacimiento (de búsqueda, si se quiere) que termina cuando el principio consciente renace al fin, ora en un mundo humano de nuevo, ya en otro mundo, ora en uno de los mundos paradisíacos.

(282)   El Divino Cuerpo de la Verdad o *Dharma-Kaya* incondicionado, es el estado primordial del increado, el estado de Buda, es decir, de la toda conciencia búdica supra-mundial, único estado que lleva a la *realización del vacío,* gran fin de todos los sistemas tibetanos de *Yoga.* El Yoga es, como se sabe, uno de los *darsanas* o sistemas ortodoxos de filosofía hindú, cuyo fin es alcanzar la unión completa con el Espíritu supremo, omnisciente, eterno, perfecto, no sujeto al karma (repercusión en las existencias sucesivas de los actos, palabras y hasta pensamientos de la primera) ni a la transmigración. Sólo por error se suele considerar el Yoga como un simple sistema de cultura física.

(283)   En sentido esotérico, las Divinidades del Loto representan en nosotros el principio deificado de las funciones vocales (recuérdese también la gran importancia de la Palabra y por ella de los Nombres, en el *Libro de los Muertos* egipcio); las Divinidades Tranquilas, de la Paz, el principio deificado del corazón y de los sentimientos; las de la Cólera, las Divinidades Irritadas, el principio deificado de nuestro cerebro, centro de las funciones de nuestra mentalidad: pensamiento, razonamiento, imaginación y memoria.

(284)   Padma Sambhava, el que ha nacido del Loto, es decir, de nacimiento puro y santo. En el Tíbet es llamado corrientemente *Gurú Rin-po-ch'e* (El precioso Gurú), siendo considerado por sus

adeptos como la encarnación de la esencia del Buda Sakya Muni, en su aspecto más profundamente esotérico.

(285) La palabra *gurú* equivale a la nuestra *maestro*. Maestro místico si se trata de ser iniciado en los procedimientos espirituales, simple maestro si lo que se quiere aprender es tan sólo, por ejemplo, la gimnástica respiratoria a propósito de la cual los tratados de yoga describen centenares de procedimientos destinados a fines diferentes tanto materiales como espirituales, puesto que ciertos son enseñados para conducir al desarrollo de la inteligencia o la iluminación mental, y otros para hacer adquirir a los sentidos, una agudeza supranormal o para producir el nacimiento de facultades nuevas. También los hay para evitar las indigestiones, volver armoniosa la voz, atraer hacia el experto en ellos el amor de todas las mujeres, o permitirle entrar a voluntad en estado de catalepsia, dejarse enterrar vivo y resucitar algunas semanas más tarde cuando se le saca de la tumba. Estas prácticas se llevan a cabo en el Tibet, pero no con la constancia y fe que en la India. Por otra parte, si bien los tibetanos pagan, además de con la retribución convenida, con el más profundo respeto y agradecimiento los conocimientos que sus gurús les transmiten, es raro no obstante encontrar en este país, como en la India, la adoración ciega que se siente hacia ellos.

Los *Tres Cuerpos* son: El *Dharma-Kaya*, el *Sambogha-Kaya* y el *Nirmana-Kaya*. El primero, el más elevado de los tres, es el propio de Buda y de todos los Budas y seres que hayan alcanzado la iluminación perfecta; el segundo es el propio de los cuerpos divinamente dotados, y el tercero el de los divinos cuerpos de encarnación.

El *Dharma-Kaya* (que literalmente quiere decir Cuerpo de la ley; el *Sambogha-Kaya*, Cuerpo de compensación, y el *Nirmana-Kaya*, Cuerpo cambiable), es simbolizado (pues todas las palabras, conceptos humanos, son impotentes para describir lo que es su cualidad) mediante un océano infinito, tranquilo, sin una ola, del cual se elevan brumas, nubes y el arco iris, simbolización o representación, a su vez, del *Sambogha-Kaya;* las mismas nubes iluminadas por la gloria del arco iris, condensándose y cayendo en forma de lluvia, simboliza el *Nirmana-Kaya.*

El *Dharma-Kaya* es la *Bodhi* (esencia, iluminación) primordial sin forma que es la verdadera experiencia liberada de todo error u oscurecimiento inherente o accidental. En él está la esencia del Universo, incluidos el *Samsara* (rueda de la vida) que gira sin cesar llevando con ella la ronda de los nacimientos y renacimientos hasta que el alma obtiene la liberación *moksha* (final) y el *Nirvana* (la beatitud). El *Dharma-Kaya* es, en otros términos, la sabiduría esencial; el *Sambogha-Kaya* el que da forma a la sabiduría reflejada o modificada; el *Nirmana-Kaya* el que da forma a la sabiduría práctica o encarnada (como en los Budas humanos). Lo increado, lo no-formado, lo no-modificado son el *Dharma-Kaya;* la modificación de lo no-modificado, la manifestación de todos los atributos perfectos en un cuerpo son el *Sambogha-Kaya;* la condensación y diferenciación del cuerpo único en varios, es el *Nirmana-Kaya* o encarnaciones divinas entre los seres animados y sensibles. Todos los seres iluminados que renacen en este Mundo o en otro, para trabajar por el mejoramiento de sus semejantes son seres encarnados del *Nirmana-Kaya.* El Budismo tántrico (inspirado en los libros sagrados) asocia al *Dharma-Kaya* el Buda primordial: Samanta Bhadra que carece de principio y de fin, que es la fuente de toda verdad, el Padre perfectamente bueno de la fe lamaica. En este mismo reino del Buda más elevado, el lamaismo coloca a Vajra-Dhara, "El que tiene el *Dorje*" (el rayo), y al Buda Amitaba, el Buda de la Luz sin trabas, fuente de la vida eterna. En el *Sambogha-Kaya* son colocados los cinco Budas de meditación, los Herukas del Loto y las Deidades Apacibles e Irritadas. Al *Nirmana-Kaya* es asociado Padma Sambhava, primer maestro que interpretó en el Tibet el *Bardo Thodol,* llamado el *Gran Gurú* por todos los devotos de las enseñanzas del *Bardo.*

Por consiguiente el *Tri-Kaya* (los Tres Cuerpos) simboliza la Trinidad esotérica del más elevado Budismo de la Escuela del Norte. La Trinidad esotérica de la Escuela del Sur están integrada por el *Buda,* el *Dharma* (las Escrituras), y el *Sangha* (comunidad), La Doctrina de los Tres Cuerpos contiene la enseñanza esotérica concerniente al Sendero de los Gurús, su descenso de lo Superior a lo Inferior, del umbral del *Nirvana* al *Samsara* y su progresión de lo Inferior a lo Superior, desde el *Samsara* al *Nirvana,* lo que es simbolizado por los cinco Dhyani Budas, cada uno de ellos personificando un atributo divino universal. Ni que decir tiene y, por supuesto, los lamas lo aseguran (sin que necesiten esforzarse mucho para que lo creamos), que una comprensión detallada de la doctrina del *Tri-Kaya* es tan sólo privilegio de los iniciados.

(286) Los *Libros Guías* son diversos tratados de dirección práctica dados a los adeptos, en la vía del *Bodhi* a través del Mundo humano, y luego a través del *Bardo* (estado post-mortem) hasta el renacimiento en el *Nirvana.*

(287) Transferencia (*Hpho,* en tibetano): cambio de un lado a otro de la suma total o agregación de tendencias kármicas que componen, o que están unidas a la personalidad y a la conciencia.

(288)   Esta liberación no es necesariamente la Liberación del *Nirvana*, sino más bien la de la "Corriente de la vida" del cuerpo del muerto, con objeto de que le quede la mayor conciencia posible y pueda alcanzar una feliz reencarnación o renacimiento.

(289)   El cuerpo del muerto puede estar ausente, lo que suele suceder si ha muerto de crimen o de accidente; o bien, si a causa de los cálculos astrológicos, cosa frecuente en el Tibet, el cuerpo ha sido sacado de la casa donde ha muerto, precipitadamente. Pero su espíritu, según se cree, estará allí mientras el Lama lee para él en nombre de la verdad lo siguiente: "Así como la Trinidad es verdadera y del mismo modo que la Verdad proclamada por la Trinidad es verdadera, por la fuerza de esta Verdad yo te llamo aquí." Ni que decir tiene que el espíritu llega al punto.

(290)   No se olvide que en el Tibet es frecuente la poliandría.

(291)   Según la creencia tibetana y lamaica, el cuerpo de un moribundo no debe ser tocado, con objeto de no turbar la salida del principio consciente que debe efectuarse sin intervención ajena por la abertura brahmánica (la parte superior de la cabeza, lo que fue fontanelas en la infancia). De otro modo, la escapada puede efectuarse por otra abertura del cuerpo y conducir a un renacimiento no humano. Por ejemplo, de salir el principio consciente por una oreja, renacería como *Gandarva*, es decir, como músico celestial, cosa desagradable de tratarse de una persona poco amiga de ruidos, o sordo.

(292)   He aquí esta invocación a los Budas y Bodisatvas que el oficiante, un lama (sacerdote), recita teniendo en la mano una especie de bastón-incensario, y que el moribundo (si puede), o sus familiares en todo caso, repiten tres veces con gran fervor, ante las ofrendas reunidas en honor de la Trinidad, más los dones consagrados también a ella, mentalmente: "¡Oh vosotros, Budas y Bodisatvas, que moráis en las Diez Direcciones! Vosotros, dotados de gran compasión, de presencia, de visión divina, de amor y que concedéis vuestra protección a los seres animados, ¡dignaos condescender movidos por vuestra gran compasión, a venir aquí! ¡Dignaos condescender a aceptar las ofrendas aquí depositadas, más las creadas mentalmente! ¡Oh, vosotros, los compasivos! ¡Vosotros que poseéis la sabiduría de la comprensión, el amor de la comprensión, el poder de las acciones divinas y de la protección hasta el límite de lo incomprensible! ¡Oh, vosotros, Compasivos! (fulano: aquí el nombre del moribundo) va a pasar de este Mundo al mundo del más allá. Deja, sí, este Mundo. Toma gran impulso para ello. No tiene amigos (sobrentendido: al otro lado). Su miseria es grande (todos dejamos el Mundo aún más pobres que hemos venido

a él, puesto que ni vida tenemos ya). Está sin defensores, sin protección, sin fuerzas, sin parientes. La luz de este Mundo se ha apagado para él. Va hacia otro lugar. Entra en una selva virgen solitaria. Es perseguido por fuerzas kármicas. Entra en el Vasto Silencio. Es arrastrado por el Gran Océano. Empujado por los vientos del *Karma*. Va en dirección hacia donde la estabilidad no existe. Ha sido cogido por el Gran Conflicto. Está obsesionado por el Gran Espíritu de la Aflicción. Horrorizado y aterrado por los mensajeros del Señor de la Muerte. Su *karma* existente le lleva a la existencia repetida. Carece de fuerza. Ha llegado el momento en que debe irse solo.

"¡Oh, vosotros los Compasivos, defended (a fulano) que sin defensa está! ¡Protegedle, pues carece de protección! ¡Sed su fuerza y sus parientes! Protegedle de la gran sombra del *Bardo*. Apartarle del viento rojo (de la tormenta) del *Karma*. Desviadle del tremendo horror de los Señores de la Muerte. Salvadle del largo y estrecho desfiladero del *Bardo*. No dejéis que se debilite, ¡oh, vosotros los Compasivos!, la fuerza de vuestra misericordia y ayudadle. No le dejéis entrar en estados de existencia miserables. No olvidéis vuestros antiguos votos, y que la fuerza de vuestra compasión no se debilite. No dejéis, ¡oh, vosotros los Budas y los Bodisatvas!, que la fuerza del método de vuestra compasión sea débil para con él. Apoderaos de él mediante el gancho de vuestra gracia. No dejéis que este ser, pronto inanimado (o inanimado, de estar ya cadáver), caiga en poder de un mal karma. Protegedle, ¡oh vosotros poderosa Trinidad!, de las miserias del Bardo."

(293)   He aquí esta plegaria: Cuando los dados de mi vida serán tirados la última vez, y los parientes de este Mundo ya no me puedan ayudar. Cuando vaya errante y solo por el Bardo, permitid, ¡oh vosotros Conquistadores, Apacibles e Irritados mediante el poder de vuestra compasión!, que las tinieblas de la Ignorancia sean disipadas. Cuando vagando solo, separado de los amigos que me aman, los fntasmas de mis formas-pensamientos se levanten contra mí, ¡quieran los Budas, mediante el poder de su divina compasión, permitir que ni el horror y el terror vengan al Bardo. Cuando las claras radiaciones de las cinco Sabidurías brillen sobre mí, ¡pueda ocurrir que, no estando ni horrorizado ni espantado, sepa reconocerlas como procedentes de mí mismo! Cuando las formas de las apariciones de los Apacibles y de los Irritados luzcan sobre mí, ¡que pueda ocurrir que yo obtenga la seguridad de los que carecen de miedo y que reconozca el Bardo! En el momento de sufrir las miserias causadas por la fuerza del mal karma, ¡puedan los Conquistadores, los Apacibles y los Irritados venir a disipar estas miserias! Cuando

el sonido de la Realidad, existente en sí, repercuta como un millar de truenos, ¡puedan todos estos sonidos ser transmutados en sonidos de doctrinas *Mhayana!* (El "Gran Vehículo", forma de Budismo tibetano; es decir, doctrina lamaica opuesta al "Pequeño Vehículo"). Estando sin protección y cuando las influencias kármicas deben ser seguidas, imploro a los Conquistadores, a los Apacibles y a los Irritados para que me protejan. ¡Ojalá pueda suceder que el bienaventurado Samadhí, el de la Clara Luz, me ilumine cuando sufra las miserias causadas por la influencia kármica de las tendencias! Al tomar un renacimiento supranormal en el Sidpa Bardo, ¡que las perversas revelaciones de Mara (el Espíritu del Mal que reina en el sexto cielo de las delicias sexuales) no puedan mezclar en ello su intervención! Cuando llegue adonde deseo, ¡que no sienta el miedo ilusionante y el terror que llega del mal karma! Cuando se oyen los rugidos de las bestias salvajes, ¡puedan estos rugidos parecerme el sonido sagrado de las Seis Sílabas! *(Om-ma-ni-pad-me-Hung).* Cuando se es perseguido por la nieve, la lluvia, el viento y la oscuridad. ¡ojalá se pueda ver con los celestiales ojos de la brillante Sabiduría! ¡Ojalá suceda que todos los seres sensibles del mismo orden se armonicen en el Bardo y sin envidias (por la cuestión de renacer con uno u otro sexo), obtengan el renacer en los planos más elevados! Cuando esté destinado a sufrir las miserias del hambre y de la sed, ¡ojalá pueda evitar las angustias que causa el hambre y la sed, el calor y el frío! Cuando vea a los futuros padres unidos, ¡ojalá pueda verlos cual el Divino Par, los Conquistadores Padres y Madres Apacibles e Irritados, y ojalá pueda obtener el poder de nacer en todo lugar benéfico para los demás, y tener un cuerpo perfecto adornado de signos de ventajas! (como el cuerpo de Buda, que nació marcado ya con los signos indicadores de poderes supranormales). Obteniendo para mí un cuerpo macho, que es el mejor, ¡ojalá suceda que pueda liberar a cuantos me vean y oigan, que no permita que un mal karma me siga, y que en cambio, me sigan y se multipliquen mis méritos! Y que naciendo donde nazca y en el lugar que nazca, pueda encontrar a los Conquistadores y a las Deidades Apacibles y a las Irritadas y, capaz de andar y de hablar en el momento de nacer (como Buda de quien se dice que apenas nacido dió 56 pasos, y pronunció una frase divina cada 14: tornándose luego como un niño cualquiera), obtenga la inteligencia que no olvida para acordarme de mi vida o de mis vidas pasadas (como Pitágoras, que también se acordaba de todas sus pasadas existencia). En toda clase de ciencias, pequeñas o grandes, ¡ojalá pueda obtener su dominio tan sólo con escuchar, reflexionar y ver; que todo lugar donde renazca me sea favorable, y que todos los seres sensibles puedan gozar de felicidad! Vosotros, Conquistadores, Apacibles e Irritados, en lo que afecta a la semejanza de vuestros Cuerpos, al número de los que os siguen, y a la bondad de vuestro divino nombre, ¡ojalá ocurra que podamos igualaros! Por la divina gracia de los innumerables Apacibles e Irritados de Toda Bondad, por las olas de dones de la Realidad enteramente pura, por las olas de dones de la devoción concentrada del devoto místico, ¡ojalá ocurra que, sean cuales sean los votos formados, sean concedidos aquí ahora!

(294) He aquí las palabras fundamentales de los seis Bardos: Ahora que el lugar del nacimiento del Bardo se muestra a mí, abandonando la pereza—pues no hay pereza en la vida de un creyente—, marchando en la Realidad sin distracción, escuchando, reflexionando y meditando, llevando por el Sendero el saber de la verdadera naturaleza de las apariciones y del espíritu, ¡pueda el *Tri-Kaya* ser realizado! Una vez la forma humana obtenida, ¡ojalá no haya tiempo ni ocasión para esquilmar la vida de la pereza! Ahora, cuando el ensueño del Bardo viene a mí, abandonando el entumecimiento desmensurado y carnal del sueño de la estupidez, ¡ojalá pueda la conciencia permanecer sin distracción en su estado natural, y comprendiendo la verdadera naturaleza de los ensueños pueda dirigirme hacia la Clara Luz de las Transformaciones milagrosas! No obrando como los brutos ni imitando su inercia, ¡ojalá pueda la cualidad de la práctica del sueño y del estado actual de vigilia, ser una experiencia apreciada por mí! (Una de las experiencias del Yoga tiende a que el que practica entre voluntariamente en estado de sueño y desarrolle en él experiencias mentales, con plena conciencia no obstante estar soñando; guardando, al despertar, plena memoria de tales experiencias). Ahora, cuando el Dhyana Bardo aparece, abandonando la masa entera de distracciones e ilusiones, ¡ojalá pueda el espíritu permanecer en el modo de atención sin fin del *Samadhi*, y pueda ser obtenida la firmeza en los dos estados de visión y los períodos de práctica de la perfección! En este momento de meditación y de concentración única, dejada aparte toda otra acción, ¡ojalá no caiga bajo el poder extraviante de las pasiones estupefacientes! Ahora, cuando el Bardo del Momento de la Muerte brilla sobre mí, al abandonar la inclinación el deseo y la debilidad hacia todas las cosas del Mundo, ¡ojalá pueda entrar y permanecer sin distraerme en el espacio iluminado por la luminosa enseñanza y ser capaz de fundirme en los espacios celestes del No-nacido! Llegada la hora de separarme de este cuerpo de carne y de sangre. ¡ojalá pueda reconocer el curpo como algo puramente impermanente e ilusorio! Ahora que el Bardo de

la Realidad brilla en mí, al abandonar todo horror, temor y terror hacia los fenómenos, ¡ojalá pueda reconocer todas las cosas que puedan presentarse a mí como mis propias formas-pensamientos, y reconocerlas como apariciones que se presentan en el Estado intermedio! Ha sido dicho, "Un tiempo llega en que el punto de rodeo principal se apaga"; no hay que temer pues ni a los Apacibles ni a los Irritados, puesto que son nuestras propias formaspensamientos. Ahora, cuando el Bardo del Renacimiento brilla en mí, concentrado tan sólo con firme propósito en un único deseo, ¡ojalá sea capaz de continuar el curso de las buenas acciones mediante mis esfuerzos repetidos! ¡Y pueda la puerta de las matrices cerrarse y la reacción ser observada! La hora ha llegado en que la energía y el amor puro son necesarios, ¡ojalá pueda expulsar muy lejos la Envidia y meditar sobre el *Gurú*, el Padre-Madre! ¡Oh temporizador que no piensas en la llegada de la muerte y te consagras a las cosas inútiles de la vida! Imprevisor eres tú que malgastas la mejor ocasión. ¡En qué modo te habrás engañado si vienes ahora de la vida con las manos vacías, puesto que el Santo Dharma es conocido como siendo tu única necesidad! ¿No vas ni tan siquiera ahora a dedicarte al Santo Dharma?

Epílogo

Así hablan devotamente los Grandes Adeptos. Si la enseñanza escogida del *gurú* no está presente en su espíritu, ¿no será ello traicionarte a ti mismo? Es muy importante que estas palabras fundamentales sean conocidas.

(295) Aquí también el número 7 y sus múltiplos tienen una gran importancia esotérica. Desde luego, todo el *Bardo Thodol* está basado sobre el número simbólico 49, cuadrado del número sagrado 7. Además, según la enseñanza oculta común al Budismo del Norte y al Hinduismo, hay 7 mundos ó 7 grados de *Maya* (la ilusión, espectáculos ilusorios) en el Samsara (el fenómeno universal, opuesto al Nirvana, que está más allá del fenómeno), constituido cada uno como 7 globos de una cadena planetaria. Sobre cada globo hay 7 círculos de evolución que hacen 49 (7 veces 7) estación de existencia activa. Así como en el estado embrionario humano el feto pasa por todas las formas de estructura orgánica desde la amiba hasta el hombre, lo mismo en el estado post-mortem, estado embrionario del mundo psíquico, "el Conocedor" o principio de conciencia, antes de reintegrarse a la materia grosera, experimenta analógicamente las condiciones psíquicas puras. En otras

palabras, en los dos procesos embrionarios interdependientes, el físico y el psíquico, las adquisiciones de evolución y de involución correspondientes a los 49 períodos de existencia, son repasados. De un modo similar, los 49 días del *Bardo* pueden simbolizar los 49 Poderes del Misterio de las 7 Vocales. En la mitología hindú, de donde procede mucho del simbolismo del *Bardo,* estas Vocales llegaban a ser el Misterio de los 7 Fuegos, y de las 49 subdivisiones o aspectos del fuego. Están también representados por el signo del *Swastika* sobre las coronas de las 7 cabezas de la Serpiente de la eternidad de los Misterios del Budismo del Norte, cuyo origen está también en la India antigua. En los escritos herméticos, son las 7 zonas de experiencia tras la muerte o experiencias del *Bardo,* simbolizando cada una la llegada al estado intermedio, de uno de los 7 elementos particulares del principio consciente complejo. Que dan también al principio-consciente 49 aspectos o fuegos o campos de manifestación. El número 7 ha sido durante mucho tiempo un número sagrado, tanto para los pueblos de la raza aria como para otros muchos. Y como si la Naturaleza misma quisiera, llena de clemencia, justificar o cuando menos disimular los fanatismos numéricos de los hombres, ha conservado este número en la periodicidad de ciertos fenómenos de la vida, como por ejemplo las series elementales químicas, los sonidos y los colores en física. En todo caso es sobre el número 49, ó 7 veces 7, que el *Bardo Thödol* se basa *científicamente,* y todo, para los que en él creen.

(296)   Literalmente: "El gran camino recto hacia lo alto". Para alcanzar la liberación total (*nirvana*), hay, según la doctrina del Budismo del Norte, dos caminos: uno, siguiendo las instrucciones del *Bardo,* otro directo, inmediato, sin entrar en el plan del Bardo y sin los largos años de evolución normal a través de las existencias samsarianas. Un profundo entrenamiento *yoga,* muchos méritos y un *karma* favorable conducen a la *fe* primer paso en la Vía Secreta, con ella, la iluminación, y en virtud de ésta, la emancipación, es decir, el fin supremo que se pretendía.

(297)   Téngase en cuenta, tanto aquí como para más adelante, que como se está ya en un plano de ultratumba, al hablar de "centros nerviosos" se habla de los centros nerviosos no físicos sino psíquicos. Y para la mística tibetana, el centro nervioso psíquico de la Sabiduría está en el corazón.

(298)   Entiéndase: el espíritu en sus funciones de conocimiento.

(299)   El espíritu en su estado natural primitivo, es decir, antes de encarnar en un cuerpo humano, pues cuando esto ocurre, a causa de los sentidos que le obligan verdaderamente a pensar, pierde su

quietud esencial, esa condición estática de conciencia que para los santos y místicos tibetanos es la verdadera iluminación.

(300) "El tiempo de hacer una comida", expresión primitiva que se encuentra empleada como medida de tiempo en los antiguos libros tibetanos. Equivale a un período de 20 a 30 minutos.

(301) En todo caso en el Tibet, en lugar de ayudar a la gente a bien morir, si por bien morir se entiende morir tranquilos, se hace todo lo contrario, se les molesta bastante como se puede ver. Asimismo, nada de medios artificiales para prolongar la vida: considerando que al que va a morir hay que darle ya por muerto y dejarle que se marche, hacen cuanto pueden para ello. Claro que si morir es "pasar a mejor vida", lo lógico es esto, ayudar a hacerlo en vez de tratar de que no le hagan. Esto, además de cruel (e inútil), parece hasta impío.

(302) Cuatro o cinco días, algunas veces hasta siete (cálculos tibetanos).

(303) El sentido de esta frase es: que el moribundo debe reconocer no tan sólo los síntomas de la muerte cuando llegan, sino ser también capaz de reconocer la Clara Luz sin necesidad de ser puesto frente a frente de ella por otro.

(304) Estas frases deben corresponder, según los lamas tibetanos, a las sensaciones que va experimentando el moribundo; 1.º, sensación física de opresión; 2.º, sensación física de frío cual si el cuerpo fuese metido en agua, sensación que se cambia poco a poco en calor febril; 3.º, sensación como si los átomos del cuerpo explotasen. Estos síntomas, dicen, van acompañados de cambios exteriores y visibles del cuerpo; pérdida de dominios sobre los músculos faciales, pérdida del oído, de la vista, respiración espasmódica, finalmente pérdida del conocimiento. Tras ello y ya en el Bardo, separación del espíritu de su envoltura humana.

(305) En este estado es posible la realización de la Ultima Verdad de estar el muerto suficientemente avanzado en el Sendero, a causa de una vida de virtud. De otro modo, está destinado a vagar por las regiones más o menos bajas del Bardo, según su karma, hasta su renacimiento.

(306) La conciencia distinta de la facultad de saber mediante la cual se conoce a sí misma. Este vacío tan insistentemente repetido como el estado por excelencia, es la tendencia al Nirvana y luego este estado en sí mismo, meta del Budismo, que considera esta ausencia de inteligencia y de sentimientos particulares como la vuelta a la conciencia universal, es decir, al Gran Todo (a Dios, que diría un panteísta occidental), que debe ser la mayor aspiración de la criatura y su mayor felicidad y término de sus más

altas aspiraciones el fundirse de nuevo con la Divinidad (Esencia Universal) de la que salió. ¿Por qué salió? ¿A qué las dolorosas peregrinaciones si su fin es volver más pronto o más tarde a la Fuente Universal? Esto ya no vale la pena ni de preguntarlo. Estamos, como en todas las teorías religiosas, en pleno dominio de la fantasía, de modo que el que sea inclinado, por temperamento, a *creer*, que crea en la fantasía que escoja; el que no, que se encoja de hombros. El resultado va a ser igual: el VACIO. Es decir el vacío individual, el dejar de ser para volver al vacío universal, o sea, a la falta de individualidad, a la desaparición del yo (o de los infinitos *yos* de un día) en la vorágine de los elementos (materia y energía) universales.

(307) El *Dharma-Kaya* simboliza la más alta y pura espiritualidad, un estado de superconciencia desprovisto de toda limitación mental u oscurecimiento resultante del contacto de la conciencia primordial con la materia.

(308) Si a causa de un determinado entrenamiento espiritual el moribundo ha adquirido la posibilidad del estado de Buda, entonces, la rueda de las reencarnaciones se detiene y la liberación es un hecho. Pero como este estado de perfección es raro y el muerto no puede llegar tal cual muere a la Clara Luz, cae más o menos bajo en el *Bardo* hasta que consigue al fin la liberación.

(309) Interpretación (podríamos añadir: caprichosa, pero ¿haría falta?): La fuerza vital pasando por el nervio psíquico del ombligo y el principio consciente pasando por el nervio psíquico del cerebro se unen en el centro psíquico del corazón y, abandonando normalmente el cuerpo por la abertura de Brahma (parte superior del cerebro, como se sabe), producen en el muerto una especie de éxtasis intenso. Al salir de él se encuentra ante la Clara Luz en toda su prístina pureza: el *Dharma-Kaya* sin oscurecimiento alguno. De no poder permanecer en él, entonces entra en la Clara Luz Secundaria, es decir, que cae en un estado inferior del *Bardo*, donde el *Dharma-Kaya* está como empañado, deslustrado por las oscuridades kármicas.

(310) Obsérvese la audacia en afirmar ¡lo que oye y ve un muerto! Pero, ¿no ocurre esto en todas las religiones en las que se describe los lugares adonde van las almas, cual si se hubiese estado en ellos? Por supuesto, aquí lo mismo que en el *Libro de los Muertos*, se ve inmediatamente "el plumero", como suele decirse, a los aprovechados inventores de todas estas patrañas: allí a los honorables sacerdotes de los templos, aquí a los bondadosísimos *gurús* que aparecen por todas partes como indispensables para que los muertos puedan hallarse en el *Bardo* como en su

casa; y a falta de *gurú* un hermanito de la Fe, gurú menor, sacristán si se quiere, pero de los del redil lamaico, para que todo se quede en casa.

(311)   La divinidad favorita o es un Buda o un Bodisatva. Uno de estos muy popular en Chenrazee.

(312)   El cuerpo astral de la teosofía.

(313)   "Realidad o Verdad Madre y Realidad o Verdad de descendencia." Verdad Madre es la verdad primordial y fundamental que no se experimenta sino luego de la muerte, cuando el "Conocedor" está en el estado de equilibrio del *Bardo,* antes que las tendencias kármicas hayan entrado en actividad. La Verdad de descendencia es la que se experimenta en este Mundo practicando la meditación profunda. ¿Ha sido un producto del clima o de que ha dependido, en ciertos pueblos orientales, el gusto por los laberintos religioso-metafísicos? En todo caso un hecho es indudable: el atraso de siglos de estos pueblos, respecto a los que, sin desdeñar le religión, se han lanzado por caminos menos especulativos y han encarado las cosas no pensando tanto en la muerte y ocupándose más de la vida. ¿Qué habrá sido de aquellos muchísimos ricos y fastuosos monasterios lamaicos y de los avisados sabios y místicos que a su sombra vivían? ¿Seguirán meditando en los graves problemas de luego de la muerte, mientras pasan la vida repoblando montes, cultivando tierras o en alguna otra ocupación en modo alguno metafísica? Sería curioso saberlo, así como qué siguen pensando.

(314)   Véase la nota anterior.

(315)   Bhagaván: el "poseedor del dominio" (de los seis poderes), el "victorioso" (este título es aplicado a muchas deidades). Vairochanan es el Sendero superior de la escuela esotérica.

(316)   La Madre es el principio femenino del Universo, el Padre la semilla de cuanto existe.

(317)   Devas, divinidades menores.

(318)   Es decir, donde todas las semillas de fuerzas universales y de todas las cosas son reunidas en formación densa. También es llamado por los tibetanos "el reino donde no hay caída" o estado que conduce al *Nirvana.* Por consiguiente el reino de los Budas.

(319)   El *dorje* es el cetro lamaico, representación simbólica del rayo de Indra (Véase mi *Mitología Universal*).

(320)   Mamaki es uno de los 108 nombres de Dolma, la diosa nacional del Tibet, Kshitisgarbha: Matriz de la Tierra; Maitreya: Amor, el Buda que por la virtud del amor divino vendrá a refor-

mar a la humanidad; Lasema: La Bella o la Coqueta; Pusfema: La que tiene flores, personificación de la Floración.

(321) La misma idea de que los rayos de la gracia terminaban por algo que agarraba al digno de ellos, un gancho o una mano, existía en Egipto. Allí los rayos salvadores de Ra, estaban representados de este modo en los templos.

(322) La prohibición de dejarse ir a la cólera es un precepto elemental no tan sólo de virtud, pues perdido el dominio de la razón se incurre fácilmente en toda clase de abusos y pecados, sino de sabiduría. En Egipto, los *Preceptos de Ptah-hotep* iban esencialmente encaminados a evitarla.

(323) *Ratna-Sambhava*, "Nacido de la Joya": el que embellece o de quien viene todo cuanto es precioso, es una de las muchas personificaciones de Buda.

(324) *Sangyay-Chanma*: "La que tiene el Ojo de Buda".

(325) *Akasha-Garbha*: "Matriz del Cielo".

(326) *Samanta Bhadra*: con este nombre hay dos divinidades, una el Adi-Buda, y la otra, de la que aquí se trata, el hijo espiritual del Dhyani Buda Vairochana.

(327) *Mahlaima*: "La que lleva el rosario". *Dhupema*: "La que lleva el incienso".

(328) *Bhagaván Amitaba*: "Luz sin obstáculos". Como personificación de una de las sabidurías de Buda (que tenía todas), Amitaba representa la vida eterna.

(329) *Gokarmo*: "La que va vestida de blanco".

(330) *Chenrazee*: "El que mira abajo" (*Avalokitesvara*), personificación de la misericordia y de la compasión (véase mi *Mitología Universal*). Los Dalai Lamas son considerados como sus encarnaciones. Amitaba encarna en los Tashi Lamas. Chenrazee "el gran misericordioso" a veces representado con once cabezas y numerosos brazos (mil si fuese posible), cada uno de los cuales tiene un ojo en la palma de la mano, para indicar su atención siempre dispuesta a acudir en socorro de los que sufren. *Jampal*: "El de la dulce Gloria", es el dios de la Sabiduría mística. Se le suele representar con una espada en la mano derecha y el libro de la *Prajña Paramita*, sobre un loto, en la izquierda.

(331) *Ghirdima*: "el canto". *Aloke*: "la luz". Se las representa rojas, como el elemento "fuego", llevando, la primera, una lira en las manos; la segunda, una lámpara.

(332) *Preta-Loka*: el infierno. *Loka*, en el hinduísmo, es un Mundo, una división del Universo. Los "tres lokas" son el Cielo, la Tierra y los Infiernos. Según otra clasificación hay siete lokas superiores, el primero de los cuales es el *bhurloka*, la Tierra, y

el último, séptimo, el *Brahmaloka* o Cielo de Brahma. Cuando un alma llega a este Paraíso sus viajes han terminado: ya no necesita encarnar más; ya está liberada. Tanto en el Budismo, como aquí, en el *Nirvana*.

(333) Según la teología tibetana, si el muerto llega al estado de *Preta*, es decir de espíritu en desgracia, no puede alcanzar el *Nirvana* mientras tal estado dure, y obligado se verá a esperar su próximo renacimiento, luego de su paso por el Infierno.

(334) *Amogha-Sidhi*: "el Conquistador Todopoderoso".

(335) Dorje de cuatro ramas cortas en forma de cruz que simboliza el equilibrio, lo inmutable y el todo-poder.

(336) Estas arpías, como las griegas, son criaturas fabulosas con cabeza humana y cuerpo de pájaro. Sólo que las griegas eran del género femenino y las tibetanas hermafroditas. Además los tibetanos siguen creyendo que existen en alguna parte del Mundo.

(337) *Dolma*: "La que salva". La esposa divina de Avalokitesvara. En el Tibet es adorada una Dolma verde, en China y en Mongolia una Dolma blanca.

(338) *Chag-na-Dorje*: "El que lleva el *Dorje*". *Dibpanamsel*, "El que disipa la oscuridad".

(339) *Gandhema*: "La que extiende el perfume". Una de las ocho Diosas-Madres del Panteón hindú. Se la representa con una concha llena de perfume. *Nidhema*: "La que tiene las golosinas". No pertenece a las ocho *Matris* o Diosas-Madres.

(340) Obsérvese la monotonía de estas amonestaciones, sermones o como se les quiera llamar. Todos estos "días" son iguales con la sola diferencia de que las Divinidades que se supone encontrará el muerto en el *Bardo* son cada vez más importantes; pero la misma luz divina, el mismo resplandor ensombrecido de las influencias infernales y la misma letanía. Ahora bien, nótese asimismo que, "incluso si el muerto huye" espantado del fulgor de la luz divina (que pudiéramos traducir: si sus pecados le hacen un momento huir de la virtud representada por la luz sublime) esta luz salvadora le sigue para esto, para salvarle. Lo que representa una concepción diferente de la *clemencia* de la Divinidad, que contrasta con el "para siempre", con el *in eternum* del Cristianismo. Frente al *implacable* Iahvé, un *todo misericordioso* Buda en sus formas de Amitaba o de Avalokitesvara.

(341) Las cuatro sabidurías son: Fenómeno y Vacío, Radiación y Vacío, Felicidad y Vacío y Conciencia y Vacío. Evidentemente, para llenar tanto Vacío (el enorme *vacío* de lo irreal, de lo inexistente, de lo mentido e inventado) falta hacía aquí como en todas las seudofilosofías teológicas inventar y suponer estados mentales

de análisis, de reflexión, de afección, de felicidad, de concentración y cuantas fantasías eran necesarias para salir del paso, y suponer en cada uno de ellos una serie de preguntas aparentemente profundas (¿qué es el cuerpo?, ¿es duradero?, ¿debe ser salvado?, ¿debe ser condenado, etcétera?).

(342)   El Victorioso (*Vi jaya*): guardiá de la puerta del Este. El Destructor del Señor de la Muerte (*Yamantaka*): guardián de la puerta del Sur. El Rey de cuello de caballo (*Hayagriva*): guardián de la puerta del Oeste. El Urna de Néctar (*Amrita-Dhara*) guardián de la puerta del Norte, encargado de transformar todas las cosas en néctar. Esta misma palabra, *Amrita* en sánscrito (véase mi *Mitología Universal*) no podía menos de tener su sentido exotérico, *néctar* y el esotérico, el *vacío*. La Portadora de Aguijón (*Ankusha*), contrapartida femenina de Vijaya. La Portadora del Lazo (*Pashadhari*) contrapartida de Yamantaka. La Portadora de Cadena (*Vejra-Shringkala*): contrapartida de Amrita Dhara. Los guardianes de las puertas y sus contrapartidas (*shaktis*) tienen su significación oculta en relación con las cuatro direcciones del *mandala* a las cuales pertenecen. Los Bodisatvas a causa de ser divinidades Tántricas guardianas de la fe, simbolizan también los cuatro métodos empleados por los seres divinos para salvar a las criaturas sensibles de las cuales el hombre ocupa el puesto más alto: la compasión, el efecto, el amor y la absoluta justicia. El Buda "del Poder Supremo" (*Shata-Kratu*) el Todopoderoso de los cien sacrificios, uno de los nombres de *Indra*. El Fuerte Contextura (*Virachara*) nombre que designa ora la fuerza corporal ora la cota de malla que lleva el Señor del *Asura-Loka*, el mundo donde la guerra es la pasión dominante de la existencia (véase mi traducción del *Ramayana*, donde todas estas divinidades aparecen y representan papeles maravillosos). En fin, *Darma-Raja* el Rey de la verdad.

(343)   El monje indio *Bodhidharma*, fundador de la escuela Dhiana, dijo ante el emperador Leang Vu Ti: "No hay *Buda* fuera del corazón. Fuera de la realidad del corazón todo es imaginario. El corazón es Buda y Buda es el corazón. Imaginar un Buda fuera del corazón de cada uno; figurarse que se le ve en un lugar exterior, es puro delirio." Aquí la misma afirmación es hecha del modo más claro: las Divinidades que se le presentarán al muerto en el Bardo no vienen de parte alguna, sino de las "cuatro divisiones de su corazón"; es decir, no están ni existen en parte alguna, sino en su cabeza (imaginación) y en su sentimiento (corazón); las deidades no están en parte alguna, sino "en las facultades de la inteligencia del creyente". En una palabra y como ya

había dicho y dice el *Rig-Veda*: "Lo mortal ha hecho lo inmortal"; es decir, el hombre ha inventado a los dioses y luego se ha puesto de rodillas ante ellos. Sentido *exotérico* de todo el tinglado religioso: lo exterior, las religiones, las prácticas, el culto; sentido *esotérico*, oculto, útil, verdadero: la moral que todas las religiones encierran en su fondo; lo verdaderamente humano y bueno. En cuanto a la esencia de estas religiones orientales, muy particularmente el Hinduísmo y el Budismo, fue perfectamente definida por Michelet diciendo: "El carácter grandioso de esta raza (la raza hindú creadora de tales religiones) es que adorando siempre, sabe muy bien que es ella quien ha hecho a los dioses."

(344)   Este estado que es conseguido en el *Samadhi-Yoga* es considerado como el estado primordial del espíritu (antes de nacer no se piensa, después de la muerte tampoco; el *Nirvana* estado perfecto de beatitud está en esto: en la ausencia total de sensaciones y hasta de pensamientos: en la sublime paz de la no existencia), se explica mediante la siguiente comparación: mientras un hombre permanece inmóvil en la superficie del agua, flota y es llevado por la corriente; pero si trata de coger un objeto que haya en el agua, al instante el equilibrio y la tranquilidad de que disfrutaba quedan rotos. Del mismo modo basta la formación de un pensamiento cualquiera para romper la corriente natural del espíritu.

(345)   Sobre los *devas* y los *asuras* véase mi *Mitología Universal*.

(346)   Estos cinco venenos violentos que en unión de las drogas, esclavizan y atan a la humanidad a los sufrimientos de la existencia en los seis *Lokas,* son: la lujuria, el odio, la estupidez, el orgullo o egoísmo, y la envidia.

(347)   Los peores, los incapaces de toda Sabiduría y de toda Verdad, los ajenos a toda religión y hasta los perjuros a sus votos (promesas), los engañados por todas las ilusiones kármicas, es decir, los siempre en pecado, cuanto harán en vez de ser condenados a Purgatorios terribles o a Infiernos donde quedarán hundidos entre sufrimientos atroces por toda la eternidad, cuanto les ocurrirá, en fin, en el más allá búdico será alejarse descendiendo en busca de una nueva reencarnación. Siendo esto así (y siempre lo será para quien crea en ello) ¿qué budista cambiaría su religión por no importa qué otra, fuese ésta cual fuese?

(348)   *Dakinis*: diosas-hadas poseedoras de poderes ocultos para el bien o para el mal.

(349)   Un *mudrá* es un signo místico expresado por un gesto de la mano, de los dedos o del cuerpo. Ciertos *mudrás* son empleados, para reconocerse entre ellos (como aquí los masones), por los miembros de ciertas fraternidades ocultas.

(350) Esotéricamente, el cráneo lleno de sangre significa el renunciamiento a la vida humana, el abandono de los *samsaras*, la inmolación personal en la raíz del Mundo. El *mudrá* de fascinación está destinado, como otros mudrás, a cambiar el sentido de las corrientes magnéticas del cuerpo. Se hace con la mano derecha levantada, el anular tocando el pulgar, el índice y el dedo pequeño tiesos, y el dedo corazón o central replegado sobre la palma de la mano. Si practicando esto no se siente que las corrientes magnéticas del cuerpo se hacen un lazo, es que se es de piedra, o que no se ha alcanzado todavía el estado de *yogui*, profundas desgracias ambas.

(351) De pieles de *rakshasas*, los demonios que tan importantísimo papel tienen en el *Ramayana;* demonios gigantes de forma humana, pero poseyendo, por concesión especial de Brahma a causa de sus sorprendentes actos de ascetismo, poderes supranormales.

(352) Se trata del Saber nacido en el momento en que el conocimiento termina; nacido simultáneamente con una cesación.

(353) Los *mantras*, palabra que en sánscrito quiere decir "instrumento para llevar el pensamiento", son himnos o fórmulas utilizados con propósitos encantatorios o rituales.

(354) Si vemos aquí aspirar y pretender no el *Nirvana*, sino un simple Paraíso, bien que aquél pueda alcanzarse desde cualquier estado del *Bardo,* es porque aquí se supone que el muerto ha caído en los planos más bajos de éste, y el Lama oficiante trata de sacar el mejor partido posible de la situación en que se encuentra su protegido, enviándole previamente a un Paraíso.

(355) Las 52 divinidades apacibles y detentadoras del Saber se supone que son emitidas por los centros psíquicos del corazón y de la garganta del cuerpo del muerto en el *Bardo;* las 58 divinidades irritadas serán emitidas por el centro del cerebro.

(356) Hacia el siglo VIII un mago budista-tántrico, el *Gurú* Padma Sambhava predicó y abrió escuela en el Tibet. Las enseñanzas fundamentales que se daban en esta Escuela relativas a la Perfección necesaria para alcanzar el estado de Buda constituían y siguen constituyendo la Gran Perfección. El *angkur* de Padma Sambhava comunica el espíritu de los métodos secretos. Diré que el *angkur* es una especie de presentación ritual de un devoto a alguna personalidad eminente del panteón lamaista. A causa de esta presentación, entre este poderoso personaje del otro mundo y su digamos servidor o devoto de aquí abajo se establecen relaciones provechosísimas para el presentado que consigue gracias a la digamos Deidad que le protege, una vida próspera, libre de

enfermedades y de larga duración, y un feliz renacimiento en un paraíso. En la mejor de las religiones les ocurre lo mismo, por lo visto, o toda otra cosa que deseen, a los que consiguen que su piedad y virtudes les presenten, por decirlo así, no ya a Cristo o a su Madre, sino a algunos de los numerosos y benéficos Santos, los Gurús celestiales de aquí. El Gran Símbolo era una de las enseñanzas del *Yoga*, sistema de filosofía hindú atribuido a Patanjali. Este complicado método de contemplación y de entrenamiento psíquico que aún sigue siendo enseñado y practicado por las escuelas *Yoga*, es también especialmente practicado en el Tibet por los adeptos de la secta semi reformada de Kargyudpa, fundada en la segunda mitad del siglo XI por el sabio tibetano *yogi* Marpa, discípulo de Narota. Por cierto que demostrando que no obstante el gran número de *lungs, angkurs,* Yidams Dakinis y demás prácticas de iniciación o divinidades simbólicas, creadas unas y otras para la "galería", es decir, para los simples creyentes, los verdaderos iniciados en el Budismo saben "que no hay Buda fuera del corazón" ni dioses sino en la fantasía de los hombres que los imaginan. Una tradición de los *Kahgyudpas* relata que Marpa fue censurado por su maestro Narota por haberse prosternado ante el *Kyilhkor* (especie de sagrario o altarcillo) antes de hacerlo él: "Yo soy quien ha construido el *Kyilhkor*, le gritó Narota. Lo que de vida y energía existe en él, soy yo quien se lo ha infundido. Sin mí, no habría ahí sino figuras y objetos inertes. Las deidades que le habitan han salido de mi espíritu, y, por consiguiente, es a mí a quien es debido el primer homenaje."

(357) He aquí lo que esto quiere decir: El reconocimiento de la Realidad, es decir, que todas las visiones y apariciones en los diferentes Bardos no son sino creaciones de nuestra fantasía, influenciada por el temor, el miedo o en las influencias aún vivas, en el difunto, de sus actos y pensamientos en la otra vida, puede tener lugar en el *Chonyid Bardo* o en el *Sidpa Bardo*. De despertar en el *Chonyid Barlo*, el ciclo normal de los renacimientos queda roto, y de volver el ya *despierto* (el ya Buda) al Mundo humano como encarnación divina, es para trabajar por el avance, mejora y ventura de la humanidad. De llegar al conocimiento de la realidad en el *Sidpa Bardo*, no se alcanza verdaderamente toda la Realidad, sino tan sólo la *Normana-Kaya*, pues el *Sidpa Bardo* es muy inferior al *Chonyid Bardo* como plano espiritual. Mas como, no obstante, al que tal le ocurra obtiene el admirable beneficio de renacer espiritualmente iluminado en uno de los planes más altos, sea en el *deva-loka*, ora en el *asura-loka*, de nacer a su vez en el Mundo humano gozará el privilegio de conservar lo mejor de las

tendencias adquiridas en la vida precedente, y encontrará el estudio de las doctrinas místicas *mantrayánicas* y las prácticas *yoguis* tal cual las había dejado a su muerte, lo que constituirá la continuación del *karma*.

(358) *Tahdol* significa texto (todas las palabras tibetanas que empleo las escribo según su transcripción fonética, que es más sencillo y cómodo que acomodar a nuestros caracteres de escritura los empleados por los tibetanos). Así, por ejemplo, esta palabra habría que transcribirla exactamente por *Btags-grol*, que se pronuncia *Tah-dol*, luego *Tahdol* y en paz; y aun hubiera debido suprimir la *h*, que carece para nosotros de valor fonético. Este Texto es un pequeño librillo que sólo contiene *mantras* (fórmulas de encantamiento). Suele ser puesto junto al cuerpo del muerto para ser quemado con él y que le acompañe y proteja (o ilustre) en el *Bardo Thodol*, es decir, poco más o menos como pretendían los antiguos egipcios poniendo una copia de su *Libro de los Muertos* en el ataúd, junto a la momia.

(359) *Buda-Krotishorima*, el Buda Femenino, la poderosa Madre Irritada.

(360) Los *Garudas* de la mitología hindú y tibetana (véase mi *Mitología Universal*).

(361) Es decir: Incapaz de conocer la Realidad, seguirás inventando, por falta o extravío de tu inteligencia, dioses, monstruos y fantasmas, como cuando estabas con vida.

(362) *Kerima* se supone tener cuerpo humano, las otras dos cuerpo humano y cabeza de animal, cual era cosa tan frecuente entre las divinidades egipcias. Y cada una simboliza, ni que decir tiene, un impulso kármico particular.

(363) *Makara*: león de agua o leviatán, monstruo mitológico.

(364) Como en esta pintoresca e inocente teología tibetana todo es, como en la hindú, de la que es prima hermana, o más bien que comulgan, digámoslo claro, con tan solemnes majaderías, hasta el Monte Merú tiene su leyenda esotérica en cuanto pivote central de la cosmografía hindú y budista. Según esta leyenda, en torno a él (el *Rirab* en tibetano) nuestro Cosmos está dispuesto en siete círculos concéntricos de montañas doradas; es decir, que viene a ser como el centro universal, como el soporte de todos los mundos. De modo que la concepción lamaica del Universo se la podría imaginar pensando en una cebolla de quince capas, cuyo corazón o centro es el monte Merú; debajo están los diveross infiernos; encima, y sostenidos por nuestro Monte, los cielos de los dioses, regidos, por decirlo así, por los sentidos, como los treinta y tres

cielos en los que reina Indra, y los que están bajo el dominio de Mara, la potencia del Mal. Aun encima de ellos el cielo de Brahma, ya más lejos de los sentidos. Y por sobre todo, el cielo Supremo (*Og-min,* en tibetano), vestíbulo del *Nirvana,* que, fuera del Mundo, pertenece a lo supramundial, y que está presidido por la influencia divina de "Aquel que es el mejor de todos": *Kuntuzang* en tibetano (*Samantha-Bhadra* en sánscrito), personificación lamaica del *Nirvana.* Al nivel del reino o cielo de Indra, y cada una en un cielo especial para ella, habitan las ocho Diosas Madres tantas veces citadas. Y en el monte Merú mismo hay cuatro reinos superpuestos. Los tres inferiores están habitados por genios diversos, el cuarto y más elevado, el que está inmediatamente bajo los cielos, es la morada de los *Asuras,* "espíritus impíos", titanes que, como los "ángeles rebeldes" cristianos, tras haber caído a causa de su orgullo, viven en interminable contienda con los dioses de los planos superiores. Tras una serie de capas concéntricas formadas por océanos y montañas doradas, en la quince, océano el más exterior, flotan los continentes y sus satélites. La piel de la imaginada cebolla es un muro de hierro que rodea a este Universo. Que por cierto no es el único, ni mucho menos: más allá de él hay otro y luego otro, y así hasta un número infinito. Cada Universo como un gran huevo cósmico, está encerrado en la cáscara de un muro de hierro que contiene y encierra la luz del Sol, de la Luna y de las estrellas correspondientes a cada Universo; este muro es el símbolo de la oscuridad perpetua que separa un Universo del otro. Como se verá, aunque puramente imaginativo, este enorme sistema, detalles aparte, no dista mucho del gigantesco sistema de galaxias separadas por inmensos espacios oscuros, descubierto por nuestros astrónomos. En fin, todos los Universos están igualmente bajo el dominio de la ley natural sinónima del *karma,* pues el Budismo no tiene necesidad científica ni teológica de afirmar o negar la existencia de un dios supremo personal y creador, puesto que la ley kármica proporciona una explicación completa de los fenómenos, todos demostrables en virtud de ella misma.

(365) Sobre los *kalpos,* edades o períodos de tiempo de la mitología hindú, que son los mismos que los de los tibetanos, véase mi *Mitología Universal.*

(366) Las célebres: Om ma ni Pad me Hum, *mantra*-esencia de Chenrazee (Avalokitesvara), dios nacional tutelar del Tibet, repitiendo las cuales, los creyentes de allí, están seguros de detener el ciclo de los renacimientos y de ir derechos al codiciado *Nirvana,* Naturalmente, en torno a estas maravillosas palabras se ha formado, no podía ocurrir otra cosa, una abundante literatura. En la

obra *Mani-bkah-hbum* (Historia del *Mani* o *Mantra* de Chenrazee) se dice: no tan sólo que este *mantra* es "la esencia de toda felicidad, de toda prosperidad, de todo saber, y el gran medio de alcanzar la liberación", sino que *om*, luz blanca del *deva-loka*, cierra la puerta de las reencarnaciones entre los dioses; *ma*, luz verde de todo estado de existencia, hace lo mismo entre los *asuras; ni*, luz amarilla del *manaka-loka*, entre los humanos; *Pad*, luz azul del *tirkaya-loka*, entre las criaturas sub-humanas; *me*, luz roja del *preta-loka*, entre los *pretas; Hum*, luz gris ahumada sombría del *naraka-loka*, entre los habitantes del Infierno.

(367)   Tierra, aire, agua, fuego y éter.

(368)   Estas ofensas son, a juicio de los tibetanos: parricidio, matricidio, hacer que dos sectas religiosas combatan, matar a un santo, hacer correr la sangre de un Buda.

(369)   La expresión típica empleada por los *gurús* tibetanos es: "Como una trucha saltando fuera del agua."

(370)   Como se ve, el *Bardo-Thodol* parece admitir que las reencarnaciones o renacimientos pueden efectuarse bruscamente, por decirlo así, y con ellas pasar de un estado a otro enteramente distinto (de hombres a dioses, *devas;* a demonios, *asuras;* a brutos, animales, etc.), sin necesidad de hacerlo a través de estados intermedios; pues bien, una vez más, aquí es preciso distinguir la interpretación *exotérica* (la, digamos vulgar) y la *esotérica* (o sabia). De interpretar literalmente las Escrituras y textos hindúes, el *Bardo Thodol* tibetano, las creencias egipcias llegadas a nosotros a través de Herodotos, que, a creerle, las había conocido por los sacerdotes de Heliópolis, lo que cuenta Platón en el libro décimo de *La República* y demás referencias antiguas relativas a la metempsicosis, es indudable que los que creían en la teoría de las reencarnaciones fiándose tan sólo en lo afirmado por los textos escritos, estaban seguros de que lo que hoy se llama el *alma* humana podía pasar, una vez separada del cuerpo, ora a otro ser humano, ora a un animal. En cambio, los que consideran esta cuestión desde el punto de vista esotérico (si se trata de budistas los que siguen las instrucciones del Iluminado según han sido conservadas en el *Kalama Sutta* del *Anguttara nikaya;* si de hindúes, los que piensan según escritos equivalentes del *Yoga;* si de otros iniciados, tanto antiguos como modernos, según su iluminación esotérica particular), jamás admitirán que la corriente humana de conciencia o flúido vital humano (alma), como tampoco el flúido vital de cualquier ser vivo, animal o planta, pueda pasar de un reino al otro de un salto. Para éstos, pasar un flúido vital humano a la forma física de un animal es tan imposible como que un animal degene-

re en otro, o una rosa en guinda, pera, manzana o en cualquier
otra fruta o viceversa. Para las doctrinas esotéricas de todos los
tiempos el proceso relativo al flúido vital no admite estados neu-
tros de inactividad sin cambio. La regresión como la progresión
en la escala de los seres vivos es obra del tiempo. De larguísimos
períodos de tiempo. Si una planta o un árbol degeneran por falta
de cultivo apropiado, esta degeneración se traduce en que planta
y árbol den frutos impropios para ser comidos, como el hombre
degenerado no llega a ser otra cosa que un hombre salvaje. Pero
para los cambios de especie son precisos períodos de tiempo larguísimos, como han sido necesarios para que las primitivas masas
de gases incandescentes llegasen a ser planetas. Ahora, que un hombre se torne de un salto en animal irracional, esto la interpretación
esotérica de cualquier texto que diga literalmente lo contrario, lo
juzga unánimemente como absolutamente imposible. Es decir, que
los 49 días del *Bardo* si para un creyente tibetano vulgar son tales
49 días, para los lamas instruidos representan períodos de tiempo
incalculables, edades ora de evolución, ora de degeneración. Como
para ellos las formas animales del *Bardo* son simples símbolos
que hay que interpretar del modo siguiente: La forma perro, la
sensualidad; el puerco, la ignorancia o la estupidez dominada por
el deseo, y también el egoísmo y la suciedad; la hormiga, la in-
dustria y el apego a los bienes de este Mundo; el insecto o el gusano,
una tendencia a lo inferior, a arrastrarse con tal de conseguir lo
que se desea, etc. Por lo demás, esta tendencia a simbolizar las
pasiones y vicios humanos en animales que nos parecen en cierto
modo encarnarlas en su reino, ha existido en todos los tiempos,
y de ello tenemos pruebas, en Grecia, en las fábulas de Aisopus
(Esopo), en el *Antiguo Testamento* en las visiones de Ezequiel; en el
Nuevo Testamento, en las revelaciones de San Juan; sí, el simbolismo ha sido un procedimiento cómodo y como fácil, grato, empleado en todos los tiempos. En cuanto a la ciencia moderna, no
son pocos ni de leve consideración los fisiólogos y biólogos (Huxley,
E. B. Taylor, Rhys-Davids...) que en los curiosos fenómenos de la
herencia, en virtud de la cual se modelan los caracteres individuales
y las diferentes idiosincrasias particulares, se vuelven con simpatía hacia la metempsícosis, es decir, hacia las antiguas teorías de
las reencarnaciones, consideradas bajo el punto de vista de su interpretación esotérica. Pero hago punto, porque al examinar esta
cuestión con un poco de minuciosidad me llevaría demasiado lejos.

(371)   El Buda Gaya, por ser considerado como el gran centro
psíquico; el seno de una madre, porque ello equivaldría, sin duda,

a poder elegir voluntariamente, y muchas veces sin mérito para ello, futuras reencarnaciones.

(372) Los lamas dicen que, además de la vista normal, hay otras cinco clases de vista: 1.ª, la vista de instintos, como la de las aves de presa, que poseen un poder de visión muy superior al del hombre, es decir, una agudeza de vista que éste está muy lejos de alcanzar; 2.ª, la vista celestial, como las de los *devas*, tan capaces de ver el Mundo humano como el suyo, así como los nacimientos pasados y futuros de los seres de los dos Mundos durante varias existencias; 3.ª, la vista de la Verdad, cual la poseen los Bodisatvas y los Arhants (hombres de mérito tan extraordinario que han alcanzado el *Nirvana* por sí mismos), capaces de ver entera y completamente centenares de *kalpas* (períodos de mundos) pasados y futuros (es decir, más que los *devas*—dioses—, pero ya se sabe que en el budismo *Budas, Bodisatvas* y estos *Arhants* son superiores a los dioses); 4.ª, la vista divina de los Bodisatvas superiormente dotados, capaces de ver durante millones de *kalpas* lo que ha sido y lo que será; 5.ª, la vista de la sabiduría de Buda, capaz de ver del mismo modo la eternidad toda entera. Esto lo dicen los lamas con la misma tranquilidad que los teólogos de todas las religiones aseguran de sus dioses cuanto les place. También aseguran que los poderes supranormales de los hombres pueden llegar, mediante la práctica del *yoga,* a igualar a los de los que han llegado al *Sidpa Bardo,* y para ello invocan afirmaciones que el *Brahmana Vagga, Anguttara Nikaya,* atribuye al propio Buda: "En este caso, suponed que un ser goza de la posesión de diversos poderes místicos: de la forma una se torna múltiple, y de múltiple vuelve a ser uno; de visible se vuelve invisible; pasa a través de un muro de defensa o de una montaña como a través del aire; camina por el agua sin dividirla como sobre la tierra sólida, se desplaza por el aire con las piernas cruzadas como los pájaros con sus alas". Naturalmente imaginar, lo que se dice imaginar, ¿por qué no se ha de poder imaginar todo esto y mucho más? Si las hadas con su varita mágica son, para los niños, todopoderosas, ¿por qué no lo han de ser, para los hombres, los dioses con la suya? Todo es cuestión de una simple cosa que es privilegio de todas las edades: la *fe.* Para el que cree, como dice el *Evangelio* de San Lucas, nada hay imposible.

(373) *Dhyanas,* en sánscrito, trance místico, y en el Budismo, meditación intensa concentrada en un objeto religioso; es uno de los medios más importantes para llegar al *Samahdi* o estado de reposo definitivo. Como ya ha sido dicho, los *gurús* en Oriente son como los "directores espirituales" en Occidente, honorables varo-

nes más o menos "sabios", destinados a guiar a sus subordinados a una mayor perfección, allí mental en todos sus órdenes, aquí, de ordinario, exclusivamente religiosa. Pero mientras que los *directores espirituales* son todos humanos, bien que sin duda divinamente inspirados (personalmente no lo puedo asegurar por no tener otros "directores espirituales" que los libros), en el Tibet hay los *gurús* de carne y hueso, es decir, los humanos, a los que se les da el bonito nombre de *manavoghas,* los *gurús* también nacidos de mujer, pero dotados de poderes supranormales, tal se asegura al menos por obra de su muy elevado temple espiritual, y que a causa de estos poderes supranormales, *siddhi,* son llamados *siddhogas,* nombre también sumamente decorativo, y los *gurús* extraterrestres o divinos, que, en atención a su linaje celestial, son denominados *divyoghas.* El capitán o jefe de estos *gurús* divinos, y ni que decir tiene que de los humanos, es el *Gurú* Supremo o Padre Divino, que en el lenguaje oculto de los misterios hindúes y tibetanos se dice estar sentado en un trono colocado delicadamente sobre el infinitamente magnífico pericarpio del Loto de 1.000 pétalos, hasta donde los *sishyas* (alumnos sometidos a las enseñanzas de un *gurú)* que llegan al Bardo son conducidos por sus *gurús,* en virtud del poder de la serpiente debido a la vigilia de la diosa Kundalini, para que se prosternen y reciban las bendiciones del Divino Padre. En fin, diré también que las mujeres pueden igualmente ser *gurús* como los hombres, y que lo mismo que éstos, son puestas a prueba durante un año antes de recibir la primera iniciación. Si se muestran aptas o aptos, se les sigue instruyendo e iniciando; si no, se les despacha cortésmente, pero sin remisión.

(374) En las *Seis Doctrinas* se dice de los que están en el *Bardo:* "Que viven de olores, es decir, de esencias espirituales de las cosas materiales."

(375) Esta descripción tan realista tiene, no podía ocurrir otra cosa, pues de otro modo sería ridículo tanto pormenor macabro para decir inmediatamente que todo es mentira, pura fantasía y que hasta el Señor de la Muerte no es sino una alucinación del supuesto juzgado; tiene, decía, una interpretación esotérica, según la cual todas las torturas del texto no son sino la simbolización y representación de las angustias de la conciencia del muerto cuando esta conciencia no está limpia; que el juicio es la disputa entre el bueno y mal genio del difunto, uno defendiéndole (sus buenas acciones), el otro atacándole (las malas); que el juez es la propia conciencia en su aspecto rigurosamente imparcial, movida por su amor a la justicia, y que el Espejo es la memoria. Por lo demás, puede observarse las muchas semejanzas que hay entre este juicio

del *Bardo* y el que se describe en el *Libro de los Muertos* egipcio: un juez supremo en uno, Osiris; otro asimismo supremo, en el otro, Dharma-Raja o Yama-Raja (*Shinjechho gyal*, en tibetano); en ambos juicios son pesadas las faltas de los juzgados en una balanza, en el *Bardo* mediante piedras blancas o negras, símbolos de las buenas y malas acciones; en Egipto, mediante el corazón del difunto, que representa su conducta o su conciencia, y una pluma o una estatua de la diosa de la Verdad en representación de esto, de la verdad y de la rectitud; en un lado vigila cómo son pesados pecados y buenas acciones Thoth, con cabeza de mono (alguna vez, pero más raramente, con cabeza de ibis); en el otro, Shinje, con cabeza de mono también; en Egipto, Thoth tiene una tabla de recapitulación; en el Tibet, un Espejo impide, como allí, que el muerto falte a la verdad, etc. Tantas coincidencias parecen indicar un origen común, es decir, la existencia de una leyenda primitiva, antiquísima, que suponiendo ya que la muerte no era sino el tránsito a una nueva vida, supuso siempre guiada por el antropomorfismo y por una eterna necesidad de justicia insatisfecha, que lo que no se pagaba aquí tenía que pagarse en otra parte, que, como se ve, era admitida tanto en Oriente como en Occidente, idea general a todas las religiones en su aspecto escatológico, y puesto que el mismo juicio le encontraremos en Platón (libro V de *La República*), en todo el ciclo de leyendas célticas relativas al otro mundo, en las doctrinas semíticas relativas al cielo, al infierno, al juicio y a la resurrección (corrupción cristianizada de una doctrina del renacimiento pre-cristiano y pre-judío), y, en fin, lo que sobre estas mismas cuestiones enseña la Iglesia. Es decir, que, como indicaba hace un momento, tan extendidas, comunes y similares creencias parecen probar que unánimemente son hijas de una muy anterior a los más antiguos relatos babilónicos y egipcios, o tibetanos, que ahora nos ocupan.

(376) Esto parece significar que el cuerpo de deseo, o astral, es incapaz de ser alcanzado por los males físicos ordinarios. Los lamas dicen: "Lo mismo que en una nube, se puede hundir un sable a través del cuerpo del *Bardo* sin herirle"; esto parece lógico si, como dice el texto, los cuerpos, en el *Bardo*, son "de la naturaleza del Vacío". Ahora bien, ¿qué es este Vacío? ¿Es lo que nosotros entendemos con esta palabra, es decir, la nada? Por lo visto, no. Un Vedantista se rebelaría contra esta suposición, asegurando que su *vacío* es la negación, sí, de todas las determinaciones, pero no la negación del ser, y que, por lo tanto, este particular y para nosotros a-lógico, "es" (*asti*), posee la cualidad de ser. Para nos-

ctros, como el vacío no corresponde a ninguna experiencia definida, y aquello que para nosotros no ha experimentado otros estados de conciencia, u otras experiencias, no es nada, no podemos imaginar que el Vacío *sea* algo; pero, en fin, el que quiera profundizar esta cuestión y tratar de comprender bien (yo renuncio) las enseñanzas del *Mahayana*, acuda a la obra tibetana llamada *El Sendero de los buenos deseos de Samanta Bhadra,* que es el tratado más conciso y claro relativo a estas enseñanzas; si sabe el tibetano, miel sobre hojuelas; si no, acuda a la traducción inglesa publicada por Sir John Woodroffe en los *Tantric Texts,* volumen VII, página XXI y siguientes.

(377)   Los Señores de la Muerte son Yama-Raja y sus servidores, entre ellos las también mencionadas furias.

(378)   Este Señor de la Muerte con cabeza de toro suele ser representado con cabeza de búfalo. Y lo mismo la deidad tutelar de la secta Galugpa o de los bonetes amarillos, llamada *Jampal-Shinjeshed* (el *Manjusrhi* sánscrito), dios azul con cabeza de búfalo.

(379)   En tanto que Vacío que penetra por todas partes, el *Dharma-Kaya* es la forma sin forma (o la forma que es la ausencia de forma) del Cuerpo de la Verdad. "Esto" que le constituye es el *Dharma-Dhatu* (*Choes-kyi-dvyings,* en tibetano), la semilla o potencialidad de la Verdad, que luce el primer día del *Bardo* como magnífica luz azul del Dhyani Buda Vairochana, el que manifiesta, "El que se hace visible en formas" (el Universario de la materia). El *Dharma-Dhatu* simboliza, por lo visto, el agregado de la materia. Del agregado o conglomerado de la materia salen todas las criaturas de este Mundo y de todos los mundos, en ellas la estupidez animal es la característica dominante. *Mara* (la ilusión de la forma) constituye en todos los reinos del *Samsara*—así como en los reinos humanos en que *manas* (espíritu) empieza a obrar— la servidumbre, cuya emancipación es el *Nirvana.* Cuando en el hombre, vuelto tan perfecto como es capaz de hacerlo la vida humana, la estupidez de la naturaleza animal y la ilusión de la forma o personalidad scn tranmutadas en saber justo y en divina sabiduría, la sabiduría omnipenetrante del *Dharma-Dhatu* (o sabiduría nacida del vacío que penetra por todas partes) viene a lucir en la conciencia.

¿Tiene el lector bastante o es capaz de aguantar todavía un poco? Porque si aún soporta, le explicaré brevemente, es cosa de gran importancia (bien que a mí particularmente me tenga sin cuidado), las *cinco Sabidurías.* Ea, un poquito de paciencia y vamos con ellas:

Así como el conglomerado de materia brillante produce en el *Bardo,* el primer día, cuerpos físicos, el elemento agua brillante produce, el segundo día, la corriente de vida, la sangre. La cólera en su pasión oscureciente, su conglomerado la furia. El elemento tierra del tercer día, al producir los principales constituyentes sólidos de la forma humana y de todas las formas psíquicas, da nacimiento al egoísmo. Su conglomerado es el tacto. El elemento fuego del cuarto día, produciendo el calor animal de los seres humanos y de los animales encarnados, da nacimiento al apego, al cariño, a la codicia, y tiene como conglomerado las sensaciones. El elemento aire, del quinto día produce la respiración de la vida. Sus cualidades o pasiones en el hombre son la envidia o los celos, su conglomerado la volición. Y ahora las *Sabidurías*: la transmutación de las pasiones oscurecientes de los dos primeros días producen las dos primeras sabidurías: la semejante a un espejo personificada en Vajra-Sattva, y la de "El triunfador del espíritu divino heroico" o Dhyani Buda Akshobya del *Sambogha-Kaya.* La transmutación del conglomerado del tacto, del tercer día, se torna en sabiduría de igualdad, personificada en Ratna-Sambjava, "El que embellece". La transmutación de las sensaciones del cuarto día da lugar a la Sabiduría de todo discernimiento (gracias a la cual el devoto conoce todas las cosas como separadas, no obstante estar unidas; estímese la ventaja que ello produce), personificada por el Buda Amitaba, "El de la luz infinita". En fin, la transmutación de la volición del quinto día da la "Sabiduría que realiza todo", más la perseverancia y la infalibilidad en las cosas espirituales, personificadas en Amogha Siddi, el Conquistador todopoderoso, el que concede el divino poder. Nada más.

(380) Eon, del griego *aeon,* "el que es siempre", "eternidad", "edad". Los Gnósticos empleaban esta palabra para designar las manifestaciones, los atributos particulares de la Deidad insondable; emanados de la Potencia suprema, su reunión constituía el *Pleromo,* la Plenitud de la Divinidad, el mundo trascendente. Fue en Valentín donde más amplitud adquirió la eonología; en su sistema, los Eones son masculinos y femeninos, y la unión de dos Eones complementarios forma una pareja, o *sizygia.* El que quiera tener una idea, si ya no la tiene, de lo que son cierta clase de locuras disimuladas bajo la capa de la falsa filosofía, vea, en mi obra *Pitágoras,* lo que señalo sobre este Valentín, en su tiempo, no obstante tan admirado.

(381) Indudablemente dice esto por lo que afecta a los sacrificios de animales, por suponerse—animados, en general, los tibetanos más instruidos, como los hindúes, éstos en mayor proporción y de

un modo general y casi absoluto, por ese admirable sentimiento que empuja a respetar la vida a todo ser viviente—que cuando un animal es sacrificado en honor de un difunto, éste es incapaz de escapar al funesto resultado kármico del sacrificio que cae sobre él. Por ello, supónese que grita a los vivos que cesen de realizar actos semejantes, pero como éstos no le oyen, como es natural, se predispone a encolerizarse al no verse escuchado y obedecido; y como la cólera debe ser evitada a todo trance en el *Bardo,* de entregarse a ella cae y se hunde en los estados de espíritu inferiores, denominados Infiernos.

(382) *Mantra,* que se supone tiene poder mágico suficiente como para transmutar el alimento ofrecido a los muertos en lo que es apropiado para ellos.

(383) El poder de presciencia íntegro, según los lamas, comprende el conocimiento del pasado, del presente y del futuro, la posibilidad de leer en el pensamiento de los demás, y el conocimiento claro y perfecto de la capacidad y limitaciones de quien goza de tan maravilloso privilegio. Pero los que están en el plan del *Bardo* gozan, cierto, según los que tales cosas creen, de presciencia, pero sólo de una presciencia limitada.

(384) Se supone que el *Bardo* tiende a que el difunto vuelva a nacer, a causa de las tendencias kármicas, que son todo lo contrario de la "fuerza opuesta" o iluminación del estado de Buda. Por eso el que el difunto se oponga a ello con todos los medios de que disponga.

(385) Nacimiento supranormal o milagroso por transferencia del principio consciente de un *loka* a otro.

(386) La germinación mediante granos o esporas, proceso propio del nacimiento en el reino vegetal.

(387) Esto se interpreta esotéricamente diciendo que según el *karma* se puede nacer con las tendencias particulares que los animales nombrados simbolizan. Tomado en sentido esotérico, así como lo que va a continuación, tal vez fue escrito por los inventores de todo este tinglado, como por los autores de los Infiernos y sus penas y castigos eternos de todas las religiones, para intimidar a los espíritus incultos y ver de llevarles a la buena vida a favor del miedo.

(388) *Dri-za* (en sánscrito *Gandharva*), comedores de olores o de perfumes, hadas de la mitología hindú-budista (véase mi *Mitología Universal*).

(389) Las percepciones supranormales (*Mngon-shes,* en tibetano; *Abhijña,* en sánscrito) citadas con más frecuencia son: la visión y la audición supranormales, la lectura del pensamiento, la ciencia

del poder milagroso, la memoria de las existencias anteriores y la ciencia de la destrucción de las pasiones. Para las personas vulgares, una vez muertos, tales poderes, si los tienen, en el otro lado son *limitados* o se agotan, mientras qeu para un Buda o un adepto-maestro de *Yoga*, su adquisición es de tal modo permanente que subsiste en todos los planos de conciencia aun luego de la muerte. En lo que a los vivos afecta, no hay duda que ciertas personas gozan de poderes supranormales, mejor sería decir particulares a ellos, y mejor aún, más desarrollados en ellos que en los demás, en virtud de los cuales estas personas, conocidas corrientemente con el nombre de *mediums*, pueden producir o hacer que se produzcan fenómenos, que los espiritistas vinculan de buena o mala fe en los espíritus o almas de los muertos, bien que se trate de simples exteriorizaciones de "fuerzas" todavía mal conocidas, precisamente por no darse de un modo relativamente desarrollado, sino en individuos dotados de un psiquismo particular que, como tantas otras cosas, la "fe" de los que *creen* más de lo debido, o en todo caso torcidamente, en estas cosas, magnífica y aumenta, y la desvergüenza de otros explota. De modo que entre vivos, es decir, en personas (mediums) dotadas de estas facultades, como digo, poco corriente, pase, en un grado muy limitado, por supuesto, lo de las visiones y audiciones supranormales (cuya veracidad no es fácil siempre comprobar), y lo de la lectura del pensamiento (más bien adivinación y también dentro de límites tan casuales como modestos).

(390) La expresión exacta del texto es curiosa; dice, traducida literalmente: "En cuarto lugar, volver la boca es fácil", imagen tomada de lo que se hace con los caballos mediante el bocado y la brida. Aquí el principio consciente, lo que el Bardo llama el "Conocedor", hace la operación psíquicamente.

(391) Ya he indicado en la nota 364 que la cosmografía tibetana es, así como la hindú, enteramente pintoresca. Entonces a propósito del famoso monte Merú que, a creerles, se eleva 250.000 kilómetros sobre el océano encantado central, que tiene a su vez otros 250.000 kilómetros de anchura y profundidad. Pero vengamos ahora a los Continentes. De éstos, los cuatro principales mencionados en el *Bardo Thodol* están situados en las cuatro direcciones y a su lado hay otros más pequeños, hasta 12. El continente del Este es llamado en tibetano Lu-pa o "gran cuerpo". Su forma simbólica, un cuarto de luna, y a causa de ello, su color, blanco; sus habitantes tienen los rostros como cuartos de luna también y pasan por espíritus tranquilos y virtuosos. Este continente tiene un diámetro de 30.000 kilómetros. El continente Sur es nuestro planeta la Tierra, lla-

mado Jambu Jambúling. Su forma simbólica es la de un omoplato de carnero, como la cara de sus habitantes. Su color es azul. Dominan en él la riqueza y la abundancia y una mezcla de cosas buenas y malas. Es el más pequeño de los cuatro continentes: 22.000 kilómetros de diámetro. El continente Oeste es llamado *Baglangsoyod* (vaca, buey, acción, literalmente). Tiene la forma del Sol y su color es rojo. Sus habitantes tienen la cara redonda y son considerados como muy poderosos y acostumbrados a nutrirse de animales (cual sugiere su nombre literalmente). Su diámetro es de 30.000 kilómetros. El continente Norte se llama *Sgra-misnyan*, su forma es cuadrada y su color verde. Sus habitantes tienen la cara cuadrada. Viven de lo que producen sus árboles. Es el continente más ancho: 35.000 kilómetros de diámetro. Nada más.

(392) *Sala* (el *shorea robusta*), árbol de madera muy dura que es uno de los gigantes de los bosques de la India. Fue considerado durante mucho tiempo como el árbol por excelencia, a causa no tan sólo de su tamaño y abundancia de follaje, sino por su floración verdaderamente espléndida (véase en mi traducción del *Ramayana*, donde este árbol es citado muchísimas veces, la descripción del despertar de la primavera en los bosques, hecha por el propio Rama). Además, para los budistas era y sigue siendo el árbol sagrado, pues según sus creencias el nacimiento, la Iluminación y la muerte de Buda se efectuaron bajo uno de estos árboles.—*Bramze* es la palabra tibetana para designar brahmán.

(393) Los cuatro puntos cardinales, los cuatro puntos intermedios, más el zenit y el nadir.

(394) Esotéricamente, entre los seres humanos semejantes a los brutos, pues, como ha sido dicho, los lamas budistas no creen posible pasar, de salto, de una especie a otra.

(395) Estos *agregados*, según ciertos sistemas de *yoga*, son veintisiete: los cinco elementos (tierra, agua, fuego, aire y éter); los cinco *shandhas* (cuerpo, sensación, sentimientos, volición, conciencia); los cinco aires (descendiente, igualador del calor, penetrante, levantante, mantenedor de la vida); los cinco órganos de los sentidos (nariz, orejas, ojos, lengua, piel); las seis facultades (vista, olfato, oído, gusto, tacto, razonamiento); más la mentalidad. Detrás de estas 27 partes que constituyen la personalidad impermanente, está el subconsciente, el "Conocedor", que, a diferencia de la personalidad, es el principio capaz de realizar el *Nirvana*.

(396) Se trata de una pequeña versión métrica del *Bardo Thodol*, fácil de aprender y de recitar, y a la que se atribuye poder liberador.

(397) Queda el cuerpo *libre*, según los lamas tibetanos, despo-

jándose de las ocho servidumbres: La ronda nunca acabada de los placeres unidos a la existencia de los *devas;* el estado de guerra incesante, unido a la existencia de los *asuras;* la ausencia de ayuda y la servidumbre, unidas a las condiciones que dirigen el mundo bruto; los tormentos del hambre y de la sequía, unidos a la existencia de los *pretas;* el calor y el frío en límites extremados, unidos a la existencia del Infierno; la irreligión o la religión pervertida propia de ciertas razas de la humanidad; y en séptimo y octavo lugar, las pruebas físicas y otras, soportadas a causa de ciertas condiciones de encarnación humana. Para obtener un cuerpo perfectamente *dotado,* es preciso poseer naturalmente: fe, perseverancia, inteligencia, sinceridad, humildad, más nacer en un momento en que la religión prevalece, es decir, en el momento en que un Iluminado ha encarnado o la fuerza de sus enseñanzas dirigen el Mundo, y, finalmente, encontrar en tal momento un *gurú* superiormente inteligente.

(398) Mediante una catapulta se dirige una piedra enorme en la dirección que se quiere: esta doctrina permite al difunto, según los que la predican, claro, dirigirse hacia su liberación.

(399) Del mismo modo que el agua facilita el traslado del madero, del mismo o semejante modo, se cree (o se predica al menos, pues no siempre se cree lo que se predica) que esta doctrina permite al difunto alcanzar planos de existencias adecuados, e incluso una existencia semejante a la de Buda.

(400) Se refiere a los animales que se sacrificaban (pues ahora que se han apoderado los chinos comunistas del Tíbet, cualquiera sabe lo que ocurrirá allí; probablemente habrán hecho desaparecer "por las buenas" todas las prácticas cultuales) para alimentar a los lamas e invitados durante los funerales. Ni que decir tiene que esta prohibición solía ser transgredida, por aquello de que una cosa es predicar y otra dar trigo: como el que hace la ley hace la trampa, los venturosísimos lamas se oponían a que se matasen animales en la casa..., pero no a que los trajesen muertos de fuera; con lo que la conciencia y la doctrina, satisfechas, y el estómago, más.

(401) No nos engañemos sobre el significado verdadero de "actos virtuosos"; los actos virtuosos ahora se refieren a los siguientes: alimentar a los lamas y dar lo que sobre a los pobres, dar limosnas, textos religiosos y estatuas sagradas a los monasterios (monasterios que tenían fama de atesorar, a fuerza de siglos de dones, riquezas incalculables), y, de ser el difunto hombre de fortuna, donaciones, cuanto más cuantiosas más meritorias, a estos mismos monasterios.

(402)   Los *Libros Guía,* como ya he dicho en otra nota, son tratados de dirección práctica, no tan sólo durante la vida y con vistas siempre al *Bardo,* sino para luego, una vez llegados a él, con objeto de alcanzar lo más fácilmente posible el estado de Buda y el *Nirvana.*

(403)   "Devoción perfecta", en sánscrito *Sadhana.*

(404)   Como por lo visto los perros poco amables abundaban o abundan en el Tibet, los viajeros llevaban talismanes especiales (supongo que en forma de garrote) para protegerse contra ellos. En cuanto al número, como ya sabemos, el 7 es uno de los números favoritos en todo el Oriente.